Strafgesetzbuch
für das Deutsche Reich

mit den ergänzenden strafrechtlichen Bestimmungen

nach dem Stande vom 1. Juni 1934

Kurz erläutert von

Dr. Karl Schäfer
Oberlandesgerichtsrat
im Reichsjustizministerium

und

Dr. Karl Krug
Oberstaatsanwalt
im Preuß. Justizministerium

1934
München, Berlin und Leipzig
J. Schweitzer Verlag (Arthur Sellier)

Druck von Dr. F. P. Datterer & Cie., Freising-München.

Inhaltsverzeichnis.

Seite

III. Anhang:

A. In den Erläuterungen zum StGB. auszugsweise wiedergegebene Bestimmungen.

B. Im Anhang besonders abgedruckt:

Einführungsgesetz zum Strafgesetzbuch.

Vom 31. Mai 1870 (BGBl. S. 195.)

§ 1.

. . . . . .

§ 2.

Mit (dem 1. Januar 1872) tritt das Reichs- und Landesstrafrecht, insoweit dasselbe Materien betrifft, welche Gegenstand des Strafgesetzbuchs für das Deutsche Reich sind, außer Kraft.

In Kraft bleiben die besonderen Vorschriften des Reichs- und Landesstrafrechts, namentlich über strafbare Verletzungen der Preßpolizei-, Post-, Steuer-, Zoll-, Fischerei-, Jagd-, Forst- und Feldpolizeigesetze und über den Holz-(Forst-)Diebstahl.

. . . .

§ 5.

In landesgesetzlichen Vorschriften über Materien, welche nicht Gegenstand des Strafgesetzbuchs für das Deutsche Reich sind, darf nur Gefängnis bis zu zwei Jahren, Haft, Geldstrafe, Einziehung einzelner Gegenstände und die Entziehung öffentlicher Ämter angedroht werden.

Strafgesetzbuch
für das Deutsche Reich
vom 15. Mai 1871.

Einleitende Bestimmungen.

Einteilung der strafbaren Handlungen.

§ 1.

Eine mit dem Tode, mit Zuchthaus oder mit Festungshaft von mehr als fünf Jahren bedrohte Handlung ist ein Verbrechen.

Eine mit Festungshaft bis zu fünf Jahren, mit Gefängnis oder mit Geldstrafe von mehr als einhundertundfünfzig Reichsmark oder mit Geldstrafe schlechthin bedrohte Handlung ist ein Vergehen.

Eine mit Haft oder Geldstrafe bis zu einhundertundfünfzig Reichsmark bedrohte Handlung ist eine Übertretung.

Für die Einreihung einer strafbaren Handlung sind Strafmilderungs- und Strafschärfungsgründe, die den gesetzlichen Tatbestand der Straftat unberührt lassen, ohne Bedeutung. Ist also ein Verbrechen bei Annahme mildernder Umstände mit Vergehensstrafe bedroht, so bleibt es Verbrechen. Ob eine im Normalfall mit Vergehensstrafe bedrohte Handlung, die „in besonders schweren Fällen" Zuchthausstrafe nach sich zieht (vgl. z. B. § 49b Abs. 2 StGB.) stets ein Verbrechen oder stets ein Vergehen oder nur in besonders schweren Fällen Verbrechen, sonst aber Vergehen ist, ist streitig (vgl. RGSt. 60, 115). Beihilfe zum Verbrechen und Versuch des Verbrechens sind stets Verbrechen.

Zeitliche Herrschaft der Strafgesetze.

§ 2.

Eine Handlung kann nur dann mit einer Strafe belegt werden, wenn diese Strafe gesetzlich bestimmt war, bevor die Handlung begangen wurde[1].

Bei Verschiedenheit der Gesetze von der Zeit der begangenen Handlung bis zu deren Aburteilung ist das mildeste Gesetz anzuwenden[2].

1. Der Grundsatz: nulla poena sine lege, der die Analogie und das Gewohnheitsrecht als Grundlage einer Verurteilung ausschließt, ist jetzt in Art. 116 RVerf. niedergelegt; er ist durchbrochen durch § 1 des Ges. über Verhängung und Vollzug der Todesstrafe v. 29. 3. 1933 (RGBl. I S. 151).

2. Diese Vorschrift gilt nicht (h. M.), a) wenn ein Gesetz geändert wird oder außer Kraft tritt, weil die besonderen tatsächlichen Verhältnisse, die zu regeln es bestimmt war, andere geworden sind, wenn also die Aufhebung nicht auf einer veränderten Auffassung des Gesetzgebers von der Strafwürdigkeit der Handlungen beruht, gegen die das Gesetz sich richtet; b) bei sog. Zeitgesetzen, die von vornherein nur eine bestimmte Geltungsdauer haben und nach deren Ablauf ohne weiteres außer Kraft treten.

§ 2 a[1].

Über Maßregeln der Sicherung und Besserung ist nach dem Gesetz zu entscheiden, das zur Zeit der Entscheidung[2] gilt.

1. Die Vorschrift ist eingefügt durch Art. 3 Ziff. 1 des Ges. v. 24. 11. 1933 (RGBl. I S. 995). Die Abweichung von dem Grundsatz des § 2 beruht auf der Erwägung, daß der Zweck der Sicherungs- und Besserungsmaßregeln (vgl. §§ 42a ff.), die Allgemeinheit vor weiteren Gefahren, die von dem Rechtsbrecher drohen, zu schützen, nur erreicht werden kann, wenn

auch eine erst nach Begehung der Tat eingeführte Maßregel vom Gericht verhängt werden darf.

2. durch die letzte Tatsacheninstanz.

Räumliche Herrschaft der Strafgesetze.

§ 3.

Die Strafgesetze des Deutschen Reichs finden Anwendung auf alle im Gebiete desselben begangenen strafbaren Handlungen, auch wenn der Täter ein Ausländer ist.

Das Reichsgebiet besteht nach Art. 2 RVerf. aus den Gebieten der deutschen Länder. Auch das Saargebiet gehört zum Deutschen Reich, jedoch ist mit Rücksicht auf die durch den Versailler Vertrag hinsichtlich der Ausübung der Regierungsgewalt im Saargebiet getroffene Regelung in § 1 des „Ges. über vorübergehende Rechtspflegemaßnahmen im Hinblick auf das Saargebiet“ v. 10. 3. 1922 (RGBl. I 241) ausgesprochen, daß die §§ 4—7 StGB. auf die im Saargebiet begangenen Straftaten und die dort vollzogenen Strafen entsprechende Anwendung finden. Zum Inland gehören ferner: das Küstenmeer, Kriegsschiffe und sonstige Staatsschiffe sowie die unter deutscher Flagge fahrenden anderen Schiffe auf offenem Meer. Die abgetrennten, ehemals deutschen Gebiete gehören nicht zum Inland (bezgl. der Freien Stadt Danzig vgl. RG. v. 22. 6. 1933, RGSt. 67, 255).

§ 4.[1a]

Wegen der im Auslande begangenen Verbrechen und Vergehen findet in der Regel keine Verfolgung statt.

Jedoch kann nach den Strafgesetzen des Deutschen Reichs verfolgt werden:

1. ein Deutscher oder ein Ausländer, welcher im Auslande eine hochverräterische Handlung[1] gegen das Deutsche Reich, oder ein Münzverbrechen *oder Münzvergehen*[2] oder als **Träger eines deutschen Amtes** eine Handlung begangen hat, die

nach den Gesetzen des Deutschen Reichs als Verbrechen oder Vergehen im Amte anzusehen ist[3];

2. **ein Deutscher oder ein Ausländer, der im Ausland eine landesverräterische Handlung gegen das Deutsche Reich[4] oder einen Angriff gegen den Reichspräsidenten (§ 94 Abs. 1, 2) begangen hat;**

3. ein Deutscher, welcher im Auslande eine Handlung begangen hat, die nach den Gesetzen des Deutschen Reichs als Verbrechen oder Vergehen anzusehen und durch die Gesetze des Orts, an welchem sie begangen wurde, mit Strafe bedroht ist[5].

Die Verfolgung ist auch zulässig, wenn der Täter bei Begehung der Handlung noch nicht Deutscher war. In diesem Falle bedarf es jedoch eines Antrages der zuständigen Behörde des Landes, in welchem die strafbare Handlung begangen worden, und das ausländische Strafgesetz ist anzuwenden, soweit dieses milder ist.

Soll ein Ausländer wegen einer im Ausland begangenen Tat verfolgt werden, so darf die Anklage nur mit Zustimmung des Reichsministers der Justiz erhoben werden.

1a. Die Änderungen und Ergänzungen in Fettdruck beruhen auf Art. II des Ges. v. 24. 4. 1934 (RGBl. I S. 341).

1. Vgl. §§ 80—87.

2. Vgl. §§ 146ff. Die Worte „oder Münzvergehen" sind eingefügt durch Art. I Ziff. 1 des Ges. v. 26. 5. 1933 (RGBl. I S. 295) mit Rücksicht auf die Bestimmungen des internat. Abk. zur Bekämpfung der Falschmünzerei v. 20. 4. 1929 (RGBl. 1933 Teil II S. 913).

3. § 4 Abs. 2 Nr. 1 ist in einer Reihe von Nebengesetzen für anwendbar erklärt; vgl. z. B. § 12 des Sprengstoffges., § 2 der VO. v. 21. 3. 1933 (RGBl. I S. 135) zur Abwehr heimtückischer Angriffe.

4. §§ 88ff.

5. Nach § 77 KonsGG. können Deutsche auch wegen der auf staatenlosem Gebiet begangenen Verbrechen und Vergehen verfolgt werden.

§ 5.

Im Falle des § 4 Nr. 3 bleibt die Verfolgung ausgeschlossen[1], wenn

1. von den Gerichten des Auslandes[2] über die Handlung rechtskräftig erkannt oder die ausgesprochene Strafe vollzogen,
2. die Strafverfolgung oder Strafvollstreckung nach den Gesetzen des Auslandes verjährt oder die Strafe erlassen, oder
3. der nach den Gesetzen des Auslandes zur Verfolgbarkeit der Handlung erforderliche Antrag des Verletzten nicht gestellt worden ist.

1. Vgl. jedoch § 37 (inländisches Nachtragsverfahren zwecks Aberkennung von Ehrenrechten) und § 429e StPO. (nachträgliche Anordnung der Sicherungsverwahrung oder der Entmannung auf Grund ausländischer Verurteilung).

2. Wegen der Urteile der deutschen Gerichte des Saargebiets vgl. Anm. zu § 3.

§ 6.

Im Auslande begangene Übertretungen sind nur dann zu bestrafen, wenn dies durch besondere Gesetze oder durch Verträge angeordnet ist[1].

1. Vgl. Anm. zu § 3.

§ 7.

Eine im Auslande[1] vollzogene Strafe[2] ist, wenn wegen derselben Handlung im Gebiete des Deutschen Reichs abermals eine Verurteilung erfolgt, auf die zu erkennende Strafe in Anrechnung zu bringen[3].

1. Vgl. Anm. zu § 3.

2. Auch wenn die erkannte Strafe nur teilweise vollzogen worden ist.

3. Über das Maß der Anerkennung entscheidet, wenn die ausländische Strafe mit der inländischen nicht vergleichbar ist, der Richter nach freiem Ermessen.

§ 8.

Ausland im Sinne dieses Strafgesetzes ist jedes nicht zum Deutschen Reich gehörige Gebiet.

Vgl. § 3.

§ 9.

Ein Deutscher darf einer ausländischen Regierung zur Verfolgung oder Bestrafung nicht überliefert werden.

Jetzt Art. 112 III RVerf.

§ 10.

Auf deutsche Militärpersonen finden die allgemeinen Strafgesetze des Reichs insoweit Anwendung, als nicht die Militärgesetze ein anderes bestimmen.

Militärpersonen sind die Soldaten und die Militärbeamten, die zum Reichsheer oder zur Reichsmarine gehören (§ 4 Mil.-StGB.). Die Militärgerichtsbarkeit, die sich außer auf die Militärpersonen auch auf die Zivilbeamten der Wehrmacht und die in § 1 Abs. 1 Ziff. 2 bis 4 der Militärstrafgerichtsordnung (i. d. F. v. 4. 11. 1933, RGBl. I S. 924) bezeichneten Personen erstreckt, ist vom 1. 1. 1934 ab wieder allgemein eingeführt (Ges. v. 12. 5. 1933 — RGBl. I S. 264 — in Verb. m. § 1 des EinfGes. zur MilStGO. i. d. F. v. 4. 11. 1933 — RGBl. I S. 921 —).

§ 11.

Kein Mitglied eines Landtages oder einer Kammer eines zum Reich gehörigen Landes darf außerhalb der Versammlung, zu welcher das Mitglied gehört, wegen seiner Abstimmung oder wegen der in Ausübung seines Berufes getanen Äußerung zur Verantwortung gezogen werden.

§ 11 ist ersetzt durch Art. 36 RVerf.:

„Kein Mitglied des Reichstags . . . . . . darf zu irgendeiner Zeit wegen seiner Abstimmung oder wegen der in

Ausübung seines Berufes getanen Äußerungen gerichtlich oder dienstlich verfolgt oder sonst außerhalb der Versammlung zur Verantwortung gezogen werden."

Persönl. StrafausschlGrund; Teilnahme von Nichtmitgl. ist daher strafbar.

§ 12.

Wahrheitsgetreue Berichte über Verhandlungen eines Landtages oder einer Kammer eines zum Reich gehörigen Landes bleiben von jeder Verantwortlichkeit frei.

§ 12 ist ersetzt durch RV. Art. 30: „Wahrheitsgetreue Berichte über die Verhandlungen in den öffentlichen Sitzungen des Reichstags, . . . oder ihrer Ausschüsse bleiben von jeder Verantwortlichkeit frei".

Erster Teil.

Von der Bestrafung der Verbrechen, Vergehen und Übertretungen im allgemeinen.

Erster Abschnitt.

Strafen.

§ 13.

Die Todesstrafe ist durch Enthauptung zu vollstrecken[1,2].

1. § 13 ist abgeändert durch § 2 des Ges. über Verhängung und Vollzug der Todesstrafe v. 29. 3. 1933 (RGBl. I S. 151): „Ist jemand wegen eines gegen die öffentliche Sicherheit gerichteten Verbrechens zum Tode verurteilt, so kann die Regierung des Reichs oder des Landes, durch deren Behörden das Urteil zu vollstrecken ist, anordnen, daß die Vollstreckung durch Erhängen erfolgt."

2. Die Enthauptungsart (Beil, Fallbeil, Fallschwert) ist landesrechtlich geregelt. Sie erfolgt in Preußen durch das Beil (§ 4 des Strafvollstreckungs- und Gnadenrechts v. 1. 8. 1933 — PrGS. S. 293 —).

§ 14.

Die Zuchthausstrafe ist eine lebenslängliche oder eine zeitige.

Der Höchstbetrag der zeitigen Zuchthausstrafe ist fünfzehn Jahre, ihr Mindestbetrag ein Jahr.

Wo das Gesetz die Zuchthausstrafe nicht ausdrücklich als eine lebenslängliche androht, ist dieselbe eine zeitige.

Rechtsfolgen der Zuchthausstrafe: § 31. Bei Jugendlichen keine Zuchthausstrafe: § 9 JGG.

§ 15.

Die zur Zuchthausstrafe Verurteilten sind in der Strafanstalt zu den eingeführten Arbeiten anzuhalten.

Sie können auch zu Arbeiten außerhalb der Anstalt, insbesondere zu öffentlichen oder von einer Staatsbehörde beaufsichtigten Arbeiten verwendet werden. Diese Art der Beschäftigung ist nur dann zulässig, wenn die Gefangenen dabei von anderen freien Arbeitern getrennt gehalten werden.

Der Vollzug der Zuchthausstrafe — wie auch der übrigen Freiheitsstrafen — ist im Rahmen der Bestimmungen des StGB. auf der Grundlage reichsrechtlicher Vollzugsgrundsätze (VO. v. 14. 5. 1934 — RGBl. I S. 383 —) landesrechtlich geregelt. Für Preußen: § 24 des Ges. v. 1. 8. 1933 — PrGS. S. 293 —.

§ 16.

Der Höchstbetrag der Gefängnisstrafe ist fünf Jahre, ihr Mindestbetrag ein Tag.[1])

Die zur Gefängnisstrafe Verurteilten können in einer Gefangenenanstalt auf eine ihren Fähigkeiten und Verhältnissen angemessene Weise beschäftigt werden; auf ihr Verlangen sind sie in dieser Weise zu beschäftigen.

§ 15 Abs. 2 findet Anwendung.[2]

1. Bei Realkonkurrenz (§ 74) ist der Höchstbetrag 10 Jahre. Bei Jugendlichen ist, wenn sonst Todesstrafe oder lebenslanges Zuchthaus angedroht ist, auf Gefängnis bis zu 10 Jahren zu erkennen. Wegen des Vollzuges vgl. Anm. zu § 15.

2. Abs. 2 in der Fassung von Art. II des Ges. v. 24. 4. 1934 (RGBl. I S. 341). Vgl. dazu Art. XIV des Ges. v. 24. 4. 1934 — RGBl. I S. 341 —, abgedr. S. 316.

§ 17.

Die Festungshaft ist eine lebenslängliche oder eine zeitige[1].

Der Höchstbetrag der zeitigen Festungshaft ist fünfzehn Jahre, ihr Mindestbetrag ein Tag.

Wo das Gesetz die Festungshaft nicht ausdrücklich als eine lebenslängliche androht, ist dieselbe eine zeitige.

Die Strafe der Festungshaft besteht in Freiheitsentziehung mit Beaufsichtigung der Beschäftigung und Lebensweise der Gefangenen. Sie wird in Festungen vollzogen, die dem Reichswehrminister unterstehen[2, 3].

1. Festungshaft ist ehrenhafte Strafe (custodia honesta). Dieser Charakter ist durch das Gesetz v. 26. 5. 1933 (RGBl. I S. 295) ganz klar herausgestellt, indem die Voraussetzungen für die Verhängung von Festungshaft bei wahlweiser Androhung von Festungshaft und anderen Freiheitsstrafen erheblich verschärft worden sind und Festungshaft bei Landesverrat nicht mehr vorgesehen ist. Festungshaft ist angedroht u. a. bei feindlichen Handlungen gegen befreundete Staaten (§§ 102 ff.), Zweikampf (§§ 201 ff.) und in § 345 Abs. 2 StGB.

2. Die Fassung des Abs. 4 beruht auf Art. I Ziff. 2 des Ges. v. 26. 5. 1933; vordem wurde die Strafe der Festungshaft in Strafanstalten der Landesjustizverwaltungen vollzogen. Der

neue Abs. 4 ist in Kraft seit dem 1. 1. 1934. Soweit jedoch noch Festungshaftstrafen zu vollziehen sind, mit denen vor dem 1. 6. 1933 begangene Taten geahndet worden sind oder noch geahndet werden, wird die Strafe nach dem bisher geltenden Recht vollzogen (VO. v. 20. 11. 1933, RGBl. I S. 1019). Soweit die Strafe in den dem Reichswehrminister unterstehenden Festungen zu vollziehen ist, regelt sich der Vollzug nach den Vorschriften unter Nr. 195 ff. der Strafvollstreckungsvorschrift für Reichsheer und Reichsmarine v. 27. 11. 1933 (RGBl. II S. 979). Kein Arbeitszwang.

3. Zusammentreffen von Festung und Gefängnis: § 75.

§ 18.

Der Höchstbetrag der Haft ist sechs Wochen, ihr Mindestbetrag ein Tag[1].

Die Strafe der Haft besteht in einfacher Freiheitsentziehung[2].

1. Haft ist Übertretungsstrafe (§ 1 Abs. 3); ausnahmsweise auch bei Vergehen vorgesehen (z. B. §§ 185, 186). Höchstbetrag bei Realkonkurrenz 3 Monate (§ 77 Abs. 2). Zusammentreffen von Haft mit anderen Freiheitsstrafen: § 77 Abs. 1.

2. Kein Arbeitszwang. Ausnahme: § 362 (sog. geschärfte Haft).

§ 19.

Bei Freiheitsstrafen wird der Tag zu vierundzwanzig Stunden, die Woche zu sieben Tagen, der Monat und das Jahr nach der Kalenderzeit gerechnet.

Die Dauer einer Zuchthausstrafe darf nur nach vollen Monaten[1], die Dauer einer anderen Freiheitsstrafe nur nach vollen Tagen bemessen werden.

1. Bei Ersatzzuchthausstrafen nach Tagen (§ 29 Abs. 2).

§ 20.

Wo das Gesetz die Wahl zwischen Zuchthaus oder Gefängnis und Festungshaft gestattet, darf auf Festungshaft nur dann erkannt werden, wenn die Tat sich nicht gegen das Wohl des Volkes gerichtet und der Täter ausschließlich aus ehrenhaften Beweggründen gehandelt hat.

Die Fassung beruht auf Art. I Ziff. 3 des Ges. v. 26. 5. 1933 (RGBl. I S. 295). Vgl. dazu Anm. 1 zu § 17.

§ 20a[1].

Hat jemand, der schon zweimal rechtskräftig verurteilt worden ist, durch eine neue vorsätzliche Tat eine Freiheitsstrafe verwirkt und ergibt die Gesamtwürdigung der Taten, daß er ein gefährlicher Gewohnheitsverbrecher[2] ist, so ist[3], soweit die neue Tat nicht mit schwererer Strafe bedroht ist, auf Zuchthaus bis zu fünf Jahren und, wenn die neue Tat auch ohne diese Strafschärfung ein Verbrechen wäre, auf Zuchthaus bis zu fünfzehn Jahren zu erkennen. Die Strafschärfung setzt voraus, daß die beiden früheren Verurteilungen wegen eines Verbrechens oder vorsätzlichen Vergehens ergangen sind und in jeder von ihnen auf Todesstrafe, Zuchthaus oder Gefängnis von mindestens sechs Monaten erkannt worden ist.

Hat jemand mindestens drei vorsätzliche Taten begangen und ergibt die Gesamtwürdigung der Taten, daß er ein gefährlicher Gewohnheitsverbrecher ist, so kann[4] das Gericht bei jeder abzuurteilenden Einzeltat die Strafe ebenso verschärfen, auch wenn die übrigen im Abs. 1 genannten Voraussetzungen nicht erfüllt sind.

Eine frühere Verurteilung kommt nicht in Betracht, wenn zwischen dem Eintritt ihrer Rechtskraft und der folgenden Tat mehr als fünf Jahre

verstrichen sind. Eine frühere Tat, die noch nicht rechtskräftig abgeurteilt ist, kommt nicht in Betracht, wenn zwischen ihr und der folgenden Tat mehr als fünf Jahre verstrichen sind. In die Frist wird die Zeit nicht eingerechnet, in der der Täter eine Freiheitsstrafe verbüßt oder auf behördliche Anordnung in einer Anstalt verwahrt[5] wird.

Eine ausländische[6] Verurteilung steht einer inländischen gleich, wenn die geahndete Tat auch nach deutschem Recht ein Verbrechen oder vorsätzliches Vergehen wäre.

1. § 20a ist eingefügt durch Art. 1 Ziff. 1 des Ges. v. 24. 11. 1933 (RGBl. I S. 995). Außer der Strafschärfung, die § 20a vorsieht, dient dem Kampf gegen den Gewohnheitsverbrecher die Anordnung der Sicherungsverwahrung (§ 42a Ziff. 4, § 42e).

2. Gewohnheitsverbrecher ist, wer aus einem Hang zum Verbrechen heraus immer wieder Straftaten begeht. Zu den Gewohnheitsverbrechern gehört insbes. der sog. Berufsverbrecher.

3. Zwingend vorgeschrieben, im Gegensatz zu der Strafschärfung gemäß Abs. 2.

4. Abs. 2 will die Fälle treffen, in denen ein Gewohnheitsverbrecher es verstanden hat, sich der Strafverfolgung wegen der einzelnen von ihm begangenen Taten zu entziehen, sodaß seine erste Aburteilung eine Reihe von strafbaren Handlungen zum Gegenstand hat. In einem solchen Falle kann, ohne daß, — wie nach Abs. 1 — der Verbrecher durch vorangegangene Bestrafung gewarnt zu sein brauchte, von vornherein geschärfte Strafe gegen ihn verhängt werden. Jedoch ist hier — im Gegensatz zu Abs. 1 — die Schärfung in das Ermessen des Gerichts gestellt.

5. z. B. in Untersuchungshaft oder in Sicherungsverwahrung (§ 42a, § 42e).

6. Die Verurteilung durch ein deutsches Gericht im Saargebiet ist eine inländische Verurteilung (RGSt. 63, 395).

§ 21.

Achtmonatige Zuchthausstrafe ist einer einjährigen Gefängnisstrafe, achtmonatige Gefängnisstrafe einer einjährigen Festungshaft gleichzuachten.

Gilt nicht bei der Anrechnung von Untersuchungshaft (§ 60 StGB.); diese ist vielmehr, soweit sie angerechnet ist, stets in vollem Umfang von der erkannten Freiheitsstrafe abzuziehen.

§ 22.

Die Zuchthaus- und Gefängnisstrafe können sowohl für die ganze Dauer wie für einen Teil der erkannten Strafzeit in der Weise in Einzelhaft vollzogen werden, daß der Gefangene unausgesetzt von anderen Gefangenen gesondert gehalten wird.

Die Einzelhaft darf ohne Zustimmung des Gefangenen die Dauer von drei Jahren nicht übersteigen.

§ 23.

Die zu einer längeren Zuchthaus- oder Gefängnisstrafe Verurteilten können, wenn sie drei Vierteile, mindestens aber ein Jahr der ihnen auferlegten Strafe verbüßt, sich auch während dieser Zeit gut geführt haben, mit ihrer Zustimmung vorläufig entlassen werden.

§ 24.

Die vorläufige Entlassung kann bei schlechter Führung des Entlassenen oder wenn derselbe den ihm bei der Entlassung auferlegten Verpflichtungen zuwiderhandelt, jederzeit widerrufen werden.

Der Widerruf hat die Wirkung, daß die seit der vorläufigen Entlassung bis zur Wiedereinlieferung verflossene Zeit auf die festgesetzte Strafdauer nicht angerechnet wird.

§ 25.

Der Beschluß über die vorläufige Entlassung sowie über einen Widerruf ergeht von der obersten Justizaufsichtsbehörde. Vor dem Beschluß über die Entlassung ist die Gefängnisverwaltung zu hören.

Die einstweilige Festnahme vorläufig Entlassener kann aus dringenden Gründen des öffentlichen Wohles von der Polizeibehörde des Ortes, an welchem der Entlassene sich aufhält, verfügt werden. Der Beschluß über den endgültigen Widerruf ist sofort nachzusuchen.

Führt die einstweilige Festnahme zu einem Widerrufe, so gilt dieser als am Tage der Festnahme erfolgt.

§ 26.

Ist die festgesetzte Strafzeit abgelaufen, ohne daß ein Widerruf der vorläufigen Entlassung erfolgt ist, so gilt die Freiheitsstrafe als verbüßt.

Zu §§ 23—26: Die vorläufige Entlassung wird praktisch kaum mehr gehandhabt; an ihre Stelle ist wohl überall die landesrechtlich (als Ausfluß des Gnadenrechts) geregelte Aussetzung eines Strafrestes mit Bewährungsfrist getreten.

§ 27.

Die Geldstrafe ist in Reichsmark festzusetzen.

Sie beträgt

1. bei Verbrechen und Vergehen, soweit nicht höhere Beträge oder Geldstrafe in unbeschränkter Höhe angedroht sind oder werden, mindestens[1] drei Reichsmark und höchstens zehntausend Reichsmark;
2. bei Übertretungen mindestens eine Reichsmark, soweit nicht ein höherer Mindestbetrag angedroht

ist oder wird, und höchstens einhundertundfünfzig Reichsmark.

Die Vorschriften des Abs. 2 über Höchstbeträge gelten nicht, soweit die angedrohte Strafe in dem Mehrfachen, Einfachen oder dem Bruchteil eines bestimmten Betrages besteht. Ist dieser nicht auf Reichsmark gestellt, so ist er für die Festsetzung der Geldstrafe in Reichsmark umzurechnen.

1. Auch bei Versuch und Beihilfe gilt der Mindeststrafrahmen, ebenso bei Straftaten Jugendlicher.

§ 27a.

Bei einem Verbrechen oder Vergehen, das auf Gewinnsucht beruht, kann die Geldstrafe auf einhunderttausend Reichsmark erhöht und auf eine solche Geldstrafe neben Freiheitsstrafe auch in denjenigen Fällen erkannt werden, in denen das Gesetz eine Geldstrafe nicht androht.

§ 27b.

Ist für ein Vergehen oder eine Übertretung, für die an sich Geldstrafe überhaupt nicht[1] oder nur neben Freiheitsstrafe zulässig ist, Freiheitsstrafe von weniger als drei Monaten verwirkt, so ist an Stelle der Freiheitsstrafe auf Geldstrafe (§§ 27, 27a)[2] zu erkennen, wenn der Strafzweck durch eine Geldstrafe erreicht werden kann.

Die Vorschriften des Militärstrafgesetzbuchs bleiben unberührt[3].

1. § 27b ist auch anwendbar, wenn Geldstrafe nur bei mildernden Umständen zulässig ist, diese aber nicht angenommen werden (RGSt. 58, 106).

2. Die gemäß § 27b StGB. festgesetzte Geldstrafe ist eine

echte, primäre Geldstrafe, daher keine Bildung einer Gesamtfreiheitsstrafe möglich (RGSt. 59, 21). Vgl. noch § 29 Abs. 4.

8. Das MStGB. sieht keine Geldstrafe vor; sehen die allgemeinen Strafgesetze Geldstrafe und Freiheitsstrafe wahlweise vor, so darf, wenn durch die strafbare Handlung zugleich eine militärische Dienstpflicht verletzt worden ist, auf Geldstrafe nicht erkannt werden (§ 29 MStGB.).

§ 27 c.

Bei der Bemessung einer Geldstrafe sind die wirtschaftlichen Verhältnisse des Täters zu berücksichtigen.

Die Geldstrafe soll das Entgelt, das der Täter für die Tat empfangen, und den Gewinn, den er aus der Tat gezogen hat, übersteigen.

Reicht das gesetzliche Höchstmaß hierzu nicht aus, so darf es überschritten werden.

§ 28.

Ist dem Verurteilten nach seinen wirtschaftlichen Verhältnissen nicht zuzumuten, daß er die Geldstrafe[1] sofort zahlt, so hat ihm das Gericht[2] eine Frist zu bewilligen oder ihm zu gestatten, die Strafe in bestimmten Teilbeträgen zu zahlen.

Das Gericht kann diese Vergünstigungen auch nach dem Urteil bewilligen. Es kann seine Entschließungen nachträglich ändern. Leistet der Verurteilte die Teilzahlungen nicht rechtzeitig oder bessern sich seine wirtschaftlichen Verhältnisse wesentlich, so kann das Gericht die Vergünstigung widerrufen.

Auf die nach Abs. 2 zu treffenden Entscheidungen findet § 462 der Strafprozeßordnung Anwendung.

1. Nur gerichtlich erkannte Strafen kommen in Betracht, nicht dagegen solche, die im Gnadenwege an die Stelle einer Freiheitsstrafe gesetzt worden sind (RG. in JRdsch. 1924 Nr. 333).

2. Im Urteilstenor (RGSt. 60, 16). Unberührt geblieben ist die in einer Reihe von Ländern den Gerichten oder anderen Justizbehörden von dem Träger des Gnadenrechts übertragene Befugnis, im Gnadenwege Zahlungserleichterungen zu bewilligen (vgl. für Preußen § 38 des Ges. v. 1. 8. 1933, PrGS. S. 293).

§ 28a.

Soweit die Geldstrafe nicht gezahlt wird, ist sie beizutreiben[1].

Der Versuch, die Geldstrafe beizutreiben, kann unterbleiben, wenn mit Sicherheit vorauszusehen ist, daß sie aus dem beweglichen Vermögen des Verurteilten nicht beigetrieben werden kann.

1. Die Beitreibung erfolgt gemäß § 463 StPO. nach den Vorschriften über die Vollstreckung von Zivilurteilen (§§ 704ff. ZPO.). Vgl. noch § 30.

§ 28b.

Die Vollstreckungsbehörde kann dem Verurteilten gestatten, eine uneinbringliche Geldstrafe durch freie Arbeit zu tilgen.

Das Nähere regelt die Reichsregierung[1] mit Zustimmung des Reichsrats[2]. Soweit dies nicht geschieht, sind die obersten Landesbehörden ermächtigt[3], das Nähere zu regeln.

1. Bisher nicht geschehen.
2. Die Worte „mit Zustimmung des Reichsrats" sind durch die Aufhebung des Reichsrats gegenstandslos (§ 2 des Ges. v. 14. 2. 1934, — RGBl. I S. 89 —).
3. Von dieser Ermächtigung hat nur Thüringen Gebrauch gemacht.

§ 29.

An Stelle einer uneinbringlichen Geldstrafe tritt bei Verbrechen und Vergehen Gefängnis oder, wenn neben der Geldstrafe auf Zuchthaus erkannt wird,

Zuchthaus, bei Übertretungen Haft. Auch bei Vergehen kann die Geldstrafe in Haft umgewandelt werden, wenn Geldstrafe allein oder an erster Stelle oder wahlweise neben Haft angedroht ist.

Die Dauer der Ersatzstrafe ist mindestens ein Tag und bei Gefängnis und Zuchthaus höchstens ein Jahr, bei Haft höchstens sechs Wochen. Ist neben der Geldstrafe wahlweise Freiheitsstrafe von geringerer Höhe angedroht, so darf die Ersatzstrafe deren Höchstmaß nicht übersteigen. Die Ersatzstrafe darf nur nach vollen Tagen bemessen werden[1].

Im übrigen richtet sich das Maß der Ersatzstrafe nach freiem Ermessen des Gerichts.

In den Fällen des § 27b ist Ersatzstrafe die verwirkte Freiheitsstrafe.

Der Verurteilte kann die Vollstreckung der Ersatzstrafe jederzeit dadurch abwenden, daß er den noch zu zahlenden Betrag der Geldstrafe entrichtet.

Kann die Geldstrafe ohne Verschulden des Verurteilten nicht eingebracht werden, so kann das Gericht anordnen, daß die Vollstreckung der Ersatzstrafe unterbleibt[2]. § 462 der Strafprozeßordnung findet Anwendung.

1. Abs. 2 gilt nur für die Strafbemessung durch den Richter, nicht auch für die Strafvollstreckung. Ist auf eine Geldstrafe eine Teilzahlung in solcher Höhe geleistet, daß der noch geschuldete Restbetrag nach dem Maß der festgesetzten Ersatzfreiheitsstrafe nicht einem Zeitraum von einem oder mehreren ganzen Tagen entspricht, so ist die restliche Ersatzfreiheitsstrafe in vollem Umfang auch dann zu vollstrecken, wenn der Rest weniger als 24 Stunden beträgt (bestr.; wie hier die AusfVO. unter III zu § 35 des preuß. Strafvollstreckungs- und Gnadenrechts v. 1. 8. 1933, PrGS. S. 293. Näheres Schäfer, Deutsche Justiz 1933 S. 704).

2. Die Anordnung ist endgültig, auch wenn die wirtschaftlichen Verhältnisse des Schuldners sich nachträglich bessern sollten (so auch Wolf, JW. 1932 S. 1764; a. M. OLG. Dresden a. a. O.). Sie schließt aber weitere Vollstreckungsmaßnahmen bezgl. der Geldstrafe nicht aus.

§ 30.

In den Nachlaß kann eine Geldstrafe nur dann vollstreckt werden, wenn das Urteil bei Lebzeiten des Verurteilten rechtskräftig geworden war.

Ebenso § 465 Abs. 2 StPO. bezgl. der Kosten des Strafverfahrens.

§ 31.

Die Verurteilung zu Zuchthausstrafe hat die dauernde Unfähigkeit zum Dienste in dem Reichsheer und der Reichsmarine sowie die dauernde Unfähigkeit zur Bekleidung öffentlicher Ämter von Rechts wegen zur Folge.

Unter öffentlichen Ämtern im Sinne dieses Strafgesetzes sind die Advokatur, die Anwaltschaft und das Notariat sowie der Geschworenen- und Schöffendienst mitbegriffen.

§ 32.

Neben der Todesstrafe und der Zuchthausstrafe kann[1] auf den Verlust der bürgerlichen Ehrenrechte erkannt werden[2], neben der Gefängnisstrafe nur, wenn die Dauer der erkannten Strafe drei Monate erreicht und entweder das Gesetz den Verlust der bürgerlichen Ehrenrechte ausdrücklich zuläßt oder die Gefängnisstrafe wegen Annahme mildernder Umstände an Stelle von Zuchthausstrafe ausgesprochen wird.

Die Dauer dieses Verlustes beträgt bei zeitiger Zuchthausstrafe mindestens zwei und höchstens zehn

Jahre, bei Gefängnisstrafe mindestens ein Jahr und höchstens fünf Jahre[3].

1. Nach freiem Ermessen des Gerichts. Zwingend vorgeschrieben ist die Aberkennung der bürgerlichen Ehrenrechte bei Meineid (§ 161), schwerer Kuppelei (§ 181), gewerbsmäßigem Wucher (§ 302d) und einigen Nebengesetzen. Gegen Jugendliche unzulässig (§ 9 JGG.)

2. Vgl. § 76.

3. Die Ehrenrechte können im Wege der Gnade (vorzeitig) wiederverliehen werden.

§ 33.

Die Aberkennung der bürgerlichen Ehrenrechte bewirkt den dauernden Verlust der aus öffentlichen Wahlen für den Verurteilten hervorgegangenen Rechte, ingleichen den dauernden[1] Verlust der öffentlichen Ämter[2], Würden, Titel[3], Orden und Ehrenzeichen[4].

1. Eine erneute Erlangung öffentlicher Ämter usw. nach Ablauf der Dauer des Ehrverlustes ist aber nicht ausgeschlossen.

2. § 31 Abs. 2. In Betracht kommen nur inländische Ämter usw.

3. Vgl. dazu das Ges. über Titel, Orden und Ehrenzeichen v. 7. 4. 1933 (RGBl. I S. 180) i. d. F. des Ges. v. 15. 5. 1934 (RGBl. I S. 379), und die VO. des Reichspräs. über Titel v. 30. 1. 1934 (RGBl. I S. 73). Das Adelsprädikat ist weder Titel noch Würde, sondern Namensbestandteil (Art 109 RVerf.).

4. Weitere Wirkungen des Ehrverlustes sind in einer Reihe von Nebengesetzen vorgesehen (vgl. § 81 HGB., §§ 53, 106 GewO. usw.).

§ 34.

Die Aberkennung der bürgerlichen Ehrenrechte bewirkt ferner die Unfähigkeit, während der im Urteile bestimmten Zeit

1. die Landeskokarde zu tragen;

2. in das Reichsheer oder in die Reichsmarine einzutreten;
3. öffentliche Ämter, Würden, Titel, Orden und Ehrenzeichen zu erlangen[1];
4. in öffentlichen Angelegenheiten zu stimmen, zu wählen oder gewählt zu werden oder andere politische Rechte auszuüben;
5. Zeuge bei Aufnahmen von Urkunden zu sein[2];
6. Vormund[3], Gegenvormund, Pfleger, Beistand der Mutter, Mitglied eines Familienrates oder Kurator[4] zu sein, es sei denn, daß es sich um Verwandte absteigender Linie handele und die obervormundschaftliche Behörde oder der Familienrat die Genehmigung erteile.

1. Vgl. Anm. 3 zu § 33.
2. Die Rechtsfolgen, wenn ein hiernach untauglicher Solennitätszeuge hinzugezogen worden ist, bestimmt das bürgerliche Recht (vgl. z. B. § 2237 BGB. Sollvorschrift, daher keine Nichtigkeit des Testamentes).
3. Vgl. § 1781 Ziff. 4 BGB. (Sollvorschrift; keine Ungültigkeit der Bestellung).
4. = Pfleger; vgl. RGSt. 41, 388.

§ 35.

Neben einer Gefängnisstrafe, mit welcher die Aberkennung der bürgerlichen Ehrenrechte überhaupt hätte verbunden werden können[1], kann auf die Unfähigkeit zur Bekleidung öffentlicher Ämter auf die Dauer von einem bis zu fünf Jahren erkannt werden.

Die Aberkennung der Fähigkeit zur Bekleidung öffentlicher Ämter hat den dauernden[2] Verlust der bekleideten Ämter von Rechts wegen zur Folge.

1. Vgl. § 32. Ausnahme: §§ 86, 93, 128, 129, 358.
2. Vgl. Anm. 1 zu § 33.

§ 36[1].

Die Aberkennung der bürgerlichen Ehrenrechte und der Fähigkeit zur Bekleidung öffentlicher Ämter wird mit der Rechtskraft des Urteils wirksam. Ihre Dauer wird von dem Tage ab berechnet, an dem die Freiheitsstrafe, neben der die Aberkennung ausgesprochen wurde, verbüßt, verjährt oder erlassen[2] ist. Ist neben der Strafe eine mit Freiheitsentziehung verbundene Maßregel der Sicherung und Besserung angeordnet worden, so wird die Frist erst von dem Tage ab berechnet, an dem auch die Maßregel erledigt ist.

Ist nach Ablauf einer Probezeit dem Verurteilten die Strafe ganz oder teilweise erlassen worden oder eine mit Freiheitsentziehung verbundene Maßregel der Sicherung und Besserung erledigt, so wird die Probezeit auf die Frist angerechnet[3].

1. Die Fassung beruht auf Art. 3 Ziff. 2 des Ges. v. 24. 11. 1933 (RGBl. I S. 995). Neu gegenüber dem bisherigen Recht ist der Satz 3 des Abs. 1 und Abs. 2.

2. Erlassen ist die Strafe, wenn der Verurteilte sich bei Erteilung des Gnadenbeweises nicht auf freiem Fuße befindet, mit dem Augenblick der Entlassung aus der Strafhaft.

3. Der neue Abs. 2 entscheidet eine Zweifelsfrage des bisherigen Rechts im Sinne der h. M. (vgl. RGSt. 63, 177). Die Vorschrift bezieht sich sowohl auf den bedingten Erlaß, bei dem nach Ablauf der Probezeit die Strafe ohne weiteres erlassen ist, als auch auf die in einer Reihe von Ländern (insbes. in Preußen) übliche bedingte Aussetzung der Strafvollstreckung mit Aussicht auf einen künftigen Gnadenerweis, wo es nach Ablauf der Probezeit zum Erlaß eines besonderen Ausspruches der zur Ausübung des Gnadenrechts ermächtigten Stelle bedarf.

§ 37.

Ist ein Deutscher im Auslande[1] wegen eines Verbrechens oder Vergehens bestraft worden, welches nach den Gesetzen des Deutschen Reichs den Verlust der bürgerlichen Ehrenrechte überhaupt oder einzelner bürgerlichen Ehrenrechte zur Folge hat oder zur Folge haben kann, so ist ein neues Strafverfahren zulässig[2], um gegen den in diesem Verfahren für schuldig erklärten auf jene Folge zu erkennen[3].

1. Vgl. § 3.

2. § 37 zieht die Folgerung aus der Vorschrift des § 5, daß, wenn die im Ausland erkannte Strafe vollzogen ist, im Inland ein Strafverfahren grundsätzlich ausgeschlossen ist; zulässig ist aber ein Strafverfahren zwecks Aberkennung der Ehrenrechte. In diesem Strafverfahren hat der deutsche Richter die Schuldfrage selbständig zu prüfen, ohne an das ausländische Urteil gebunden zu sein oder es seinem Urteil zugrunde legen zu dürfen.

3. Ein entsprechendes Nachverfahren ist vorgesehen zwecks nachträglicher Anordnung der Sicherungsverwahrung oder der Entmannung (§ 429e StPO.).

§ 38.

Neben einer Freiheitsstrafe kann in den durch das Gesetz vorgesehenen Fällen[1] auf die Zulässigkeit von Polizeiaufsicht erkannt werden.

Die höhere Landespolizeibehörde erhält durch ein solches Erkenntnis die Befugnis, nach Anhörung der Gefängnisverwaltung den Verurteilten auf die Zeit von höchstens fünf Jahren unter Polizeiaufsicht zu stellen.

Diese Zeit wird von dem Tage berechnet, an welchem die Freiheitsstrafe verbüßt, verjährt oder erlassen ist[2].

1. Vgl. §§ 44 Abs. 2, 49a, 86, 93, 115f., 122, 125, 146f., 180ff., 184, 248, 256, 262, 285a, 294, 325, ferner in einer Reihe von Nebengesetzen. Bei Jugendlichen ist Pol.-Aufsicht ausgeschlossen (§ 9 JGG.).

2. Entsprechend § 36 Abs. 1 Satz 2; eine dem § 36 Abs. 2 entsprechende Vorschrift fehlt jedoch.

§ 39.

Die Polizeiaufsicht hat folgende Wirkungen:

1. dem Verurteilten kann der Aufenthalt an einzelnen bestimmten Orten von der höheren Landespolizeibehörde untersagt werden[1];
2. die höhere Landespolizeibehörde ist befugt, den Ausländer aus dem Reichsgebiete zu verweisen[2];
3. Haussuchungen unterliegen keiner Beschränkung hinsichtlich der Zeit, zu welcher sie stattfinden dürfen[3].

1. Folge der Zuwiderhandlung: § 361 Ziff. 1.

2. Mit Wirkung v. 1. 6. 1934 gestrichen durch das Ges. über Reichsverweisungen v. 23. 3. 1934 (RGBl. I S. 213), abgedr. S. 314.

3. Vgl. §§ 103 Abs. 2, 104 Abs. 2, 105 Abs. 3, 106 Abs. 2 StPO. Weitere Wirkungen der Stellung unter Pol.-Aufsicht in § 113 StPO. und in Nebengesetzen.

§ 39a[1].

1. Der durch Art. I Ziff. 4 des Ges. v. 26. 5. 1933 (RGBl. I S. 295) eingefügte § 39a ist durch Art. 3 Ziff. 3 des Ges. v. 24. 11. 1933 (RGBl. I S. 995) gestrichen und durch den neuen § 42m ersetzt worden.

§ 40.

Gegenstände, welche durch ein vorsätzliches Verbrechen oder Vergehen hervorgebracht oder welche zur Begehung eines vorsätzlichen Verbrechens oder Vergehens gebraucht oder bestimmt sind, können[1], sofern sie dem Täter oder einem Teilnehmer gehören[2], eingezogen[3] werden.

Die Einziehung ist im Urteile auszusprechen.

1. Nach dem Ermessen des Gerichts. Zwingend ist die Ein-

ziehung vorgeschrieben in §§ 152, 245a Abs. 3, 295, 296a Abs. 2. Regelmäßig kann auf Einziehung nur neben einer Hauptstrafe erkannt werden; in einer Reihe von Vorschriften (vgl. §§ 42, 86a Abs. 2, 93a Abs. 3 StGB. und zahlreiche Nebengesetze, z. B. § 25 Abs. 2 des Schußwaffengeſ., § 1 Abs. 2 des Ges. gegen Waffenmißbrauch v. 28. 3. 1931, § 14 Abs. 2 des Lebensmittelges. v. 5. 7. 1927) ist jedoch vorgesehen, daß die Einziehung im objektiven Verfahren erfolgen kann, wenn keine bestimmte Person verfolgt oder verurteilt werden kann.

2. Einziehung ohne Rücksicht darauf, wem der Gegenstand gehört, ist in einer Reihe von Fällen zugelassen oder vorgeschrieben (vgl. z. B. §§ 295, 296a). In diesen Fällen ist die Einziehung nicht Strafe, sondern polizeiliche Sicherungsmaßnahme; ist sie nur gegen den Täter oder Teilnehmer zulässig, so ist sie Nebenstrafe.

3. Mit der Rechtskraft des Urteils geht das Eigentum an dem Gegenstand auf der Staat über.

§ 41.

Wenn der Inhalt einer Schrift, Abbildung oder Darstellung strafbar ist, so ist[1] im Urteile auszusprechen, daß alle Exemplare sowie die zu ihrer Herstellung bestimmten Platten und Formen unbrauchbar zu machen sind[2].

Diese Vorschrift bezieht sich jedoch nur auf die im Besitze des Verfassers, Druckers, Herausgebers, Verlegers oder Buchhändlers befindlichen und auf die öffentlich ausgelegten oder öffentlich angebotenen Exemplare.

Ist nur ein Teil der Schrift, Abbildung oder Darstellung strafbar, so ist, insofern eine Ausscheidung möglich ist, auszusprechen, daß nur die strafbaren Stellen und derjenige Teil der Platten und Formen, auf welchem sich diese Stellen befinden, unbrauchbar zu machen sind.

1. Zwingend, im Gegensatz zu § 40.

2. Die Unbrauchbarmachung ist polizeiliche Sicherungsmaßnahme, keine Nebenstrafe. Sie hat — im Gegensatz zur Einziehung — nicht den Übergang des Eigentums auf den Staat zur Folge.

§ 42.

Ist in den Fällen der §§ 40 und 41 die Verfolgung oder die Verurteilung einer bestimmten Person nicht ausführbar[1], so können[2] die daselbst vorgeschriebenen Maßnahmen selbständig erkannt werden[3].

1. Voraussetzung des objektiven Verfahrens ist, daß der volle objektive und (str.) subjektive Tatbestand einer strafbaren Handlung erfüllt ist, die Verfolgung aber aus tatsächlichen (Tod, Abwesenheit oder Unbekanntsein des Täters) oder rechtlichen (Verfall in Geisteskrankheit, Immunität) Gründen nicht möglich ist. Ob mangelnder Strafantrag und Verjährung die Einziehung ausschließen, ist str. Wird der Beschuldigte freigesprochen oder bei seiner Verurteilung die Einziehung verabsäumt, so ist § 42 unanwendbar, dagegen anwendbar, wenn nach § 153 Abs. 3 StPO. das Strafverf. wegen Geringfügigkeit endgültig eingestellt worden ist. Wird ein Strafverfahren durch Amnestie niedergeschlagen, so ist die Einziehung im obj. Verfahren zulässig, soweit sie ohne Rücksicht auf die Eigentumsverhältnisse vorgeschrieben oder zugelassen ist (vgl. Anm. 2 zu § 40; RGSt. 54, 12).

2. Nach freiem Ermessen; anders § 41.

3. Durch Urteil. Wegen des Verfahrens vgl. §§ 430 ff. StPO. Ein Übergang aus dem subjektiven in das objektive Verfahren ist im anhängigen Verfahren nicht statthaft.

1a. Abschnitt.

Maßregeln der Sicherung und Besserung.

Vorbemerkung.

Der Abschn. 1a ist eingefügt durch Art. 2 des Ges. v. 24. 11. 1933 (RGBl. I S. 995).

Zweck der Strafe ist es, dem Täter ein Übel zuzufügen, um die Verletzung des Rechtsfriedens zu sühnen, den Täter von künftigen Straftaten abzuhalten (Spezialprävention) und Dritte von der Begehung von Verbrechen abzuschrecken (Generalprävention). Der spezialpräventierende Zweck ist vielfach nicht zu erreichen, weil der Täter einer Einwirkung durch die Strafe unzugänglich ist; nach der Art und Zahl seiner Strafen und seiner charakterlichen Veranlagung ist anzunehmen, daß er, wenn sich die Türen der Strafanstalt nach Ablauf seiner Strafe hinter ihm geschlossen haben, in der Freiheit erneut straffällig werden wird. In solchen Fällen muß der Gesetzgeber darauf bedacht sein, die Allgemeinheit durch andere Sicherungsmittel vor der Begehung neuer Straftaten zu schützen. Als solche Mittel stellt Abschn. 1a die Sicherungsverwahrung, die Entmannung gefährlicher Sittlichkeitsverbrecher und die Untersagung der Berufsausübung zur Verfügung. In anderen Fällen reicht die Bestrafung und ihr Vollzug nicht aus, den Täter dahin zu bringen, daß er sich künftig straffrei verhält; es bedarf einer ergänzenden Einwirkung mit anderen Besserungsmitteln. So liegt der Fall bei der Unterbringung in einer Trinkerheil- oder einer Entziehungsanstalt und in einem Arbeitshaus. Während in diesen Fällen die Sicherungs- und Besserungsmaßregeln neben einer Strafe in Betracht kommen, ist die Unterbringung in einer Heil- und Pflegeanstalt gerade für die Fälle vorgesehen, in denen eine Sicherung der Gesellschaft durch eine Strafhaft wegen mangelnder Zurechnungsfähigkeit nicht möglich ist; doch kann die Unterbringung bei vermindert Zurechnungsfähigen auch neben einer Strafe angeordnet werden.

Maßnahmen der Sicherung kennt das StGB. auch außerhalb des 1a. Abschn. (Einziehung — vgl. Anm. 2 zu § 40 — und Unbrauchbarmachung — s. Anm. 2 zu § 41 —). Besserungsmaßregeln kennt das StGB. nicht, wohl aber das JGG. in Form der Erziehungsmaßregeln (§ 7 JGG.).

Die Maßregeln der Sicherung und Besserung unterscheiden sich von der Strafe (Haupt- und Nebenstrafen) dadurch, daß sie für den Betroffenen zwar auch ein Übel bedeuten, daß aber die Zufügung eines Übels nicht Zweck, sondern nur unvermeidliche Wirkung der auf einen anderen Zweck gerichteten Maßnahme ist. Der Vollzug der Maßregeln ist in Art. 3 der VO. v. 14. 5. 1934 (RGBl. I S. 383) geregelt.

Ob Sicherungs- und Besserungsmaßregeln im Wege der Gnade von dem Träger des Gnadenrechts abgekürzt oder erlassen werden können, hängt davon ab, ob in dem Lande, dem das im 1. Rechtszug entscheidende Gericht angehört, das

Gnadenrecht, wie es vor dem Gesetz v. 30. 1. 1934 (RGBl. I S. 75) über den Neuaufbau des Reiches bestand, sich auch auf Maßregeln der Sicherung und Besserung erstreckt. In Preußen ist dies nicht der Fall.

§ 42a.

Maßregeln der Sicherung und Besserung sind:

1. **die Unterbringung in einer Heil- und Pflegeanstalt[1],**
2. **die Unterbringung in einer Trinkerheilanstalt oder einer Entziehungsanstalt[2],**
3. **die Unterbringung in einem Arbeitshaus[3],**
4. **die Sicherungsverwahrung[4],**
5. **die Entmannung gefährlicher Sittlichkeitsverbrecher[5],**
6. **die Untersagung der Berufsausübung[6],**
7. die Reichsverweisung[7].

1. § 42b. 2. § 42c. 3. §§ 42d, 42 i. 4. §§ 42e, 93. 5. § 42 k. 6. § 42 l. 7. Gestrichen mit Wirkung v. 1. 6. 1934 durch das Ges. über Reichsverweisungen v. 23. 3. 1934 (RGBl. I S. 213).

§ 42b[1].

Hat jemand eine mit Strafe bedrohte Handlung[2] im Zustand der Zurechnungsunfähigkeit (§ 51 Absatz 1, § 58 Abs. 1)[3] oder der verminderten Zurechnungsfähigkeit (§ 51 Abs. 2, § 58 Abs. 2) begangen, so ordnet[4] das Gericht seine Unterbringung in einer Heil- oder Pflegeanstalt an, wenn die öffentliche Sicherheit es erfordert[5]. Dies gilt nicht bei Übertretungen.

Bei vermindert Zurechnungsfähigen tritt die Unterbringung neben[6] die Strafe.

1. § 42b ist ohne Vorbild im bisherigen Recht. Bisher mußte, wenn es gegen den Unzurechnungsfähigen überhaupt zur An-

klageerhebung und zur Hauptverhandlung kam, stets Freisprechung erfolgen; es war lediglich Sache der Verwaltungsbehörden, die der Allgemeinheit von dem Geisteskranken etwa weiterhin drohenden Gefahren zu verhindern (für Preußen vgl. § 15 des Polizeiverwaltungsgesetzes v. 1. 6. 1931 — PrGS. S. 77). Diese Befugnisse sind den Verwaltungsbehörden auch jetzt für die Fälle geblieben, in denen die Staatsanwaltschaft davon Abstand nimmt, bei dem Gericht die Anordnung der Unterbringung zu beantragen (s. unten Anm. 4).

2. Es muß der volle objektive und — von der Zurechnungsfähigkeit abgesehen — subjektive Tatbestand eines Verbrechens oder Vergehens vorliegen. Die Handlung muß rechtswidrig sein. Auch bei einem fahrlässig begangenen Vergehen — sofern ein solches strafbar ist — kann Unterbringung angeordnet werden, falls die öffentliche Sicherheit es erfordert.

3. Diese Voraussetzung ist nicht gegeben bei Personen unter 14 Jahren und solchen Jugendlichen, die gemäß § 3 JGG. nicht strafbar sind.

4. Obligatorisch. Die Einleitung des Verfahrens, in dem die Unterbringung angeordnet wird (Sicherungsverfahren) setzt einen Antrag der Staatsanwaltschaft voraus, dessen Stellung ihrem Ermessen überlassen ist (§§ 429a ff. StPO.). Wegen der Dauer der Unterbringung vgl. § 42f.

5. Das ist der Fall, wenn von dem Täter weitere Angriffe zu besorgen sind und diese Gefahr auf andere Weise nicht gebannt werden kann.

6. Nur gleichzeitig mit der Verurteilung zulässig. Eine nachträgliche Anordnung gegen den verurteilten vermindert Zurechnungsfähigen kommt nicht in Betracht. Die Unterbringung kann ganz oder teilweise vor der Freiheitsstrafe vollzogen werden (§ 456b StPO.).

§ 42c.

Wird jemand, der gewohnheitsmäßig[1] im Übermaß geistige Getränke oder andere berauschende Mittel[2] zu sich nimmt, wegen eines Verbrechens oder Vergehens, das er im Rausch begangen hat oder das mit einer solchen Gewöhnung in ursächlichem Zusammenhang steht[3] oder wegen Voll-

trunkenheit (§ 330a) zu einer Strafe verurteilt und ist seine Unterbringung in einer Trinkerheilanstalt oder einer Entziehungsanstalt erforderlich, um ihn an ein gesetzmäßiges und geordnetes Leben zu gewöhnen, so ordnet das Gericht neben der Strafe die Unterbringung[4] an[5].

1. Immer wiederkehrend aus einem Hang heraus.
2. Mittel, die ähnlich berauschend oder betäubend wirken wie geistige Getränke, z. B. Äther, Kokain, Haschisch, Opium und Morphium.
3. z. B. weil der Täter als Alkoholiker der Versuchung zum Verbrechen keinen rechten Widerstand mehr leisten kann.
4. Wegen der Dauer vgl. § 42 f. Abs. 2. Die Unterbringung kann ganz oder teilweise vor der Freiheitsstrafe vollzogen werden (§ 456b StPO.).
5. Vgl. § 330 b.

§ 42d.

Wird jemand nach § 361 Nr. 3 bis 5, 6 a bis 8 zu Haftstrafe verurteilt, so ordnet das Gericht neben der Strafe seine Unterbringung in einem Arbeitshaus[1] an, wenn sie erforderlich ist, um ihn zur Arbeit anzuhalten und an ein gesetzmäßiges und geordnetes Leben zu gewöhnen.

Dasselbe gilt, wenn jemand, der gewohnheitsmäßig[2] zum Erwerbe Unzucht treibt, nach § 361 Nr. 6 zu Haftstrafe verurteilt wird.

Wegen Bettelns ist die Anordnung nur zulässig, wenn der Täter aus Arbeitsscheu oder Liederlichkeit oder gewerbsmäßig[3] gebettelt hat.

Arbeitsunfähige, deren Unterbringung in einem Arbeitshaus angeordnet ist, können in einem Asyl untergebracht werden.

1. Die Anordnung der Unterbringung in einem Arbeitshaus ist an die Stelle der Überweisung an die Landespolizeibehörde

des bisherigen Rechts (§ 362 Abs. 2 StGB.) getreten, die der LandespolBeh. die Befugnis gab, den Verurteilten bis zu 2 Jahren in einem Arbeitshaus unterzubringen. Anders als nach bisherigem Recht kommt bei Spielern und Zuhältern (bisherige §§ 181a, 285a StGB.) Unterbringung nicht in Betracht; statt dessen sind die hierfür angedrohten Strafen verschärft.

Wegen der Dauer der Unterbringung vgl. § 42f Abs. 2. In dem Urteil, das die Unterbringung anordnet, ist über deren Dauer nichts zu sagen. Der Vollzug der Unterbringung vor der erkannten Freiheitsstrafe ist — anders als bei der Unterbringung in einer Heil- oder Pflegeanstalt, einer Trinkerheil- oder Entziehungsanstalt — nicht vorgesehen (vgl. § 456b StPO.).

2. Immer wiederkehrend aus einem Hang heraus.

3. In der Absicht, sich eine dauernde Einnahmequelle zu verschaffen. Unzulässig ist demnach die Anordnung, wenn der Täter in einer schweren Notlage oder wegen seiner Arbeitsunfähigkeit die Mildtätigkeit anderer angerufen hat.

§ 42e.

Wird jemand nach § 20a als ein gefährlicher Gewohnheitsverbrecher verurteilt, so ordnet[1] das Gericht neben[2] der Strafe die Sicherungsverwahrung[3] an, wenn die öffentliche Sicherheit es erfordert[4].

1. Zwingend vorgeschrieben. Bei Verurteilung wegen Landesverrats zu Zuchthausstrafe kann gemäß § 93 stets auf Sicherungsverwahrung erkannt werden, wenn die öffentliche Sicherheit es erfordert.

2. Bei Verurteilten, die schon vor dem 1. 1. 1934 abgeurteilt worden sind und nach diesem Zeitpunkt Strafe verbüßen, kann die Sicherungsverwahrung nachträglich angeordnet werden (Art. 5 Ziff. 2 des Ges. v. 24. 11. 1933 — RGBl. I S. 995 — in Verb. m. Art. 14 des Ges. v. 24. 11. 1933 — RGBl. I S. 1000 —). Ebenso bei Deutschen, die im Ausland verurteilt worden sind (§ 429e StPO.).

3. Wegen der Dauer der Sicherungsverwahrung vgl. § 42f

4. Vgl. Anm. 5 zu § 42b.

§ 42 f.

Die Unterbringung dauert so lange, als ihr Zweck es erfordert.

Die Unterbringung in einer Trinkerheilanstalt oder einer Entziehungsanstalt und die erstmalige Unterbringung in einem Arbeitshaus oder einem Asyl dürfen nicht länger als zwei Jahre dauern.

Die Dauer der Unterbringung in einer Heil- oder Pflegeanstalt, der wiederholten Unterbringung in einem Arbeitshaus oder einem Asyl und der Sicherungsverwahrung ist an keine Frist gebunden. Bei diesen Maßregeln hat das Gericht jeweils vor dem Ablauf bestimmter Fristen zu entscheiden, ob der Zweck der Unterbringung erreicht ist. Die Frist beträgt bei der Unterbringung in einer Heil- oder Pflegeanstalt und der Sicherungsverwahrung drei Jahre und bei der wiederholten Unterbringung in einem Arbeitshaus oder einem Asyl zwei Jahre. Ergibt sich bei der Prüfung, daß der Zweck der Unterbringung erreicht ist, so hat das Gericht die Entlassung des Untergebrachten anzuordnen.

Das Gericht kann[1] auch während des Laufs der in den Abs. 2 und 3 genannten Fristen jederzeit prüfen, ob der Zweck der Unterbringung erreicht ist. Wenn das Gericht dies bejaht, so hat es die Entlassung des Untergebrachten anzuordnen.

Die Fristen laufen vom Beginn des Vollzugs an. Lehnt das Gericht die Entlassung des Untergebrachten ab, so beginnt mit dieser Entscheidung der Lauf der im Abs. 3 genannten Fristen von neuem.

1. Auf Antrag oder von Amts wegen.

§ 42g.

Sind seit der Rechtskraft des Urteils drei Jahre verstrichen, ohne daß mit dem Vollzug der Unterbringung begonnen worden ist, so darf sie nur noch vollzogen werden, wenn das Gericht es anordnet. Die Anordnung ist nur zulässig, wenn der Zweck der Maßregel die nachträgliche Unterbringung erfordert.

In die Frist wird die Zeit nicht eingerechnet, in der der Unterzubringende eine Freiheitsstrafe verbüßt oder auf behördliche Anordnung in einer Anstalt verwahrt wird.

§ 42h.

Die Entlassung des Untergebrachten gilt nur als bedingte Aussetzung der Unterbringung. Das Gericht kann dem Untergebrachten bei der Entlassung besondere Pflichten auferlegen und solche Anordnungen auch nachträglich treffen oder ändern. Zeigt der Entlassene durch sein Verhalten in der Freiheit, daß der Zweck der Maßregel seine erneute Unterbringung erfordert, und ist die Vollstreckung der Maßregel noch nicht verjährt[1], so widerruft das Gericht die Entlassung.

Die Dauer der Unterbringung in einer Trinkerheilanstalt oder einer Entziehungsanstalt und der erstmaligen Unterbringung in einem Arbeitshaus oder einem Asyl darf auch im Falle des Widerrufs insgesamt die gesetzliche Höchstdauer der Maßregel nicht überschreiten.

1. Vgl. §§ 70 Abs. 2, 71.

§ 42 l.

Die im Arbeitshaus oder in der Sicherungsverwahrung Untergebrachten sind in der Anstalt zu den eingeführten Arbeiten anzuhalten. Sie können auch zu Arbeiten außerhalb der Anstalt verwendet werden, müssen jedoch dabei von freien Arbeitern getrennt gehalten werden.

Die in einer Heil- oder Pflegeanstalt, einer Trinkerheilanstalt oder einer Entziehungsanstalt Untergebrachten können innerhalb oder außerhalb der Anstalt auf eine ihren Fähigkeiten und Verhältnissen angemessene Weise beschäftigt werden.

§ 42 k.

Das Gericht kann neben[1] der Strafe anordnen, daß ein Mann[2], der zur Zeit der Entscheidung[2a] das einundzwanzigste Lebensjahr vollendet hat, zu entmannen[3] ist,

1. wenn er wegen eines Verbrechens[4] der Nötigung zur Unzucht, der Schändung, der Unzucht mit Kindern oder der Notzucht (§§ 176 bis 178) oder wegen eines zur Erregung oder Befriedigung des Geschlechtstriebs begangenen Vergehens oder Verbrechens der öffentlichen Vornahme unzüchtiger Handlungen oder der Körperverletzung (§§ 183, 223 bis 226) zu Freiheitsstrafe von mindestens sechs Monaten verurteilt wird, nachdem er schon einmal wegen einer solchen Tat zu Freiheitsstrafe[5] rechtskräftig verurteilt worden ist, und die Gesamtwürdigung der Taten ergibt, daß er ein gefährlicher[6] Sittlichkeitsverbrecher ist;

2. wenn er wegen mindestens zwei derartiger Taten zu Freiheitsstrafe von mindestens einem Jahr verurteilt wird und die Gesamtwürdigung der Taten ergibt, daß er ein gefährlicher[6] Sittlichkeitsverbrecher ist, auch wenn er früher wegen einer solchen Tat noch nicht verurteilt worden ist;

3. wenn er wegen eines zur Erregung oder Befriedigung des Geschlechtstriebs begangenen Mordes oder Totschlags (§§ 211 bis 215[7]) verurteilt wird.

§ 20a Abs. 3 gilt entsprechend.

Eine ausländische Verurteilung steht einer inländischen gleich, wenn die geahndete Tat nach deutschem Recht ein Verbrechen oder Vergehen der im Abs. 1 genannten Art wäre[8].

1. Also nicht bei Unzurechnungsfähigen. Nachträgliche Entmannung entsprechend der nachträglichen Anordnung der Sicherungsverwahrung (vgl. Anm. 2 zu § 42e).

2. Mann ist eine männliche Person, die zur Zeit der Tat das 18. Lebensjahr vollendet hat. Gegen Jugendliche nicht zulässig (§ 9 Abs. 5 JGG. in der Fassung von Art. 3 des Ges. v. 24. 11. 1933 — RGBl. I S. 1000 —).

2a. Durch den letzten Tatrichter.

3. Entfernung der Keimdrüsen. Wegen des Vollzuges s. § 456c StPO.

4. Vollendet oder versucht.

5. Ohne Rücksicht auf die Höhe und ohne Rücksicht darauf, ob die jetzt abgeurteilte Tat vor oder nach der 1. Verurteilung begangen ist.

6. d. h. daß weitere Sittlichkeitsverbrechen von ihm zu besorgen sind.

7. Vollendet oder versucht.

8. Entsprechend § 20a Abs. 4.

§ 421.

Wird jemand wegen eines Verbrechens oder Vergehens, das er unter Mißbrauch seines Berufs oder Gewerbes oder unter grober Verletzung der ihm kraft seines Berufs oder Gewerbes obliegenden Pflichten begangen hat, zu Freiheitsstrafe von mindestens drei Monaten verurteilt, so kann ihm das Gericht zugleich auf die Dauer von mindestens einem und höchstens fünf Jahren die Ausübung des Berufs, Gewerbes oder Gewerbezweiges untersagen[1], wenn dies erforderlich[2] ist, um die Allgemeinheit vor weiterer Gefährdung zu schützen.

Solange die Untersagung wirksam ist, darf der Verurteilte den Beruf, das Gewerbe oder den Gewerbezweig auch nicht für einen anderen ausüben oder durch eine von seinen Weisungen abhängige Person für sich ausüben lassen[3].

§ 36 Abs. 1 gilt entsprechend. Wird die Vollstreckung der Freiheitsstrafe oder einer neben der Strafe erkannten, mit Freiheitsentziehung verbundenen Maßregel der Sicherung und Besserung bedingt ausgesetzt, so wird die Probezeit auf die Frist angerechnet[4].

1. Unberührt bleiben die bisher geltenden Vorschriften, nach denen die Ausübung bestimmter Berufe und Gewerbe wegen der durch eine strafbare Handlung bewiesenen Unzuverlässigkeit untersagt werden kann oder muß oder in anderer Weise kraft Gesetzes unmöglich gemacht ist (vgl. z. B. §§ 35 bis 35b GewO., §§ 198 f. RAbgO.).

2. Dies ist nicht der Fall, wenn sonstige Maßnahmen zum Schutz der Allgemeinheit ausreichen, z. B. die Entziehung des Führerscheins bei Kraftwagenführern, die durch unvorsichtiges Fahren wiederholt Körperverletzungen zugefügt haben. Bei Beamten kommt das Berufsverbot im Hinblick auf § 35 und

die über Beamte bestehende Dienststrafgerichtsbarkeit nicht in Betracht.

3. Folge der Zuwiderhandlung: § 145c.

4. Und zwar — abweichend von § 36 Abs. 2 — ohne Rücksicht darauf, ob die bedingte Aussetzung später widerrufen wird oder nicht.

§ 42m[1].

Wird ein Ausländer[2] zu einer Freiheitsstrafe von mindestens drei Monaten verurteilt und bedeutet sein Verbleiben im Inland eine Gefahr für andere oder für die öffentliche Sicherheit, so kann das Gericht es für zulässig erklären, daß ihn die zuständige Verwaltungsbehörde innerhalb einer Frist von sechs Monaten nach Rechtskraft der Entscheidung aus dem Reichsgebiet[3] verweist.

Wird gegen einen Ausländer eine mit Freiheitsentziehung verbundene Maßregel der Sicherung und Besserung[4] oder die Entmannung[5] angeordnet, so kann[6] ihn die zuständige Verwaltungsbehörde innerhalb einer Frist von sechs Monaten nach Rechtskraft der Entscheidung aus dem Reichsgebiet verweisen[7].

In die Frist wird die Zeit nicht eingerechnet, in der der Ausländer eine Freiheitsstrafe verbüßt oder auf behördliche Anordnung in einer Anstalt verwahrt wird.

1. Vgl. Anm. zu § 39a. Die Vorschrift ist mit Wirkung vom 1. 6. 1934 gestrichen durch das Ges. über Reichsverweisungen v. 23. 3. 1934 (RGBl. I S. 213), abgedr. S. 314.

2. Jeder, der nicht die Reichsangehörigkeit besitzt, also auch der Staatenlose.

3. Unberührt geblieben ist die Befugnis der Länder, einen straffällig gewordenen Ausländer auch ohne gerichtliche Zulässigkeitserklärung aus fremdenpolizeilichen Gründen aus dem Land zu verweisen.

4. § 42a Ziff. 1, 2, 3, 4. 5. § 42a Ziff. 5.

6. Ohne daß es einer Zulässigkeitserklärung durch das Gericht bedarf.

7. Folge der Zuwiderhandlung, § 361 Nr. 2.

§ 42n.

Maßregeln der Sicherung und Besserung können nebeneinander angeordnet werden.

Zweiter Abschnitt.

Versuch.

§ 43.

Wer den Entschluß, ein Verbrechen oder Vergehen[1] zu verüben, durch Handlungen, welche einen Anfang der Ausführung dieses Verbrechens oder Vergehens enthalten[2], betätigt hat, ist, wenn das beabsichtigte[3] Verbrechen oder Vergehen nicht zur Vollendung gekommen ist, wegen Versuches zu bestrafen.

Der Versuch eines Vergehens wird jedoch nur in den Fällen bestraft, in welchen das Gesetz dies ausdrücklich bestimmt.

1. Versuch einer Übertretung ist nicht strafbar.

2. Es muß also mit derjenigen Handlung begonnen sein, die zur Erfüllung des gesetzlichen Tatbestandes des beabsichtigten Verbrechens oder Vergehens gehört. Keine Strafbarkeit der Vorbereitungshandlungen, die die Ausführung der Tat erst ermöglichen oder erleichtern sollen. Ausnahmsweise sind Vorbereitungshandlungen strafbar, wenn sie den Tatbestand einer selbständigen strafbaren Handlung erfüllen (vgl. z. B. § 49b). Im übrigen besteht über die Auslegung des § 43 Streit:

a) Die subjektive Versuchstheorie (insbes. vom RG. vertreten) erklärt für genügend, daß der Täter subjektiv sein Handeln für geeignet hält, den mit Strafe bedrohten Tatbestand zu verwirklichen. Deshalb Bestrafung des untauglichen Versuchs, d. h. des Versuchs mit untauglichen Mitteln (nicht geladenes Gewehr oder nicht genügend starkes Gift) oder am untauglichen Objekt (der zu beraubende Kassenschrank ist leer, der Täter schießt auf einen Baumstumpf, den er für einen Menschen hält). Man unterscheidet zwischen relativ untauglichem Versuch — der Versuch konnte unter den im einzelnen Fall obwaltenden Umständen nicht zum Ziele führen — und absolut untauglichem Versuch — der Versuch konnte unter keinen Umständen zur Vollendung führen; von manchen Vertretern der subj. Theorie — nicht vom RG. — wird nur ersterenfalls Strafbarkeit angenommen, letzterenfalls verneint. Im einzelnen herrscht viel Streit. Der sog. abergläubische Versuch (z. B. Totbeten) wird allgemein für straflos erklärt. Ein Fall des untauglichen Versuchs ist der Mangel am Tatbestand: Der Täter stiehlt seine eigne Geldbörse, die er für eine fremde hält. Ein — auch nach der subj. Theorie strafloses — Wahnverbrechen (Putativdelikt) liegt vor, wenn der Täter, ohne sich über irgendwelche tatsächlichen Umstände zu irren, einen Tatbestand für strafbar hält, der es nicht ist.

b) Die objektive Theorie will nur den bestrafen, dessen Tun nicht nur nach seiner Meinung, sondern in Wahrheit (objektiv) geeignet war, die Gefährdung eines konkreten Rechtsgutes herbeizuführen; sie erklärt daher den untauglichen Versuch für straflos.

Der Gesetzgeber hat sich neuestens — beim Landesverrat (vgl. §§ 89 Abs. 3, 90 Abs. 2) — der subj. Theorie angeschlossen, ohne zwischen relativ und absolut untauglichem Versuch zu unterscheiden.

3. Kein Versuch bei fahrlässigen Delikten.

§ 44.

Das versuchte Verbrechen oder Vergehen ist milder zu bestrafen als das vollendete.[1]

Ist das vollendete Verbrechen mit dem Tode oder mit lebenslänglichem Zuchthaus bedroht, so tritt Zuchthausstrafe nicht unter drei Jahren ein, neben welcher auf Zulässigkeit von Polizeiaufsicht erkannt werden kann.

Ist das vollendete Verbrechen mit lebenslänglicher Festungshaft bedroht, so tritt Festungshaft nicht unter drei Jahren ein.

In den übrigen Fällen kann die Strafe bis auf ein Viertel des Mindestbetrages der auf das vollendete Verbrechen oder Vergehen angedrohten Freiheits- und Geldstrafe ermäßigt werden[2]. Ist hiernach Zuchthausstrafe unter einem Jahre verwirkt, so ist dieselbe nach Maßgabe des § 21 in Gefängnis zu verwandeln.

1. Ausnahme: §§ 80, 81, 87.

2. Unter das gesetzliche Mindestmaß der Strafart (1 Tag Freiheitsstrafe, 3 RM. Geldstrafe) kann nicht herabgegangen werden.

§ 45.

Wenn neben der Strafe des vollendeten Verbrechens oder Vergehens die Aberkennung der bürgerlichen Ehrenrechte zulässig oder geboten ist[1] oder auf Zulässigkeit von Polizeiaufsicht erkannt werden kann[2], so gilt gleiches bei der Versuchsstrafe.

1. §§ 32 ff. 2. §§ 38 f.

§ 46.

Der Versuch als solcher[1] bleibt straflos[2], wenn der Täter[3]

1.[4] die Ausführung der beabsichtigten Handlung aufgegeben hat, ohne daß er an dieser Ausführung durch Umstände gehindert worden ist, welche von seinem Willen unabhängig waren[5], oder

2.[6] zu einer Zeit, zu welcher die Handlung noch nicht entdeckt war, den Eintritt des zur Vollendung des Verbrechens oder Vergehens gehörigen Erfolges[7] durch eigene[8] Tätigkeit abgewendet hat.

1. Ist in der Versuchshandlung ein vollendetes Delikt enthalten (sog. qualifizierter Versuch, z. B. Sachbeschädigung beim Versuch des Diebstahls mittels Erbrechens von Behältnissen), so bleibt dieses trotz der Straflosigkeit des Versuchs strafbar.

2. Persönlicher Strafausschließungsgrund. Der Rücktritt des Täters kommt daher z. B. dem Gehilfen nicht zugute.

3. Auch der Anstifter und der Gehilfe können vom Versuch zurücktreten, der Anstifter, indem er den Täter umstimmt, der Gehilfe, indem er seinen Anteil an der Haupttat aus der Welt schafft (RG. in HRR. 1933 Nr. 1898).

4. Rücktritt vom unbeendigten Versuch.

5. Furcht vor Strafe schließt die Freiwilligkeit des Rücktritts nicht aus, wohl aber u. U. die infolge Entdeckung der Tat hervorgerufene Gewißheit der Bestrafung (RGSt. 58, 296; 62, 362).

6. Rücktritt vom beendigten Versuch (tätige Reue).

7. Ausnahmsweise macht tätige Reue auch bei beendigter Straftat straflos oder minder strafbar: §§ 82 Abs. 3, 92 Abs. 3, 158, 163, 204, 209, 310 StGB., § 374 RAbgO.

8. Auch die Tätigkeit eines vom Täter hierzu Beauftragten genügt.

Dritter Abschnitt.

Teilnahme.

§ 47.

Wenn mehrere eine strafbare Handlung gemeinschaftlich ausführen[1], so wird jeder als Täter bestraft.

1. D. h. Vollendung des gesetzlichen Tatbestandes durch bewußtes und gewolltes Zusammenwirken. Nach der subjektiven Theorie (insbes. vom RG. vertreten) ist es nicht unbedingt erforderlich, daß die Tätigkeit des Mittäters sich als ein Teil der zum gesetzlichen Tatbestand erforderlichen Ausführungshandlung darstelle — dies fordert die sog. objektive Theorie —, vielmehr genügt auch eine vor der eigentlichen Ausführungshandlung (z. B. im Vorbereitungsstadium) liegende Tätigkeit, sofern nur der Mitwirkende die Tat als eigne will (den animus auctoris hat) und nicht nur, wie der Gehilfe, eine fremde Tat unterstützen will.

§ 48.

Als Anstifter[1] wird bestraft, wer einen anderen zu der von demselben begangenen[2] strafbaren[3] Handlung durch Geschenke oder Versprechen, durch Drohung, durch Mißbrauch des Ansehens oder der Gewalt, durch absichtliche Herbeiführung oder Beförderung eines Irrtums oder durch andere Mittel vorsätzlich bestimmt[4] hat.

Die Strafe des Anstifters ist nach demjenigen Gesetze festzusetzen, welches auf die Handlung Anwendung findet, zu welcher er wissentlich angestiftet hat.

1. Anstiftung als die schwerere Form der Beteiligung an fremder Straftat konsumiert die Beihilfe als die leichtere Form. Daher ist nur als Anstifter strafbar, wer zugleich zu der Tat des Angestifteten Beihilfe leistet. Täterschaft konsumiert die Teilnahme an der eigenen Tat. Daher keine Bestrafung wegen Anstiftung zur Beihilfe oder Mittäterschaft an der eigenen Tat. Wohl aber ist, obwohl materiell (straflose) Selbstbegünstigung, die von einem Gefangenen ausgehende Anstiftung zur Gefangenenbefreiung oder zum Entweichenlassen (§§ 120, 121) strafbar.

2. Der Angestiftete muß mindestens einen strafbaren Versuch der Tat begangen haben (sog. akzessorische Natur der Teilnahme). Der Vorsatz des Anstifters muß aber darauf gerichtet sein, daß der Angestiftete die Tat vollendet. Will er von vornherein, daß die Tat nicht über das Versuchsstadium hinauskomme (so der agent provocateur), so liegt keine strafbare Anstiftung vor.

3. Der Angestiftete muß den vollen inneren und äußeren Tatbestand der strafbaren Handlung (einschl. des Versuchs) begangen haben. Konnte der „Angestiftete" nur den äußeren Tatbestand erfüllen (z. B. weil er zurechnungsunfähig ist), so kann der Anstifter, der diesen Umstand kannte, als mittelbarer Täter bestraft werden.

4. Die Anstiftungshandlung muß ursächlich gewesen sein für den Entschluß, auf Grund dessen die Tat begangen wurde. Wer schon zur Tat entschlossen war (der sog. omnimodo facturus), kann nicht mehr zur Tat erst bestimmt werden.

§ 49.

Als Gehilfe[1] wird bestraft, wer dem Täter zur Begehung[2] des Verbrechens oder Vergehens[3] durch Rat oder Tat[4] wissentlich Hilfe geleistet hat[5].

Die Strafe des Gehilfen ist nach demjenigen Gesetz festzusetzen, welches auf die Handlung Anwendung findet, zu welcher er wissentlich Hilfe geleistet hat, jedoch nach den über die Bestrafung des Versuches aufgestellten Grundsätzen zu ermäßigen[6].

1. Wegen der Abgrenzung der Beihilfe gegenüber der Mittäterschaft vgl. Anm. zu § 47.

2. Vgl. dazu § 257 Abs. 3. Nach Begehung der Tat geleistete Unterstützung ist als Begünstigung (§ 257 Abs. 1) strafbar.

3. Strafbare Beihilfe nur bei vorsätzlich begangenen Verbrechen und Vergehen.

4. Auch durch Unterlassen, wenn Rechtspflicht zur Abwendung des Erfolges bestand (sog. negative Beihilfe).

5. Kein strafbarer Versuch der Beihilfe. Die Beihilfe ist nur strafbar, wenn zwischen ihr und dem vom Täter verwirklichten Erfolg ein ursächlicher Zusammenhang besteht (str.).

6. Vgl. §§ 44, 45. Ausnahme: §§ 50, 203, 209, 218 Abs. 4, 354 f., 363 Abs. 2.

§ 49a.

Wer einen anderen zur Begehung eines Verbrechens oder zur Teilnahme an einem Verbrechen auffordert oder wer eine solche Aufforderung annimmt, wird, soweit nicht das Gesetz eine andere Strafe androht, wenn das Verbrechen mit dem Tode oder mit lebenslänglicher Zuchthausstrafe bedroht ist, mit Gefängnis nicht unter drei Monaten, wenn das Verbrechen mit einer geringeren Strafe bedroht ist, mit Gefängnis bis zu zwei Jahren oder mit Festungshaft von gleicher Dauer bestraft.

Die gleiche Strafe trifft denjenigen, welcher sich

zur Begehung eines Verbrechens oder zur Teilnahme an einem Verbrechen erbietet, sowie denjenigen, welcher ein solches Erbieten annimmt.

Es wird jedoch das lediglich mündlich ausgedrückte Auffordern oder Erbieten sowie die Annahme eines solchen nur dann bestraft, wenn die Aufforderung oder das Erbieten an die Gewährung von Vorteilen irgendwelcher Art geknüpft worden ist.

Neben der Gefängnisstrafe kann auf Verlust der bürgerlichen Ehrenrechte und auf Zulässigkeit von Polizeiaufsicht erkannt werden.

Sog. Duchesne-Paragraph. Vgl. dazu §§ 83, 111 f. StGB., §§ 4, 5 der VO. zum Schutz von Volk und Staat vom 28. Februar 1933 (RGBl. I S. 83) und § 1 des Ges. zur Gewährleistung des Rechtsfriedens vom 13. Oktober 1933 (RGBl. I S. 723), beide abgedruckt S. 300 und 307.

§ 49 b[1].

Wer an einer Verbindung[2] oder Verabredung teilnimmt, die Verbrechen wider das Leben[3] bezweckt oder als Mittel für andere Zwecke in Aussicht nimmt, oder wer eine solche Verbindung unterstützt, wird mit Gefängnis nicht unter drei Monaten bestraft.

In besonders schweren Fällen[4] ist die Strafe Zuchthaus bis zu fünf Jahren.

Nach diesen Vorschriften wird nicht bestraft[5], wer der Behörde oder dem Bedrohten so rechtzeitig Nachricht gibt, daß ein in Verfolgung der Bestrebungen der Verbindung oder Verabredung beabsichtigtes Verbrechen wider das Leben verhindert werden kann.

1. Eingefügt durch § 9 der VO. des Reichspräs. zur Erhaltung des inneren Friedens vom 19. Dezember 1932 (RGBl. I S. 548). Ergänzungen wie bei § 49a (vgl. Anm. daselbst).

2. Der Begriff der Verbindung ist der gleiche wie in §§ 128, 129 StGB.

3. Mord (§ 211) und Totschlag (§§ 212f.).

4. Ein besonders schwerer Fall liegt vor, wenn der verbrecherische Wille ungewöhnlich stark und verwerflich und die Tat wegen der besonderen Umstände ihrer Begehung oder wegen ihrer verschuldeten Folgen besonders strafwürdig ist. Vgl. dazu §§ 263 Abs. 4, 266 Abs. 2. Darüber, ob ein besonders schwerer Fall Verbrechen oder Vergehen ist, vgl. Anm. zu § 1.

5. Persönlicher Strafausschließungsgrund.

§ 50.

Wenn das Gesetz die Strafbarkeit einer Handlung nach den persönlichen Eigenschaften oder Verhältnissen[1] desjenigen, welcher dieselbe begangen hat, erhöht oder vermindert[2], so sind diese besonderen Tatumstände dem Täter oder demjenigen Teilnehmer (Mittäter, Anstifter, Gehilfe) zuzurechnen, bei welchem sie vorliegen.

1. Durchbrechung des Grundsatzes der Akzessorietät. Persönliche Eigenschaften und Verhältnisse sind z. B. Rückfälligkeit, Gewerbs- und Gewohnheitsmäßigkeit, Beamteneigenschaft, wo diese — bei den sog. unechten Amtsdelikten — die Strafbarkeit erhöht, verwandtschaftliche Beziehungen (vgl. z. B. § 215 StGB.).

2. § 50 ist unanwendbar, wenn persönliche Eigenschaften oder Verhältnisse die Strafbarkeit erst begründen oder ganz ausschließen, wie z. B. die Beamteneigenschaft bei den echten Amtsdelikten, die nur von Beamten begangen werden können.

Vierter Abschnitt.

Gründe, welche die Strafe ausschließen oder mildern.

§ 51[1].

Eine strafbare Handlung ist nicht vorhanden[2], wenn der Täter zur Zeit der Tat[3] wegen Bewußt-

seinsstörung, wegen krankhafter Störung der Geistestätigkeit oder wegen Geistesschwäche unfähig ist, das Unerlaubte[4] der Tat einzusehen oder nach dieser Einsicht zu handeln.

War die Fähigkeit, das Unerlaubte der Tat einzusehen oder nach dieser Einsicht zu handeln, zur Zeit der Tat aus einem dieser Gründe erheblich vermindert, so kann[5] die Strafe nach den Vorschriften über die Bestrafung des Versuchs[6] gemildert werden.

1. Die Fassung des § 51 beruht auf Art. 3 Ziff. 4 des Ges. vom 24. November 1933 (RGBl. I S. 995). Neu gegenüber dem bisherigen Recht ist insbesondere die gesetzliche Anerkennung des Begriffs der verminderten Zurechnungsfähigkeit (Abs. 2).

2. Vgl. aber § 330a und § 42c StGB. Gegen den Zurechnungsunfähigen kann das Sicherungsverfahren betrieben werden (§ 42b StGB., §§ 429a ff. StPO.).

3. D. h. der Ausführungshandlung, nicht des Eintritts des Erfolgs. Nachträglicher Verfall in Geisteskrankheit hat nur prozeßrechtliche Folgen (vgl. §§ 205, 453 Abs. 2, 455 StPO.).

4. Der Begriff des Unerlaubten umfaßt sowohl Verstöße gegen die Rechtsordnung wie solche gegen das Sittengesetz.

5. Nach freiem Ermessen des Gerichts. In allen Fällen — also auch dann, wenn das Gericht die Strafe nicht mindert — kann neben der Strafe gemäß § 42b die Unterbringung in einer Heil- oder Pflegeanstalt angeordnet werden.

6. Vgl. §§ 44 f.

§ 52.

Eine strafbare Handlung ist nicht vorhanden[1], wenn der Täter durch unwiderstehliche Gewalt[2] oder durch eine Drohung, welche mit einer gegenwärtigen, auf andere Weise nicht abwendbaren Gefahr für Leib oder Leben seiner selbst oder eines Angehörigen verbunden war, zu der Handlung genötigt worden ist.

Als Angehörige im Sinne dieses Strafgesetzes[3] sind anzusehen Verwandte[4] und Verschwägerte[5] auf- und absteigender Linie, Adoptiv- und Pflegeeltern[6] und -kinder, Ehegatten, Geschwister und deren Ehegatten, und Verlobte.

1. Schuldausschließungsgrund, kein bloßer persönlicher Strafausschließungsgrund. Die Rechtswidrigkeit der Tat bleibt bestehen.

2. Vis compulsiva, d. h. Anwendung physischer Kraft gegen den Genötigten, um seinen Willen zu beeinflussen. Wird durch die Einwirkung die Willensbildung überhaupt ausgeschaltet (vis absoluta), so liegt entweder überhaupt keine „Handlung" des Genötigten vor oder — z. B. bei narkotischer oder hypnotischer Beeinflussung — der Handelnde ist zurechnungsunfähig.

3. Diese Begriffsbestimmung hat Geltung für das ganze StGB. (vgl. §§ 54, 213, 232 Abs. 2, 247, 257, 257a, 263, 292, 303).

4. Blutsverwandtschaft; daher ist — anders als nach bürgerlichem Recht (§ 1589 Abs. 2 BGB.) — auch das uneheliche Kind mit dem Vater verwandt (vgl. Art. 33 EGBGB.).

5. § 1590 BGB.

6. Tatsächliches Lebensverhältnis, kein Rechtsbegriff.

7. Verlobte: diejenigen, die beiderseits ein ernstliches, rechtsgültiges, unbedingtes (wenn auch formloses) Eheversprechen abgegeben haben.

§ 53.

Eine strafbare Handlung ist nicht vorhanden[1], wenn die Handlung durch Notwehr geboten war.

Notwehr ist diejenige Verteidigung, welche erforderlich[2] ist, um einen gegenwärtigen[3], rechtswidrigen[4] Angriff[5] von sich oder einem anderen[6] abzuwenden.

Die Überschreitung der Notwehr ist nicht strafbar[7], wenn der Täter in Bestürzung, Furcht oder Schrecken über die Grenzen der Verteidigung hinausgegangen ist.

1. Notwehr schließt die Rechtswidrigkeit der Notwehrhandlung aus.

2. Die Frage, welches Maß der Verteidigung erforderlich ist, richtet sich nach der Stärke des Angriffs, nicht nach der Art des angegriffenen Rechtsgutes (keine Güterabwägung).

Putativnotwehr liegt vor, wenn keine Verteidigung erforderlich war, weil der Täter nur irrtümlich einen Angriff für gegeben annahm. Die Putativnotwehrhandlung ist rechtswidrig, doch kann das Verschulden ausgeschlossen sein (§ 59 StGB.).

3. Gegenwärtig ist der Angriff, auch wenn der gesetzliche Tatbestand vollendet ist, solange die Rechtsverletzung noch nicht endgültig zum Abschluß gekommen ist.

4. Ohne Rücksicht darauf, ob der Angriff schuldhaft ist. Daher auch Notwehr gegen einen Zurechnungsunfähigen. Ein Tier kann nicht rechtswidrig handeln, daher keine Notwehr gegen Tierangriffe (str.; vgl. aber § 228 BGB.).

5. Angriff ist jede Beeinträchtigung eines Rechtsgutes. Jedes rechtlich geschützte Gut ist wehrfähig.

6. Auch der Staat ist „ein anderer" im Verhältnis zum einzelnen Staatsbürger. Daher kann der Bürger Angriffe auf den Staat abwehren (vgl. RGSt. 63, 220; s. auch Hartung, JRdsch. 1931 S. 61).

7. Voraussetzung ist, daß wirklich ein rechtswidriger Angriff vorliegt und nur das erforderliche Maß der Abwehr überschritten wird; fehlt es an einem Angriff, so liegt Putativnotwehr vor (Anm. 2). Notwehrüberschreitung ist Schuldausschließungsgrund; die Rechtswidrigkeit der Überschreitung wird nicht aufgehoben.

§ 54.

Eine strafbare Handlung ist nicht vorhanden[1], wenn die Handlung außer dem Falle der Notwehr in einem unverschuldeten, auf andere Weise nicht zu beseitigenden Notstande zur Rettung aus einer gegenwärtigen Gefahr für Leib oder Leben[2] des Täters oder eines Angehörigen[3] begangen worden ist.

1. Notstand ist im StGB. Schuldausschließungsgrund und

läßt die Rechtswidrigkeit der Tat unberührt (str.); jedoch kann die Rechtswidrigkeit nach den Vorschriften des bürgerlichen Rechts (§§ 228, 904 BGB.) ausgeschlossen sein.

2. Auch wenn es sich nicht um die Rettung von Leib und Leben des Täters oder eines Angehörigen handelt, kann die Strafbarkeit entfallen, wenn der Täter im übergesetzlichen Notstand handelt; das ist der Fall, wenn die mit Strafe bedrohte Handlung das einzige Mittel ist, um ein höheres Rechtsgut zu schützen (RGSt. 62, 138; 63, 226; 64, 101). Übergesetzlicher Notstand schließt — anders als der gesetzliche Notstand (Anm. 1) — die Rechtswidrigkeit aus.

3. Vgl. § 52 Abs. 2.

Die §§ 55 bis 57 sind durch § 47 des Jugendgerichtsgesetzes vom 16. Februar 1923 (RGBl. I S. 135) aufgehoben und durch dessen §§ 1 bis 16 ersetzt:

§ 1. Ein Jugendlicher im Sinne dieses Gesetzes ist, wer über vierzehn, aber noch nicht achtzehn Jahre alt ist.

§ 2. Wer eine mit Strafe bedrohte Handlung begeht, ehe er vierzehn Jahre alt geworden ist, ist nicht strafbar.

§ 3. Ein Jugendlicher, der eine mit Strafe bedrohte Handlung begeht, ist nicht strafbar, wenn er zur Zeit der Tat nach seiner geistigen oder sittlichen Entwicklung unfähig war, das Ungesetzliche der Tat einzusehen oder seinen Willen dieser Einsicht gemäß zu bestimmen.

§ 4. Die Strafbarkeit des Anstifters und Gehilfen, des Begünstigers und Hehlers wird durch die Vorschriften der §§ 2, 3 nicht berührt.

§ 5. Hat ein Jugendlicher eine mit Strafe bedrohte Handlung begangen, so hat das Gericht zu prüfen, ob Erziehungsmaßregeln erforderlich sind.

Hält das Gericht Erziehungsmaßregeln für erforderlich, so hat es entweder selbst die Erziehungsmaßregeln anzuordnen oder auszusprechen, daß Erziehungsmaßregeln erforderlich sind, ihre Auswahl und Anordnung aber dem Vormundschaftsgericht überlassen bleibt. Das Vormundschaftsgericht muß alsdann eine Erziehungsmaßregel anordnen. Die Fürsorgeerziehung soll das Gericht nur dann selbst anordnen, wenn in erster Instanz die Zuständigkeit dafür auch außerhalb des Strafverfahrens begründet ist.

Die vorstehenden Bestimmungen finden auch Anwendung, wenn das Gericht den Täter nach § 3 freispricht.

§ 6. Hält das Gericht Erziehungsmaßregeln für ausreichend, so ist von Strafe abzusehen.

§ 7. Als Erziehungsmaßregeln sind zulässig:

1. Verwarnung,
2. Überweisung in die Zucht der Erziehungsberechtigten oder der Schule,
3. Auferlegung besonderer Verpflichtungen,
4. Unterbringung,
5. Schutzaufsicht,
6. Fürsorgeerziehung.

Die Reichsregierung kann mit Zustimmung des Reichsrats auch andere Erziehungsmaßregeln für zulässig erklären.

Die Voraussetzungen, die Ausführung und Aufhebung sowie das Erlöschen der Schutzaufsicht und der Fürsorgeerziehung bestimmen sich nach dem Reichsgesetze für Jugendwohlfahrt[1]). Für die anderen Erziehungsmaßregeln bestimmt das Erforderliche die Reichsregierung . . . sie dürfen auch nach Vollendung des achtzehnten Lebensjahrs bis zum Eintritt der Volljährigkeit ausgeführt werden.

§ 8. Vor dem Urteil kann das Gericht vorläufige Anordnungen über die Erziehung und Unterbringung treffen. Vor der Entscheidung ist das Jugendamt zu hören. Von der Anhörung kann abgesehen werden, wenn sie wegen Gefahr im Verzug untunlich ist; in diesem Falle ist das Jugendamt nachträglich zu hören.

Im Urteil hat sich das Gericht darüber auszusprechen, ob die vorläufige Anordnung wegfallen oder bis zur endgültigen Entscheidung über die Anordnung einer Erziehungsmaßregel bestehen bleiben soll.

§ 9. Hat ein Jugendlicher eine mit Strafe bedrohte Handlung begangen, so gelten für die Strafbemessung folgende Vorschriften:

Statt auf Todesstrafe oder auf lebenslanges Zuchthaus ist auf Gefängnis von einem bis zu zehn Jahren, statt auf lebenslange Festungshaft ist auf Festungshaft von einem bis zu zehn Jahren zu erkennen.

Sind andere Strafen angedroht, so ist die Strafe zwischen dem

---

[1]) vgl. dazu JugWohlfG. vom 9. Juli 1922 §§ 56ff.

gesetzlichen Mindestbetrage der anzuwendenden Strafart und der Hälfte des Höchstbetrags der angedrohten Strafe zu bestimmen. Ist Zuchthausstrafe angedroht, so tritt an ihre Stelle Gefängnisstrafe.

Ist die Tat ein Vergehen oder eine Übertretung, so kann in besonders leichten Fällen von Strafe abgesehen werden.

Auf Verlust der bürgerlichen Ehrenrechte überhaupt oder einzelner bürgerlicher Ehrenrechte, auf Unterbringung in einem Arbeitshaus, Sicherungsverwahrung, Entmannung, Untersagung der Berufsausübung und auf Zulässigkeit von Polizeiaufsicht darf nicht erkannt werden[1]).

§ 10. Das Gericht kann die Vollstreckung einer Freiheitsstrafe im Urteil aussetzen, damit der Verurteilte sich durch gute Führung während einer Probezeit Straferlaß verdienen kann. Dies soll insbesondere dann geschehen, wenn der sofortige Strafvollzug eine Erziehungsmaßregel gefährden würde.

Wird die Vollstreckung der Strafe nicht ausgesetzt, so müssen die Urteilsgründe sich darüber aussprechen, ob die Strafe vollstreckt oder die Entscheidung über die Aussetzung vorbehalten werden soll.

§ 11. Werden nach Erlaß des Urteils Umstände bekannt, die eine Aussetzung der Vollstreckung der erkannten Freiheitsstrafe angezeigt erscheinen lassen, so kann die Vollstreckung nachträglich ausgesetzt werden. Die Strafaussetzung wird nicht dadurch ausgeschlossen, daß im Urteil die Aussetzung abgelehnt oder mit der Vollstreckung der Strafe bereits begonnen worden ist.

§ 12. Die Probezeit ist mindestens auf zwei und höchstens auf fünf Jahre zu bemessen. Ist sie auf weniger als fünf Jahre bemessen, so kann sie nachträglich bis auf fünf Jahre verlängert werden.

Dem Verurteilten können für die Dauer der Probezeit, und zwar auch über den Eintritt der Volljährigkeit hinaus, besondere Pflichten auferlegt, auch kann er unter Schutzaufsicht gestellt werden. Die Anordnungen können auch nachträglich getroffen oder geändert werden. Für die Ausführung der Schutzaufsicht gelten die Vorschriften des Reichsgesetzes für Jugendwohlfahrt; für die Zeit nach erreichter Volljährigkeit gelten sie entsprechend.

---

[1]) In der Fassung von Art. 3 des Ges. vom 24. November 1933 (RGBl. I S. 1000).

Während der Probezeit ruht die Verjährung der Strafvollstreckung.

Führt sich der Verurteilte während der Probezeit schlecht, so kann die Vollstreckung der Strafe angeordnet werden. Das gleiche gilt, wenn nachträglich Umstände bekannt werden, die, wenn sie bereits zur Zeit der Aussetzung der Strafe bekannt gewesen wären, bei Würdigung des Wesens der Aussetzung zur Versagung dieser Vergünstigung geführt haben würden.

Zu den Ermittlungen über die Führung des Verurteilten während der Probezeit ist das Jugendamt nach Möglichkeit zuzuziehen.

§ 13. Wird der Verurteilte, bevor über seine Bewährung entschieden ist, von neuem zu Strafe verurteilt, so bestimmt das Gericht in dem neuen Urteil, ob die frühere Strafe vollstreckt werden oder ausgesetzt bleiben soll. Die neue Strafe kann auch dann ausgesetzt werden, wenn der Verurteilte, als er die neue Tat beging, nicht mehr jugendlich war.

Lautet das neue Urteil auf Freiheitsstrafe, so darf der Wegfall oder die Fortdauer der früheren Strafaussetzung nur bestimmt werden, wenn die gleiche Entscheidung auch für die neue Strafe ergeht.

Ordnet das Gericht an, daß die frühere Strafe ausgesetzt bleibt, so kann es bestimmen, daß die alte Probezeit nicht vor der neuen abläuft. Es kann auch eine der im § 12 Abs. 2 vorgesehenen Anordnungen treffen oder eine nach dieser Vorschrift getroffene Anordnung ändern.

Hat das Gericht in dem neuen Urteil nicht bestimmt, ob die frühere Strafe vollstreckt werden oder ausgesetzt bleiben soll, so wird darüber nachträglich entschieden; dabei kann die Entscheidung über die Aussetzung der neuen Strafe geändert werden.

Das Gericht kann sich, falls es nicht auf Freiheitsstrafe erkennt, der Entscheidung darüber enthalten, ob die frühere Strafe vollstreckt werden oder ausgesetzt bleiben soll; in diesem Falle gilt § 12 Abs. 4.

Ist die frühere Strafe nicht ausgesetzt worden, so kann die Aussetzung in dem neuen Urteil nachträglich bewilligt (§ 11) werden. Die Abs. 2, 4 gelten entsprechend.

Als Urteil im Sinne vorstehender Bestimmungen gilt auch der Strafbefehl.

§ 14. Ist auf Geldstrafe erkannt worden, so ist, sobald die

Ersatzfreiheitsstrafe vollstreckt werden kann, darüber zu entscheiden, ob die Vollstreckung der Ersatzfreiheitsstrafe ausgesetzt werden soll. § 11 Satz 2 und die §§ 12 und 13 gelten entsprechend.

§ 15. Nach Ablauf der Probezeit wird die Strafe erlassen, wenn sich der Verurteilte bewährt hat.

Hat der Verurteilte sich nicht bewährt, so wird die Vollstreckung der Strafe angeordnet.

§ 16. Der Strafvollzug gegen einen Jugendlichen ist so zu bewirken, daß seine Erziehung gefördert wird.

Beim Vollzuge der Freiheitsstrafen werden Jugendliche von erwachsenen Gefangenen vollständig getrennt gehalten.

Freiheitsstrafen von einem Monat oder mehr sollen in besonderen, ausschließlich für Jugendliche bestimmten Anstalten oder Abteilungen von Anstalten vollstreckt werden.

Verbüßt ein Jugendlicher in einer besonderen Anstalt oder in einer besonderen Abteilung einer Anstalt eine Freiheitsstrafe, so kann er mit Genehmigung der Aufsichtsbehörde bis zur Vollendung des einundzwanzigsten Lebensjahrs in der Anstalt oder in der Abteilung verbleiben.

Das Weitere über den Strafvollzug bestimmt die Reichsregierung . . . Dabei ist auf eine Mitwirkung des Jugendamts bei dem Strafvollzuge Bedacht zu nehmen.

§ 58[1].

Ein Taubstummer ist nicht strafbar[2], wenn er in der geistigen Entwicklung zurückgeblieben und deshalb unfähig ist, das Unerlaubte[3] der Tat einzusehen oder nach dieser Einsicht zu handeln.

War die Fähigkeit, das Unerlaubte der Tat einzusehen oder nach dieser Einsicht zu handeln, zur Zeit der Tat aus diesem Grunde erheblich vermindert, so kann die Strafe nach den Vorschriften über die Bestrafung des Versuchs gemildert werden[4].

1. Die Fassung beruht auf Art. 3 Ziff. 5 des Ges. vom 24. November 1933 (RGBl. I S. 995).

2. Schuldausschließungsgrund. Gegen den zurechnungsun-

fähigen Taubstummen kann jedoch das Sicherungsverfahren betrieben werden (vgl. § 42b StGB., §§ 429a ff. StPO.).

3. Vgl. Anm. 4 zu § 51.

4. Vgl. § 51 Abs. 2.

§ 59.

Wenn jemand bei Begehung einer strafbaren Handlung das Vorhandensein von Tatumständen[1] nicht kannte, welche zum gesetzlichen Tatbestande gehören, oder die Strafbarkeit erhöhen, so sind ihm diese Umstände nicht zuzurechnen[2].

Bei der Bestrafung fahrlässig begangener Handlungen gilt diese Bestimmung nur insoweit, als die Unkenntnis selbst nicht durch Fahrlässigkeit verschuldet ist.

1. Dagegen schützt Unkenntnis der Strafdrohung nicht vor Strafe. Inwieweit im übrigen der Rechtsirrtum strafbefreiend wirken kann, ist str. Nach der Rechtsprechung des RG. ist der Irrtum über strafrechtliche Rechtsbegriffe, der sog. Strafrechtsirrtum, bedeutungslos; dagegen steht der außerstrafrechtliche Irrtum, d. h. der Irrtum über zivilrechtliche und — vom Strafrecht abgesehen — öffentlichrechtliche Rechtssätze dem Tatsachenirrtum gleich. Vgl. dazu § 395 RAbgO.

2. Schuldausschließungsgrund.

§ 60.

Eine erlittene[1] Untersuchungshaft **oder einstweilige Unterbringung**[2] kann bei Fällung des Urteils[3] auf die erkannte Strafe[4] ganz oder teilweise angerechnet werden.

1. Nur die tatsächliche erlittene Untersuchungshaft kann angerechnet werden; wird irrtümlich im Urteil mehr angerechnet, so ist die Anrechnung insoweit ohne Bedeutung (RGSt. 59, 411).

2. Die Worte „oder einstweilige Unterbringung" sind mit Rücksicht auf den neuen § 126a StPO. eingefügt durch Art. 3 Ziff. 6 des Ges. vom 24. November 1933 (RGBl. I S. 995).

3. D. h. des in der 1. oder in der Berufungsinstanz ergehenden Urteils. Die in der Zeit von der Verkündung des Berufungsurteils bis zum Erlaß des Revisionsgerichts erlittene Untersuchungshaft kann nicht gerichtlich — wohl aber im Gnadenwege — angerechnet werden. Vgl. noch § 450 StPO.

4. Auch auf eine Geldstrafe.

§ 61.

Eine Handlung, deren Verfolgung nur auf Antrag eintritt[1], ist nicht zu verfolgen[2], wenn der zum Antrage Berechtigte[3] es unterläßt, den Antrag binnen drei Monaten[4] zu stellen[5]. Diese Frist beginnt mit dem Tage, seit welchem der zum Antrage Berechtigte von der Handlung und von der Person des Täters Kenntnis gehabt hat.

1. Vgl. z. B. §§ 182, 194, 232, 247, 303.

2. Ein gleichwohl eingeleitetes Strafverfahren ist einzustellen (§ 260 Abs. 3 StPO.). Vorläufige Festnahme und Verhaftung können schon vor Stellung des Antrags erfolgen (§§ 127 Abs. 3, 130 StPO.). Bei den sog. relativen Antragsdelikten, bei denen ein Strafantrag nur erforderlich ist, wenn die Tat von einer Person begangen ist, die zu dem Verletzten in einem bestimmten Verhältnis steht, hindert der Mangel des Strafantrages nicht die Verfolgung derjenigen Mittäter und Teilnehmer, die zu dem Verletzten nicht in diesem Verhältnis stehen (§§ 247 Abs. 3, 263 Abs. 4).

3. D. i. regelmäßig der Verletzte. Vertretung ist zulässig. Das Antragsrecht ist unvererblich. Verzicht nur vor der Vergleichsbehörde im Fall des § 380 StPO. wirksam.

4. Vgl. jedoch §§ 198, 232 Abs. 3.

5. Form des Antrags: § 158 StPO. Erforderlich ist eigenhändige Unterschrift des schriftlichen Antrags (RG. v. 4.10.1933, JW. 1933, 2914). Vgl. noch § 69 Abs. 2 StGB.

§ 62.

Wenn von mehreren zum Antrage Berechtigten

einer die dreimonatliche Frist versäumt, so wird hierdurch das Recht der übrigen nicht ausgeschlossen.

§ 63.

Der Antrag kann nicht geteilt werden. Das gerichtliche Verfahren findet gegen sämtliche an der Handlung Beteiligten (Täter und Teilnehmer)[1] sowie gegen die Begünstiger[2] statt, auch wenn nur gegen eine dieser Personen auf Bestrafung angetragen worden ist[3].

1. §§ 47 ff.
2. § 257. Der Hehler wird ohne Rücksicht darauf verfolgt, ob wegen der Vortat ein Strafantrag gestellt ist.
3. Vgl. Anm. 2 zu § 61.

§ 64.

Die Zurücknahme des Antrages[1] ist nur in den gesetzlich besonders vorgesehenen Fällen[2] und nur bis zur Verkündung eines auf Strafe lautenden Urteils[3] zulässig.

Die rechtzeitige Zurücknahme des Antrages gegen eine der vorbezeichneten Personen hat die Einstellung des Verfahrens[4] auch gegen die anderen[5] zur Folge.

1. Die Zurücknahme der Privatklage (§ 391 StPO.) enthält nicht ohne weiteres eine Zurücknahme des Strafantrages, sondern nur dann, wenn nach dem Willen der Beteiligten mit der Zurücknahme der Privatklage die des Strafantrags verbunden sein soll.
2. Vgl. §§ 102—104, 123, 194, 232, 247, 248a, 263, 264a, 292, 303, 370.
3. Gleichviel in welcher Instanz dies ergeht. Ist in 1. Instanz auf Strafe erkannt, so kann aber noch in 2. Instanz die Privatklage zurückgenommen werden (§ 391 StPO.).
4. § 260 Abs. 2 StPO. Kostenfolge: § 470 StPO.

5. Bei den relativen Antragsdelikten (Anm. 2 zu § 61) hindert die Rücknahme des Strafantrags die Verfolgung derjenigen, bei denen es eines Antrages nicht bedarf, nicht.

§ 65.

Der Verletzte, welcher das achtzehnte Lebensjahr vollendet hat[1], ist selbständig zu dem Antrage auf Bestrafung berechtigt. Solange er minderjährig[2] ist, hat unabhängig von seiner eigenen Befugnis auch sein gesetzlicher Vertreter[3] das Recht, den Antrag zu stellen.

Ist der Verletzte geschäftsunfähig[4] oder hat er das achtzehnte Lebensjahr noch nicht vollendet, so ist sein gesetzlicher Vertreter der zur Stellung des Antrages Berechtigte.

1. Vgl. § 187 Abs. 2 BGB.
2. D. h. das 21. Lebensjahr noch nicht vollendet hat (§ 2 BGB.).
3. Vater, Mutter, Vormund, Pfleger (§§ 1630, 1634 f., 1676 ff., 1684 f., 1696 ff., 1793, 1897, 1909, 1915).
4. Vgl. § 104 BGB.

§ 66.

Durch Verjährung wird die Strafverfolgung und die Strafvollstreckung ausgeschlossen.

Die Verjährung hat teils materiellrechtlichen, teils prozessualen Charakter. Materiellrechtlich bringt sie den staatlichen Strafanspruch zum Erlöschen (Strafaufhebungsgrund); prozessual hindert sie die Einleitung oder Fortsetzung eines Strafverfahrens. Ihr Eintritt ist in jeder Lage des Verfahrens von Amts wegen zu berücksichtigen. In der Hauptverhandlung lautet das Urteil, wenn Verjährung festgestellt wird, auf Einstellung; nicht auf Freisprechung (streitig).

§ 67.

Die Strafverfolgung von Verbrechen[1] verjährt,
wenn sie mit dem Tode oder mit lebenslang-

lichem Zuchthaus bedroht sind, in zwanzig Jahren;

wenn sie im Höchstbetrage mit einer Freiheitsstrafe von einer längeren als zehnjährigen Dauer bedroht sind, in fünfzehn Jahren;

wenn sie mit einer geringeren Freiheitsstrafe bedroht sind, in zehn Jahren.

Die Strafverfolgung von Vergehen, die im Höchstbetrage mit einer längeren als dreimonatlichen Gefängnisstrafe bedroht sind, verjährt in fünf Jahren, von anderen Vergehen in drei Jahren.

Die Strafverfolgung von Übertretungen verjährt in drei Monaten.

Die Verjährung beginnt mit dem Tage, an welchem die Handlung begangen ist[2], ohne Rücksicht auf den Zeitpunkt des eingetretenen Erfolges.

Mit der Verjährung der Strafverfolgung erlischt auch die Befugnis, auf Grund der Tat Maßregeln der Sicherung und Besserung anzuordnen oder zuzulassen[3].

1. Bei Versuch und Teilnahme sind die dafür angedrohten Höchststrafen maßgebend.

2. Bei Dauerdelikten beginnt die Verjährung mit der Beendigung des rechtswidrigen Zustandes, bei fortgesetzten Delikten mit der Vollendung des letzten Einzelaktes, bei Unterlassungsdelikten mit dem Aufhören der Rechtspflicht zum Handeln.

3. Abs. 5 ist eingefügt durch Art. 3 Ziff. 7 des Ges. v. 24. 11. 1933 (RGBl. I S. 995). Die Worte „oder zuzulassen" sind mit Wirkung v. 1. 6. 1934 gestrichen durch das Ges. über Reichsverweisungen v. 23. 3. 1934 (RGBl. I S. 213).

§ 68.

Jede Handlung des Richters, welche wegen der begangenen Tat gegen den Täter gerichtet ist, unterbricht die Verjährung[1].

Die Unterbrechung findet nur rücksichtlich desjenigen statt, auf welchen die Handlung sich bezieht.

Nach der Unterbrechung beginnt eine neue Verjährung.

1. Unterbrechend wirken ferner: der Erlaß der polizeilichen Strafverfügung und des Strafbescheides der Verwaltungsbehörde (§§ 413 Abs. 4, 419 Abs. 3 StPO.), die Einleitung der Untersuchung und der Erlaß eines Strafbescheides des Finanzamtes gemäß § 419 Abs. 2 RAbgO. sowie jede Handlung, die ein militärisches Gericht oder ein richterlicher Militärjustizbeamter als Untersuchungsführer oder Anklagevertreter gegen den Täter richtet (§ 8 EG. z. MilStrafGO. i. d. F. der Bek. v. 4. 11. 1933 — RGBl. I S. 921 —).

§ 69.

Die Verjährung ruht während der Zeit, in welcher auf Grund gesetzlicher Vorschrift[1] die Strafverfolgung nicht begonnen oder nicht fortgesetzt werden kann. Ist der Beginn oder die Fortsetzung eines Strafverfahrens von einer Vorfrage abhängig, deren Entscheidung in einem anderen Verfahren erfolgen muß, so ruht die Verjährung bis zu dessen Beendigung.

Ist zur Strafverfolgung ein Antrag[2] oder eine Ermächtigung[3] nach dem Strafgesetz erforderlich, so wird der Lauf der Verjährung durch den Mangel des Antrages oder der Ermächtigung nicht gehindert.

1. Art. 37 RVerf.; § 164 Abs. 6, 170, 171 Abs. 3, 172, 191, 238.

2. § 61.

3. §§ 94, 197.

§ 70.

Die Vollstreckung rechtskräftig erkannter Strafen[1] verjährt, wenn

1. auf Tod oder auf lebenslängliches Zuchthaus oder

auf lebenslängliche Festungshaft erkannt ist, in dreißig Jahren;
2. auf Zuchthaus oder Festungshaft von mehr als zehn Jahren erkannt ist, in zwanzig Jahren;
3. auf Zuchthaus bis zu zehn Jahren oder auf Festungshaft von fünf bis zu zehn Jahren oder Gefängnis von mehr als fünf Jahren erkannt ist, in fünfzehn Jahren;
4. auf Festungshaft oder Gefängnis von zwei bis zu fünf Jahren erkannt ist, in zehn Jahren;
5. auf Festungshaft oder Gefängnis bis zu zwei Jahren oder auf Geldstrafe von mehr als einhundertfünfzig Reichsmark erkannt ist, in fünf Jahren;
6. auf Haft oder auf Geldstrafe bis zu einhundertfünfzig Reichsmark erkannt ist, in zwei Jahren.

[2] **Die Vollstreckung einer rechtskräftig angeordneten Maßregel der Sicherung und Besserung[3] verjährt in zehn Jahren. Ist die Unterbringung in einer Trinkerheilanstalt[4] oder einer Entziehungsanstalt oder erstmalig die Unterbringung in einem Arbeitshaus[5] oder die Entmannung[6] angeordnet, so beträgt die Frist fünf Jahre.**

Die Verjährung beginnt mit dem Tage, an welchem das Urteil rechtskräftig geworden ist.

1. Dies gilt nicht für die Aberkennung der bürgerlichen Ehrenrechte, die Amtsunfähigkeit und die Zulässigkeit der Polizeiaufsicht (vgl. §§ 36 Abs. 1, 38 Abs. 3). Die Buße verjährt in 30 Jahren (§ 218 BGB.). Bei der Einziehung ist eine Verjährung nicht möglich, da mit der Rechtskraft des Urteils das Eigentum auf den Fiskus übergeht; der aus dem Eigentum sich ergebende Herausgabeanspruch gegen einen Dritten, der den

Gegenstand in Besitz hat (§ 985 BGB.), verjährt nach den Vorschriften des BGB.

2. Abs. 2 ist eingefügt durch Art. 3 Ziff. 8 des Ges. v. 24. 11. 1933 (RGBl. I S. 995).

3. § 42a.

4. § 42c.

5. § 42d.

6. § 42k.

§ 71[1].

Ist auf Freiheitsstrafe und Geldstrafe zugleich oder neben einer Strafe auf eine mit Freiheitsentziehung verbundene Maßregel[2] der Sicherung und Besserung erkannt, so verjährt die Vollstreckung der einen Strafe oder Maßregel nicht früher als die der anderen.

1. Die Fassung des § beruht auf Art. 3 Ziff. 9 des Ges. v. 24. 11. 1933 (RGBl. I S. 995).

2. Das sind die in § 42a unter Nr. 1, 2, 3, 4 bezeichneten Maßregeln.

§ 72.

Jede auf Vollstreckung der Strafe **oder Maßregel**[1] gerichtete Handlung derjenigen Behörde, welcher die Vollstreckung obliegt[2], sowie die zum Zwecke der Vollstreckung erfolgende Festnahme[3] des Verurteilten unterbricht die Verjährung.

Nach der Unterbrechung der Vollstreckung der Strafe **oder Maßregel**[1], beginnt eine neue Verjährung.

1. Die Worte „oder Maßregel" sind eingefügt durch Art. 3 Ziff. 10 des Ges. v. 24. 11. 1933 (RGBl. I S. 995). Vgl. § 42a.

2. Staatsanwaltschaft oder Amtsrichter (§ 451 StPO.).

3. Vgl. § 457 StPO., § 471 RAbgO.

Fünfter Abschnitt.

Zusammentreffen mehrerer strafbarer Handlungen.

§ 73[1].

Wenn eine und dieselbe Handlung mehrere[2] Strafgesetze verletzt, so kommt nur[3] dasjenige Gesetz, welches die schwerste Strafe[4] und bei ungleichen Strafarten dasjenige Gesetz, welches die schwerste Strafart androht, zur Anwendung[5].

1. Tateinheit (Idealkonkurrenz).

2. Sog. ungleichartige Idealkonkurrenz. Bei gleichartiger Idealkonk. (mehrere gleichartige Erfolge, z. B. ein Schuß verletzt mehrere Personen) ist § 73 entsprechend anwendbar, d. h. es wird nicht für jeden Erfolg eine besondere Strafe festgesetzt.

3. Absorptionsprinzip.

4. Dagegen können andere Deliktsfolgen (z. B. polizeiliche Sicherungsmaßregeln oder Buße) auch dann verhängt werden, wenn sie in einem der verletzten, aber nicht zur Anwendung kommenden anderen Strafgesetze angedroht sind.

5. Ausnahmen von dem Grundsatz des § 73: § 418 RAbgO., § 148 Abs. 2 und § 149 Abs. 2 GewO. (i. d. F. des Ges. v. 12. 5. 1933 — RGBl. I S. 262 —).

§ 74[1].

Gegen denjenigen, welcher durch mehrere selbständige[2] Handlungen mehrere Verbrechen oder Vergehen, oder dasselbe Verbrechen oder Vergehen mehrmals begangen und dadurch mehrere zeitige Freiheitsstrafen[3] verwirkt hat, ist auf eine Gesamtstrafe zu erkennen, welche in einer Erhöhung der verwirkten schwersten Strafe besteht[4].

Bei dem Zusammentreffen ungleichartiger Freiheitsstrafen tritt diese Erhöhung bei der ihrer Art nach schwersten Strafe ein.

Das Maß der Gesamtstrafe darf den Betrag der verwirkten Einzelstrafen nicht erreichen und fünfzehnjähriges Zuchthaus, zehnjähriges Gefängnis oder fünfzehnjährige Festungshaft nicht übersteigen.

1. Tatmehrheit (Realkonkurrenz).

2. An dem Erfordernis der Selbständigkeit der einzelnen Handlungen fehlt es bei dem fortgesetzten Delikt. Ein solches liegt vor, wenn aus einem einheitlichen Vorsatz heraus das gleiche Rechtsgut durch eine Reihe von Einzelakten angegriffen wird, von denen jeder für sich dasselbe Delikt bereits vollständig verwirklicht. Das fortgesetzte Delikt ist im Rechtssinne eine strafbare Handlung.

3. Nicht Haft- und Ersatzfreiheitsstrafen: §§ 77 Abs. 2, 78 Abs. 2.

4. Sog. Asperationsprinzip.

§ 75.

Trifft Festungshaft nur mit Gefängnis[1] zusammen, so ist auf jede dieser Strafarten gesondert zu erkennen.

Ist Festungshaft oder Gefängnis mehrfach verwirkt, so ist hinsichtlich der mehreren Strafen gleicher Art so zu verfahren, als wenn dieselben allein verwirkt wären.

Die Gesamtdauer der Strafen darf in diesen Fällen fünfzehn Jahre nicht übersteigen.

1. Beim Zusammentreffen von Festungshaft mit Zuchthaus gilt § 74, beim Zusammentreffen mit Haft § 77.

§ 76[1].

Neben der Gesamtstrafe müssen oder können Nebenstrafen und Nebenfolgen[2] verhängt und Maßregeln der Sicherung und Besserung angeordnet oder für zulässig erklärt[3] **werden, wenn das auch nur wegen einer der Gesetzesverletzungen vorgeschrieben oder zugelassen ist.**

1. Die Fassung beruht auf Art. 3 Ziff. 11 des Ges. v. 24. 11. 1933 (RGBl. I S. 995).

2. Unter Nebenfolgen — der Begriff taucht hier zum erstenmal im StGB. auf — sind (vom Richter festgesetzte oder kraft Gesetzes an das rechtskräftige Strafurteil anknüpfende) Maßnahmen zu verstehen, bei denen mehr als bei den Nebenstrafen der Zweck der Sicherung der Allgemeinheit vor weiterer Gefährdung durch den Täter im Vordergrund steht, bei denen aber — im Gegensatz zu den Maßregeln der Sicherung und Besserung — der Strafcharakter (d. h. die Absicht, ein Übel zuzufügen) nicht völlig fehlt. Vgl. zu allem die Vorbem. vor § 42a.

3. Die Worte „oder für zulässig erklärt" sind mit Wirkung v. 1. 6. 1934 gestrichen durch das Gesetz über Reichsverweisungen v. 23. 3. 1934 (RGBl. I S. 213).

§ 77.

Trifft Haft mit einer anderen Freiheitsstrafe zusammen, so ist auf die erstere gesondert zu erkennen.

Auf eine mehrfach verwirkte Haft ist ihrem Gesamtbetrage nach, jedoch nicht über die Dauer von drei Monaten zu erkennen.

§ 78.

Sind mehrere Geldstrafen verwirkt, so ist auf jede gesondert zu erkennen.

Das gleiche gilt von den Freiheitsstrafen,[1] die an die Stelle uneinbringlicher Geldstrafen treten. Ihre Gesamtdauer darf zwei Jahre nicht übersteigen; die Gesamtdauer mehrerer zusammentreffender Haftstrafen darf drei Monate nicht übersteigen.

§ 79.

Die Vorschriften der §§ 74 bis 78 finden auch Anwendung[1], wenn, bevor eine erkannte Strafe verbüßt, verjährt oder erlassen ist, die Verurteilung wegen einer strafbaren Handlung erfolgt, welche vor der früheren Verurteilung begangen war.

1. § 79 hat den Fall im Auge, daß eine Tat zur Aburteilung kommt, die vor einer früheren Verurteilung des Täters wegen einer anderen Tat begangen war, während die §§ 74—78 den Fall treffen, daß in einer Hauptverhandlung mehrere selbständige Handlungen abgeurteilt werden. Ist bei der 2. Aburteilung § 79 nicht beachtet worden, so ist aus den beiden rechtskräftig festgesetzten Einzelstrafen nachträglich durch Beschluß gemäß § 462 StPO. eine Gesamtstrafe zu bilden.

Zweiter Teil.

Von den einzelnen Verbrechen, Vergehen und Übertretungen und deren Bestrafung.

Erster Abschnitt[1].

Hochverrat*).

§ 80.

Wer es unternimmt[2], mit Gewalt[3] oder durch Drohung mit Gewalt das Reichsgebiet[4] ganz oder teilweise einem fremden Staat einzuverleiben oder ein zum Reiche gehöriges Gebiet vom Reiche loszureißen, wird mit dem Tode[5] bestraft.

Ebenso wird bestraft, wer es unternimmt[2], mit Gewalt oder durch Drohung mit Gewalt die Verfassung[6] des Reichs[7] zu ändern.

1. Die Fassung des Abschnitts beruht auf dem Ges. v. 24. 2. 1934 (RGBl. I S. 341), in Kraft seit dem 2. 5. 1934.

2. Vgl. § 87; vgl. ferner § 4 Abs. 2 Ziff. 1.

---

*) Vgl. dazu § 5 Abs. 2 Ziff. 1 der VO. zum Schutz von Volk und Staat v. 28. 2. 1933 (RGBl. I S. 83; abgedr. S. 300) betr. Unternehmen der Tötung des Reichspräs. oder eines Mitglieds der Reichsregierung.

3. vis absoluta oder vis compulsiva.
4. Vgl. Anm. zu § 3.
5. Vgl. §§ 84, 86.
6. Alle fundamentalen Staatseinrichtungen (die Grundlagen des politischen Lebens).
7. Die Verfassungen der Länder sind, nachdem die Hoheitsrechte der Länder durch das Ges. v. 30. 1. 1934 (RGBl. I S. 75) auf das Reich übergegangen sind, nicht mehr selbständige Angriffsobjekte.

§ 81.

Wer es unternimmt[1], den Reichspräsidenten oder den Reichskanzler oder ein anderes Mitglied der Reichsregierung[2] seiner verfassungsmäßigen Gewalt zu berauben oder mit Gewalt oder durch Drohung mit Gewalt oder mit einem Verbrechen oder Vergehen zu nötigen oder zu hindern, seine verfassungsmäßigen Befugnisse überhaupt oder in einem bestimmten Sinne auszuüben, wird mit dem Tode oder mit lebenslangem Zuchthaus oder mit Zuchthaus nicht unter fünf Jahren[3] bestraft.

1. Vgl. § 87.
2. Das sind die Reichsminister. Reichsminister sind gemäß § 2 des Ges. zur Sicherung der Einheit von Partei und Staat v. 1. 12. 1933 (RGBl. I S. 1016) auch der Stellvertreter des Führers der NSDAP. und der Chef des Stabes der SA. der NSDAP.
3. Vgl. §§ 84, 86.

§ 82.

Wer ein hochverräterisches Unternehmen (§§ 80, 81) mit einem anderen verabredet, wird mit dem Tode oder mit lebenslangem Zuchthaus oder mit Zuchthaus nicht unter fünf Jahren bestraft[1].

Ebenso wird bestraft, wer zur Vorbereitung eines hochverräterischen Unternehmens zu einer

ausländischen Regierung in Beziehungen tritt oder die ihm anvertraute öffentliche Macht mißbraucht oder Mannschaften anwirbt oder in den Waffen einübt. Tritt der Täter durch eine schriftliche Erklärung zu einer ausländischen Regierung in Beziehungen, so ist die Tat vollendet, wenn er die Erklärung abgesandt hat.

Nach der Vorschrift des Abs. 1 wird nicht bestraft, wer freiwillig seine Tätigkeit aufgibt und das hochverräterische Unternehmen verhindert; auch eine Bestrafung nach § 83 tritt nicht ein.

1. Vgl. §§ 84, 86.

§ 83.

Wer öffentlich zu einem hochverräterischen Unternehmen auffordert[1] oder anreizt[2], wird mit Zuchthaus bis zu zehn Jahren bestraft[3].

Ebenso wird bestraft, wer ein hochverräterisches Unternehmen in anderer Weise vorbereitet.

Auf Todesstrafe oder auf lebenslanges Zuchthaus oder auf Zuchthaus nicht unter zwei Jahren ist zu erkennen, wenn die Tat

1. darauf gerichtet war, zur Vorbereitung des Hochverrats einen organisatorischen Zusammenhalt herzustellen oder aufrechtzuerhalten, oder
2. darauf gerichtet war, die Reichswehr oder die Polizei zur Erfüllung ihrer Pflicht untauglich zu machen, das Deutsche Reich gegen Angriffe auf seinen äußeren oder inneren Bestand zu schützen, oder
3. auf Beeinflussung der Massen durch Herstellung oder Verbreitung von Schriften, Schallplatten

oder bildlichen Darstellungen oder durch Verwendung von Einrichtungen der Funkentelegraphie oder Funkentelephonie gerichtet war oder

4. im Auslande oder dadurch begangen worden ist, daß der Täter es unternommen hat, Schriften, Schallplatten oder bildliche Darstellungen zum Zwecke der Verbreitung im Inland aus dem Ausland einzuführen.

1. Vgl. § 111.
2. Vgl. Anm. 3 zu § 112.
3. Vgl. §§ 84, 86.

§ 84.

In minder schweren Fällen kann im Falle des § 80 auf lebenslanges Zuchthaus oder auf Zuchthaus nicht unter fünf Jahren, in den Fällen der §§ 81 und 82 auf Zuchthaus nicht unter zwei Jahren, im Falle des § 83 auf Gefängnis nicht unter einem Jahre erkannt werden.

§ 85[1].

Wer eine Druckschrift, deren Inhalt den äußeren Tatbestand des Hochverrats (§§ 80 bis 83) begründet, herstellt, verbreitet oder zum Zwecke der Verbreitung vorrätig hält, obwohl er bei sorgfältiger Prüfung der Schrift den hochverräterischen Inhalt hätte erkennen können, wird, soweit nicht in anderen Vorschriften eine schwerere Strafe angedroht ist, mit Gefängnis nicht unter einem Monat bestraft.

1. Übernommen aus § 6 der VO. gegen Verrat am Deutschen Volke und hochverräterische Umtriebe v. 28. 2. 1933 (RGBl. I S. 85).

§ 86.

Wegen der in diesem Abschnitt mit Strafe bedrohten Handlungen kann erkannt werden

neben den Strafen aus §§ 80 bis 84
auf Geldstrafe von unbegrenzter Höhe, gegenüber den Urhebern und Rädelsführern des Unternehmens auch auf Einziehung des Vermögens[1];

neben der Strafe aus § 85
auf Geldstrafe[2];

neben der Gefängnisstrafe auf die Unfähigkeit zur Bekleidung öffentlicher Ämter auf die Dauer von einem bis zu fünf Jahren und auf den Verlust der aus öffentlichen Wahlen hervorgegangenen Rechte;

neben jeder Freiheitsstrafe
auf die Zulässigkeit von Polizeiaufsicht.

1. Das bisherige Recht kannte die Einziehung des Vermögens als Nebenstrafe nicht. Die Vermögenseinziehung wird als eine mit der Rechtskraft des Urteils kraft Gesetzes eintretende Gesamtrechtsnachfolge des Fiskus anzusehen sein, wobei der Fiskus in entsprechender Anwendung des § 419 BGB. mit den übernommenen Aktiven für die Passiven haftet.

2. Vgl. § 27.

§ 86a.

Gegenstände, die zur Begehung einer in diesem Abschnitt mit Strafe bedrohten Handlung gebraucht oder bestimmt sind, können eingezogen oder unbrauchbar gemacht werden, auch wenn sie weder dem Täter noch einem Teilnehmer gehören.

Kann keine bestimmte Person verfolgt oder ver-

urteilt werden[1], so kann auf die Einziehung oder Unbrauchbarmachung selbständig erkannt werden.

1. Zur Einleitung des objektiven Verfahrens ist — abweichend von § 42 (vgl. dort Anm. 1) — nur erforderlich, daß der äußere Tatbestand eines Verbrechens oder Vergehens gegen §§ 80—85 erfüllt ist. Im übrigen vgl. Anm. 1 zu § 42.

§ 87.

Unternehmen im Sinne des Strafgesetzbuchs ist die Vollendung und der Versuch.

1a. Abschnitt[1].

Landesverrat.

§ 88.

Staatsgeheimnisse im Sinne der Vorschriften dieses Abschnitts sind Schriften, Zeichnungen, andere Gegenstände, Tatsachen oder Nachrichten darüber, deren Geheimhaltung vor einer ausländischen Regierung für das Wohl des Reichs, insbesondere im Interesse der Landesverteidigung, erforderlich ist.

Verrat im Sinne der Vorschriften dieses Abschnitts begeht, wer mit dem Vorsatz[2], das Wohl des Reichs zu gefährden, das Staatsgeheimnis an einen anderen gelangen läßt, insbesondere an eine ausländische Regierung oder an jemand, der für eine ausländische Regierung tätig ist, oder öffentlich mitteilt.

1. Die Fassung des 1a-Abschnitts beruht auf dem Ges. v. 24. 4. 1934 (RGBl. I S. 341).

2. Bedingter Vorsatz — der Täter rechnet mit der Möglichkeit einer gefahrbringenden Verwertung des übermittelten Ge-

heimnisses und nimmt sie in Kauf — genügt. Mitteilungen, die ohne diesen Vorsatz erfolgen, sind kein Verrat (vgl. jedoch §§ 90 d, 90 e).

§ 89[1].

Wer es unternimmt[2], ein Staatsgeheimnis zu verraten, wird mit dem Tode bestraft.

Ist der Täter ein Ausländer[3], so kann[4] auf lebenslanges Zuchthaus erkannt werden.

Konnte die Tat keine Gefahr für das Wohl des Reichs herbeiführen[5], so kann[4] auf lebenslanges Zuchthaus oder auf Zuchthaus nicht unter fünf Jahren erkannt werden.

1. Bisher § 92 Nr. 1 StGB. und § 1 des Ges. gegen den Verrat militärischer Geheimnisse v. 3. 6. 1914 (RGBl. S. 195).
2. Vgl. § 87.
3. Jeder, der nicht die deutsche Staatsangehörigkeit besitzt, also auch der Staatenlose.
4. Nach dem Ermessen des Gerichts.
5. Fälle des (relativ oder absolut) untauglichen Versuchs (vgl. Anm. 2 zu § 43).

§ 90[1].

Wer es unternimmt[2], sich ein Staatsgeheimnis[3] zu verschaffen, um es zu verraten, wird mit dem Tode oder mit lebenslangem Zuchthaus bestraft.

Auf zeitige Zuchthausstrafe kann erkannt werden, wenn die Tat keine Gefahr für das Wohl des Reichs herbeiführen konnte[4].

1. Bisher § 92a StGB. und § 3 des Spionagegesetzes.
2. Vgl. § 87.
3. Vgl. § 88 Abs. 1.
4. Vgl. Anm. 5 zu § 89.

§ 90 a[1].

Wer durch Fälschung[2] oder Verfälschung[3] Schriften, Zeichnungen oder andere Gegenstände, die im

Falle der Echtheit Staatsgeheimnisse wären, herstellt, um sie zu verraten, wird mit Zuchthaus bestraft.

Ebenso wird bestraft, wer Gegenstände, Tatsachen oder Nachrichten darüber, von denen er weiß, daß sie falsch, verfälscht oder unwahr sind und die im Falle der Echtheit oder Wahrheit Staatsgeheimnisse wären, verrät[4], ohne sie als falsch zu bezeichnen.

Mit Zuchthaus bis zu fünf Jahren wird bestraft, wer Gegenstände, von denen er weiß, daß sie falsch oder verfälscht sind und die im Falle ihrer Echtheit Staatsgeheimnisse wären, sich verschafft, um sie zu verraten, ohne sie als falsch zu bezeichnen.

Falschen, verfälschten oder unwahren Gegenständen, Tatsachen oder Nachrichten (Abs. 2, 3) stehen Staatsgeheimnisse gleich, die der Täter irrtümlich für falsch, verfälscht oder unwahr hält.

In besonders schweren Fällen[4] ist die Strafe in den Fällen der Abs. 1 und 2 lebenslanges Zuchthaus oder Zuchthaus nicht unter fünf Jahren, in den Fällen des Abs. 3 Zuchthaus nicht unter fünf Jahren.

1. Bisher § 2 der VO. v. 28. 2. 1933 (RGBl. I S. 85).
2. Vgl. Anm. 5 zu § 267.
3. Vgl. Anm. 4 zu § 267.
4. Abweichend von § 89 Abs. 1 ist hier nicht auf das Unternehmen, sondern auf die vollendete Tat abgestellt. Die Strafbarkeit des Versuchs richtet sich nach den allgemeinen Vorschriften.
4. Vgl. Anm. 4 zu § 49 b.

§ 90 b[1].

Wer frühere Staatsgeheimnisse, die den ausländischen Regierungen, vor denen sie geheim-

zuhalten waren, bereits bekannt geworden oder bereits öffentlich mitgeteilt worden sind, öffentlich mitteilt oder erörtert, und dadurch das Wohl des Reichs gefährdet, wird mit Gefängnis nicht unter drei Monaten bestraft.

Dasselbe gilt für Gegenstände, Tatsachen oder Nachrichten der in § 90 a Abs. 2, 4 bezeichneten Art, die bereits den ausländischen Regierungen bekannt geworden oder öffentlich mitgeteilt worden sind.

Die Tat wird nur auf Antrag[2] der Reichsregierung verfolgt. Die Zurücknahme des Antrags ist zulässig.

1. Bisher § 3 der VO. v. 28. 2. 1933 (RGBl. I S. 85).
2. Vgl. §§ 61 ff.

§ 90 c[1].

Wer zu einer ausländischen Regierung oder zu einer Person, die für eine ausländische Regierung tätig ist, in Beziehungen tritt oder mit ihr Beziehungen unterhält, welche die Mitteilung von Staatsgeheimnissen oder von Gegenständen, Tatsachen oder Nachrichten der im § 90 a Abs. 2, 4 bezeichneten Art zum Gegenstande haben, wird mit Gefängnis bestraft.

Ebenso wird bestraft, wer für eine ausländische Regierung tätig ist und zu einem anderen in Beziehungen der im Abs. 1 bezeichneten Art tritt oder solche Beziehungen mit einem anderen unterhält.

§ 82 Abs. 2 Satz 2 findet Anwendung.

1. Bisher § 92 b StGB. und § 6 des Spionagegesetzes.

§ 90 d[1].

Wer es unternimmt[2], ein Staatsgeheimnis an einen anderen gelangen zu lassen und dadurch fahrlässig das Wohl des Reichs gefährdet[3], wird mit Gefängnis bestraft.

Ebenso wird bestraft, wer es unternimmt, sich ein Staatsgeheimnis zu verschaffen und dadurch fahrlässig das Wohl des Reichs gefährdet.

1. Bisher §§ 2, 4 des Spionagegesetzes.
2. Vgl. § 87.
3. Hier ist also vorausgesetzt, daß der Täter ohne den in § 88 Abs. 2 bezeichneten Vorsatz handelt.

§ 90 e[1].

Wer fahrlässig ein Staatsgeheimnis, das ihm kraft seines Amtes oder seiner dienstlichen Stellung oder eines von amtlicher Seite erteilten Auftrags zugänglich war, an einen anderen gelangen läßt und dadurch das Wohl des Reichs gefährdet, wird mit Gefängnis bis zu drei Jahren bestraft.

Die Tat wird nur auf Antrag der Reichsregierung verfolgt[2]. Die Zurücknahme des Antrags ist zulässig.

1. Bisher § 8 Spionageges.
2. Vgl. §§ 61 ff. Antragsberechtigt ist der Reichsminister, in dessen Amtsbereich das geschützte Geheimnis fällt. Die Verfolgung ist hier von einem Strafantrag der Reichsregierung abhängig gemacht, weil die Grenze zwischen Fahrlässigkeit im strafrechtlichen Sinne und bloßer Dienstwidrigkeit oft schwer zu ziehen ist.

§ 90 f[1].

Wer öffentlich oder als Deutscher im Ausland durch eine unwahre oder gröblich entstellte Behauptung tatsächlicher Art eine schwere Gefahr für

das Ansehen des deutschen Volkes herbeiführt, wird mit Zuchthaus bestraft.

1. Es handelt sich hier um besonders schwere Fälle der sog. Greuelpropaganda, die im übrigen in § 3 der VO. zur Abwehr heimtückischer Angriffe gegen die Regierung der nationalen Erhebung v. 21. 3. 1933 (RGBl. I S. 135; abgedr. S. 302) mit Strafe bedroht ist.

§ 90 g[1].

Ein Beauftragter des Reichs, der ein Staatsgeschäft mit einer ausländischen Regierung vorsätzlich zum Nachteil des Reichs führt, wird mit dem Tode bestraft.

Wenn die Tat nur einen unbedeutenden Nachteil für das Reich herbeigeführt hat, schwerere Folgen auch nicht herbeiführen konnte, kann auf Zuchthaus erkannt werden.

1. Bisher § 92 Nr. 3 StGB.

§ 90 h[1].

Wer es unternimmt[2], ein Beweismittel über ein Rechtsverhältnis zwischen dem Reich und einem ausländischen Staate zu fälschen, verfälschen, vernichten, beschädigen, beseitigen oder unterdrücken, und dadurch das Wohl des Reichs gefährdet, wird mit Zuchthaus bestraft.

In besonders schweren Fällen[3] ist auf Zuchthaus nicht unter fünf Jahren oder auf lebenslanges Zuchthaus zu erkennen.

1. Bisher § 92 Nr. 2 StGB.
2. Vgl. § 87.
3. Vgl. Anm. 4 zu § 49 b.

§ 90 i[1].

Ein Deutscher, der von einer ausländischen Regierung oder von jemand, der für eine ausländische

Regierung tätig ist, für eine Handlung, die das Wohl des Reichs gefährdet, ein Entgelt fordert, sich versprechen läßt oder annimmt, wird, soweit nicht nach anderen Vorschriften eine schwerere Strafe verwirkt ist, mit Zuchthaus bis zu zehn Jahren bestraft.

Wird das Entgelt durch eine schriftliche Erklärung gefordert oder angenommen, so ist die Tat vollendet, wenn der Täter die Erklärung abgesandt hat.

Die Tat wird nur auf Antrag der Reichsregierung verfolgt[2]. Die Zurücknahme des Antrags ist zulässig.

1. Neu.
2. Vgl. §§ 61 ff.

§ 91[1].

Wer mit dem Vorsatz, einen Krieg oder Zwangsmaßregeln gegen das Reich oder andere schwere Nachteile für das Reich herbeizuführen, zu einer ausländischen Regierung oder zu jemand, der für eine ausländische Regierung tätig ist, in Beziehungen tritt, wird mit dem Tode bestraft.

Wer mit dem Vorsatz, schwere Nachteile für einen Reichsangehörigen herbeizuführen, in Beziehungen der im Abs. 1 bezeichneten Art tritt, wird mit lebenslangem Zuchthaus oder mit Zuchthaus nicht unter fünf Jahren bestraft.

§ 82 Abs. 2 Satz 2 findet Anwendung.

1. Bisher § 87 StGB.

§ 91 a[1].

Ein Deutscher, der während eines Krieges gegen das Reich in der feindlichen Kriegsmacht dient

oder gegen das Reich oder dessen Bundesgenossen die Waffen trägt, wird mit dem Tode oder mit lebenslangem Zuchthaus oder mit Zuchthaus nicht unter fünf Jahren bestraft.

1. Bisher § 88 StGB.

§ 91 b[1].

Wer im Inland oder als Deutscher im Ausland es unternimmt, während eines Krieges gegen das Reich oder in Beziehung auf einen drohenden Krieg der feindlichen Macht Vorschub zu leisten oder der Kriegsmacht des Reichs oder seiner Bundesgenossen einen Nachteil zuzufügen, wird mit dem Tode oder mit lebenslangem Zuchthaus bestraft.

Wenn die Tat nur einen unbedeutenden Nachteil für das Reich und seine Bundesgenossen und nur einen unbedeutenden Vorteil für die feindliche Macht herbeigeführt hat, schwerere Folgen auch nicht herbeiführen konnte, so kann auf Zuchthaus nicht unter 2 Jahren erkannt werden.

1. Bisher § 89 StGB.

§ 92[1].

Wer ein Verbrechen des Landesverrats nach den §§ 89 bis 90a, 90 f bis 91 b mit einem anderen verabredet, wird mit Zuchthaus bestraft.

Ebenso wird bestraft, wer zu einem der im Abs. 1 bezeichneten Verbrechen auffordert, sich erbietet oder eine solche Aufforderung oder ein solches Erbieten annimmt. Erklärt der Täter die Aufforderung, das Erbieten oder die Annahme schrift-

lich, so ist die Tat vollendet, wenn er die Erklärung abgesandt hat.

Nach den Vorschriften der Abs. 1, 2 wird nicht bestraft, wer freiwillig seine Tätigkeit aufgibt und bei Beteiligung mehrerer das Verbrechen verhindert.

1. Bisher § 5 des Spionagegesetzes.

§ 92 a[1].

Wer während eines Krieges gegen das Reich oder bei drohender Kriegsgefahr einen Vertrag mit einer Behörde über Bedürfnisse der Kriegsmacht des Reichs oder seiner Bundesgenossen nicht oder in einer Weise erfüllt, die geeignet ist, den Zweck der Leistung zu vereiteln oder zu gefährden, wird mit Gefängnis nicht unter einem Jahre bestraft. Dasselbe gilt in Zeiten gemeiner Not für einen Vertrag mit einer Behörde über Lieferung oder Beförderung von Lebensmitteln oder anderen zur Behebung der gemeinen Not erforderlichen Gegenständen.

Ebenso werden unterverpflichtete Unternehmer, Vermittler und Bevollmächtigte des Leistungspflichtigen bestraft, die durch Verletzung ihrer Vertragspflicht die Erfüllung oder die gehörige Erfüllung vereiteln oder gefährden.

Wer die Tat fahrlässig begeht, wird mit Gefängnis bis zu zwei Jahren bestraft.

1. Bisher § 329 StGB.

§ 92 b[1].

Wer einem von der Reichsregierung zur Sicherung der Landesverteidigung erlassenen Gebot

oder Verbot zuwiderhandelt, wird mit Geldstrafe bestraft.

Wird die Zuwiderhandlung während eines Krieges gegen das Reich oder bei drohender Kriegsgefahr begangen, so ist die Strafe Gefängnis.

1. Abs. 1 neu; Abs. 2 bisher § 10 des Spionagegesetzes.

§ 92 c.

Dem Krieg im Sinne der §§ 91 bis 92 b wird jede gegen das Reich gerichtete Unternehmung fremder Streitkräfte gleichgeachtet.

§ 92 d[1].

Wer vorsätzlich über amtliche Ermittlungen oder Verfahren wegen eines in diesem Abschnitt bezeichneten Verbrechens oder Vergehens ohne Erlaubnis der zuständigen Behörde[2] Mitteilungen in die Öffentlichkeit bringt, wird mit Gefängnis bestraft.

1. Bisher § 11 des Spionagegesetzes.
2. Zuständig sind allein die Spionageabwehrstellen der Reichswehr und der Staatspolizei. Solange ein strafgerichtliches Verfahren anhängig ist, müssen die Abwehrstellen vor der Erteilung der Erlaubnis das Einverständnis der zuständigen Staatsanwaltschaft herbeiführen.

§ 92 e[1].

Wer vorsätzlich in einer Festung, einem Reichskriegshafen oder einer anderen militärischen Anlage, auf einem Schiff der Reichsmarine oder innerhalb der deutschen Hoheitsgewässer gegenüber einer Behörde, einem Beamten oder einem Soldaten über seinen Namen, seinen Stand, seinen Beruf, sein Gewerbe, seinen Wohnort oder seine

Staatsangehörigkeit eine unrichtige Angabe macht oder die Angabe verweigert, wird mit Geldstrafe bestraft.

Ist nach den Umständen anzunehmen, daß der Aufenthalt an dem Orte oder die unrichtige Angabe oder die Verweigerung der Angabe mit Zwecken des Verrats oder der Ausspähung zusammenhängt, so ist die Strafe Gefängnis bis zu einem Jahre.

Einer Festung, einem Reichskriegshafen oder einer anderen militärischen Anlage stehen gleich amtlich bekanntgemachte Sicherungsbereiche sowie gewerbliche Anlagen, in denen Gegenstände für den Bedarf der inländischen Wehrmacht hergestellt, ausgebessert oder aufbewahrt werden.

Die Tat ist nur strafbar, wenn die Behörde, der Beamte oder der Soldat befugt war[2], die in Abs. 1 bezeichneten Angaben zu verlangen.

1. Bisher § 7 des Spionagegesetzes.

2. Bedingung der Strafbarkeit, braucht nicht vom Vorsatz umfaßt zu sein.

§ 92f[1].

Wer ohne Erlaubnis der zuständigen militärischen Behörde innerhalb eines amtlich bekanntgemachten Sicherungsbereichs oder von einem Gebäude, in dem Waffen oder andere Bedürfnisse der Wehrmacht gelagert werden, oder von einer anderen militärischen Anlage Aufnahmen macht oder in Verkehr bringt, wird mit Geldstrafe bestraft.

1. Bisher § 12 des Spionagegesetzes.

§ 93.

Wegen der in diesem Abschnitt mit Strafe bedrohten Handlungen kann erkannt werden

neben der wegen eines Verbrechens erkannten Strafe

auf Geldstrafe von unbegrenzter Höhe oder auf Einziehung des Vermögens[1];

neben der wegen eines Vergehens erkannten Freiheitsstrafe

auf Geldstrafe[2];

neben der Gefängnisstrafe

auf die Unfähigkeit zur Bekleidung öffentlicher Ämter auf die Dauer von einem bis zu fünf Jahren und auf den Verlust der aus öffentlichen Wahlen hervorgegangenen Rechte;

neben jeder Freiheitsstrafe

auf Zulässigkeit von Polizeiaufsicht.

Neben der Zuchthausstrafe ist die Sicherungsverwahrung anzuordnen[3], wenn die öffentliche Sicherheit es erfordert.

1. Vgl. Anm. 1 zu § 86.
2. Vgl. § 27.
3. Erweiterung des § 42e: Schon bei der ersten Verurteilung wegen einer einzigen Tat kann auf Sicherungsverwahrung erkannt werden, wenn die öffentliche Sicherheit es erfordert, weil durch den Täter eine erneute Gefährdung der Allgemeinheit droht. Gegen Personen, die vor dem 2. 5. 1934 rechtskräftig wegen Landesverrats zu Zuchthausstrafe verurteilt worden sind, kann gemäß Art. XIII des Ges. v. 24. 4. 1934 (RGBl. I S. 341) nachträglich die Sicherungsverwahrung angeordnet werden.

§ 93 a.

Gegenstände, die zur Begehung einer in diesem Abschnitt mit Strafe bedrohten Handlung gebraucht oder bestimmt sind, können eingezogen oder unbrauchbar gemacht werden, auch wenn sie weder dem Täter noch einem Teilnehmer gehören. Dasselbe gilt von den im Falle des § 92 f hergestellten Aufnahmen.

[1] Hat der Täter für die Begehung eines in diesem Abschnitt bezeichneten Verbrechens oder Vergehens ein Entgelt empfangen, so ist das empfangene Entgelt oder ein seinem Wert entsprechender Geldbetrag einzuziehen.

Kann keine bestimmte Person verfolgt oder verurteilt werden, so kann auf die Einziehung oder Unbrauchbarmachung selbständig erkannt werden[2].

1. Bisher § 15 Spionagegesetz.
2. Vgl. Anm. 1 zu § 86a.

Zweiter Abschnitt[1].

Angriffe gegen den Reichspräsidenten.

§ 94.

Wer gegen den Reichspräsidenten einen Angriff auf Leib oder Leben (Gewalttätigkeit)[2] *begeht, wird, soweit nicht andere Vorschriften eine schwerere Strafe androhen, mit Gefängnis nicht unter drei Monaten bestraft.*

Ebenso wird bestraft, wer den Reichspräsidenten öffentlich beschimpft[3] *oder verleumdet.*[4] *Die Tat wird nur mit der Ermächtigung des Reichspräsi-*

denten verfolgt. Für die Befugnis zur öffentlichen Bekanntmachung gilt § 200 entsprechend.

Sind im Falle des Abs. 2 mildernde Umstände vorhanden, so ist die Strafe Gefängnis, neben dem auf Geldstrafe erkannt werden kann.

1. Die Fassung des 2. Abschn. beruht auf § 9 der VO. des Reichspräs. v. 19. 12. 1932 (RGBl. I S. 548).

2. Jeder vorsätzliche Angriff, der auf eine Vernichtung des Lebens oder eine Beeinträchtigung der körperlichen Unversehrtheit oder der Gesundheit gerichtet ist. Freiheitsberaubung ist Angriff auf den Leib, falls sie körperlich fühlbar ist (RGSt. 54, 340), dagegen nicht Drohung mit Gewalt.

3. Beschimpfung ist jede durch Form oder Inhalt besonders verletzende rohe Äußerung der Mißachtung.

4. § 187 StGB.

Dritter Abschnitt.

Beleidigung von Bundesfürsten (§§ 95 bis 101) gegenstandslos.

Vierter Abschnitt.

Feindliche Handlungen gegen befreundete Staaten.

§ 102[1].

Wer gegen einen ausländischen Staat eine der in den §§ 80 bis 84 bezeichneten hochverräterischen Handlungen begeht, wird mit Gefängnis oder mit Festungshaft bestraft, sofern in dem anderen Staat dem Deutschen Reich die Gegenseitigkeit verbürgt ist.

Die Tat wird nur auf Antrag der ausländischen Regierung verfolgt.

Die Zurücknahme des Antrags ist zulässig.

1. Die Fassung beruht auf Art. II des Ges. v. 24. 4. 1934 (RGBl. I S. 341).

§ 103.

Wer sich gegen den Landesherrn[1] oder den Regenten eines nicht zum Deutschen Reich gehörenden Staats einer Beleidigung schuldig macht, wird mit Gefängnis von einer Woche bis zu zwei Jahren oder mit Festungshaft von gleicher Dauer bestraft, sofern in diesem Staate dem Deutschen Reich die Gegenseitigkeit verbürgt ist.

Die Verfolgung tritt nur auf Antrag der auswärtigen Regierung ein. Die Zurücknahme des Antrags ist zulässig.

1. Nur ein monarchisches Oberhaupt, nicht der Präsident einer Republik.

§ 103a[1].

Wer ein öffentliches Zeichen der Autorität eines nicht zum Deutschen Reich gehörenden Staats oder ein Hoheitszeichen eines solchen Staates böswillig wegnimmt, zerstört oder beschädigt oder beschimpfenden Unfug daran verübt, wird mit Geldstrafe oder mit Gefängnis bis zu zwei Jahren bestraft.

1. Vgl. § 135.

§ 104.

Wer sich gegen einen bei dem Reich beglaubigten Gesandten oder Geschäftsträger einer Beleidigung[1] schuldig macht, wird mit Gefängnis bis zu einem Jahre oder mit Festungshaft von gleicher Dauer bestraft.

Die Verfolgung tritt nur auf Antrag[2] des Beleidigten ein. Die Zurücknahme des Antrags ist zulässig.

1. §§ 185 ff. 2. §§ 61 ff.

Fünfter Abschnitt.

Verbrechen und Vergehen in Beziehung auf die Ausübung staatsbürgerlicher Rechte.

§ 105.

Wer es unternimmt[1], den Senat oder die Bürgerschaft einer der freien Hansestädte, eine gesetzgebende Versammlung des Reichs oder eines deutschen Landes auseinander zu sprengen[2], zur Fassung oder Unterlassung von Beschlüssen zu nötigen oder Mitglieder aus ihnen gewaltsam zu entfernen, wird mit Zuchthaus nicht unter fünf Jahren oder[3] mit Festungshaft von gleicher Dauer bestraft.

Sind mildernde Umstände vorhanden, so tritt Festungshaft nicht unter einem Jahre ein.

1. Das Unternehmen umfaßt die Vollendung und den Versuch, dagegen nicht Vorbereitungshandlungen (vgl. § 87).

2. Vgl. § 107a. 3. Vgl. § 20.

§ 106.

Wer ein Mitglied einer der vorbezeichneten Versammlungen durch Gewalt[1] oder durch Bedrohung mit einer strafbaren Handlung verhindert, sich an den Ort der Versammlung zu begeben oder zu stimmen, wird mit Zuchthaus bis zu fünf Jahren oder[2] mit Festungshaft von gleicher Dauer bestraft.

Sind mildernde Umstände vorhanden, so tritt Festungshaft bis zu zwei Jahren ein.

1. vis absoluta und vis compulsiva (vgl. Anm. 2 zu § 52).

2. Vgl. § 20.

§ 107.

Wer einen Deutschen durch Gewalt[1] oder durch Bedrohung mit einer strafbaren Handlung verhindert, in Ausübung seiner staatsbürgerlichen Rechte[2] zu wählen oder zu stimmen, wird mit Gefängnis nicht unter sechs Monaten oder mit Festungshaft bis zu fünf Jahren bestraft.

Der Versuch ist strafbar.

1. Vgl. Anm. 2 zu § 52.
2. Es muß sich um Wahlen oder Abstimmungen handeln, bei denen das Recht, mit zu wählen oder zu stimmen, ein Ausfluß der Reichsangehörigkeit ist. Hierher gehören Gemeindewahlen, dagegen nicht kirchliche Wahlen.

§ 107a.

Wer nichtverbotene Versammlungen, Aufzüge oder Kundgebungen mit Gewalt[1] oder der Bedrohung mit einem Verbrechen verhindert oder sprengt[2], wird mit Gefängnis, neben dem auf Geldstrafe erkannt werden kann, bestraft.

Wer in nichtverbotenen Versammlungen oder bei nichtverbotenen Aufzügen oder Kundgebungen Gewalttätigkeiten[3] in der Absicht begeht, die Versammlung, den Aufzug oder die Kundgebung zu sprengen, wird mit Gefängnis und mit Geldstrafe oder mit einer dieser Strafen bestraft.

1. Vgl. Anm. 2 zu § 52.
2. Sprengen = Auseinandertreiben der schon zusammengetretenen Teilnehmer.
3. Vgl. Anm. 2 zu § 94.

§ 108.

Wer in einer öffentlichen Angelegenheit[1] mit der Sammlung von Wahl- oder Stimmzetteln oder

-zeichen oder mit der Führung der Beurkundungsverhandlung beauftragt, ein unrichtiges Ergebnis der Wahlhandlung[2] vorsätzlich herbeiführt oder das Ergebnis verfälscht, wird mit Gefängnis von einer Woche bis zu drei Jahren bestraft.

Wird die Handlung von jemand begangen, welcher nicht mit der Sammlung der Zettel oder Zeichen oder einer anderen Verrichtung bei dem Wahlgeschäfte beauftragt ist, so tritt Gefängnisstrafe bis zu zwei Jahren ein.

Auch kann auf Verlust der bürgerlichen Ehrenrechte erkannt werden.

1. Jede Angelegenheit des Staates, öffentlicher Körperschaften oder öffentlicher Anstalten (insbes. auch der Religionsgesellschaften, die Körperschaften des öffentlichen Rechts sind).

2. Auch der Abstimmungshandlung (z. B. beim Volksentscheid).

§ 109.

Wer in einer öffentlichen Angelegenheit[1] eine Wahlstimme kauft[2] oder verkauft, wird mit Gefängnis von einem Monat bis zu zwei Jahren bestraft; auch kann auf Verlust der bürgerlichen Ehrenrechte erkannt werden.

1. Vgl. Anm. 1 zu § 108.

2. Kein Kauf im bürgerlichrechtlichen Sinn, sondern Willenseinigung des Stimmberechtigten und des anderen Teils, daß der Stimmberechtigte gegen Gewährung eines Vorteils seine Stimme in bestimmtem Sinne abgebe. Das ist auch der Fall, wenn der Stimmberechtigte seinen Stimmschein einem anderen überläßt. Verpflichtung zur Stimmenthaltung fällt nicht unter § 109 (str.).

Sechster Abschnitt.

Widerstand gegen die Staatsgewalt.

§ 110.

Wer öffentlich vor einer Menschenmenge oder wer durch Verbreitung oder öffentlichen Anschlag oder öffentliche Ausstellung von Schriften oder anderen Darstellungen zum Ungehorsam gegen Gesetze[1] oder rechtsgültige Verordnungen oder gegen die von der Obrigkeit[2] innerhalb ihrer Zuständigkeit getroffenen Anordnungen[3] auffordert[4] wird mit Geldstrafe oder mit Gefängnis bis zu zwei Jahren bestraft.

1. Auch Zivilgesetze.
2. Jede Stelle, die befugt ist, die Staatsgewalt in bestimmtem Umfange selbständig auszuüben und generelle Vorschriften zu erlassen.
3. Auch hier wird Rechtsgültigkeit der Anordnung vorausgesetzt.
4. Sondervorschrift: VO. des Reichspräs. v. 15. 9. 1923 (RGBl. I S. 879) betr. Aufforderung zum Steuerstreik.

§ 111.

Wer auf die vorbezeichnete Weise zur Begehung einer strafbaren Handlung auffordert, ist gleich dem Anstifter[1] zu bestrafen, wenn die Aufforderung die strafbare Handlung oder einen strafbaren Versuch derselben zur Folge gehabt hat.

Ist die Aufforderung ohne Erfolg geblieben, so tritt Geldstrafe oder Gefängnisstrafe bis zu einem Jahre ein[2]. Die Strafe darf jedoch, der Art oder dem Maße nach, keine schwerere sein, als die auf die Handlung selbst angedrohte.

1. Vgl. § 48 Abs. 2.
2. Vgl. dazu § 15 der VO. zum Schutze des deutschen Volkes v. 4. 2. 1933 (RGBl. I S. 35), abgedr. S. 295.

§ 112.

Wer[1] eine Person des Soldatenstandes[2], es sei des Reichsheeres oder der Reichsmarine, auffordert oder anreizt[3], dem Befehle des Oberen nicht Gehorsam zu leisten . . . wird mit Gefängnis bis zu zwei Jahren bestraft.

1. Ist der Täter Militärperson, so gilt § 99 MilStGB.
2. Dazu gehören nicht die Militärbeamten.
3. Indirekte (versteckte) Einwirkung auf die Entschließung im Gegensatz zur Aufforderung, die in der Mitteilung dessen besteht, was der Aufgeforderte tun soll.

§ 113.

Wer einem Beamten[1], welcher zur Vollstreckung von Gesetzen, von Befehlen und Anordnungen der Verwaltungsbehörden oder von Urteilen und Verfügungen der Gerichte berufen ist, in der rechtmäßigen[2] Ausübung seines Amtes durch Gewalt[3] oder durch Bedrohung mit Gewalt Widerstand leistet, oder wer einen solchen Beamten während der rechtmäßigen Ausübung seines Amtes tätlich angreift[4], wird mit Gefängnis von vierzehn Tagen bis zu zwei Jahren bestraft.

Sind mildernde Umstände vorhanden, so tritt Gefängnisstrafe bis zu einem Jahre oder Geldstrafe ein.

Dieselben Strafvorschriften treten ein, wenn die Handlung gegen Personen, welche zur Unterstützung des Beamten zugezogen waren, oder gegen Mannschaften der bewaffneten Macht, oder gegen Mannschaften einer Gemeinde-, Schutz- oder Bürgerwehr in Ausübung des Dienstes begangen wird.

1. Vgl. § 359; nur inländische Beamte sind geschützt.
2. Die rechtmäßige Amtsausübung ist nur Bedingung der Strafbarkeit, braucht also vom Vorsatz des Täters nicht umfaßt

zu werden. Irrtum des Täters über die Rechtmäßigkeit ist demgemäß belanglos.

3. Vgl. Anm. 2 zu § 52.

4. Jede Handlung, die vorgenommen wird, um einen anderen zu verletzen, ohne daß eine Verletzung einzutreten braucht.

§ 114.

Wer es unternimmt[1], durch Gewalt[2] oder Drohung eine Behörde[3] oder einen Beamten[4] zur Vornahme oder Unterlassung einer Amtshandlung zu nötigen, wird mit Gefängnis nicht unter drei Monaten bestraft.

Sind mildernde Umstände vorhanden, so tritt Gefängnisstrafe bis zu zwei Jahren oder Geldstrafe ein.

1. Vgl. § 87.
2. Vgl. Anm. 2 zu § 52.
3. Behörde ist ein ständiges, von dem Wechsel der Person unabhängiges Organ der Staatsgewalt, das dazu berufen ist, unter öffentlicher Autorität nach eignem Ermessen für die Herbeiführung der Zwecke des Staates tätig zu sein (RG.). Kirchliche Behörden fallen nicht unter § 114.
4. § 359.

§ 115.

Wer an einer öffentlichen Zusammenrottung, bei welcher eine der in den §§ 113 und 114 bezeichneten Handlungen mit vereinten Kräften[1] begangen wird, teilnimmt, wird wegen Aufruhrs mit Gefängnis nicht unter sechs Monaten bestraft.

Die Rädelsführer[2] sowie diejenigen Aufrührer, welche eine der in den §§ 113 und 114 bezeichneten Handlungen begehen, werden mit Zuchthaus bis zu zehn Jahren bestraft; auch kann auf Zulässigkeit von Polizeiaufsicht erkannt werden. Sind mildernde Umstände vorhanden, so tritt Gefängnisstrafe nicht unter sechs Monaten ein[3].

1. Mittäterschaft von mindestens 2 Personen ist erforderlich (streitig).

2. Diejenigen Teilnehmer, die eine führende Rolle spielen.

3. Abs. 2 ist ergänzt durch § 5 Abs. 2 Ziff. 2 der VO. zum Schutze von Volk und Staat v. 28. 2. 1933 (RGBl. I S. 83), abgedr. S. 300. Milit. Aufruhr: §§ 106ff. MilStGB.

§ 116.

Wird eine auf öffentlichen Wegen, Straßen oder Plätzen versammelte Menschenmenge von dem zuständigen Beamten oder Befehlshaber der bewaffneten Macht aufgefordert, sich zu entfernen, so wird jeder der Versammelten, welcher nach der dritten Aufforderung sich nicht entfernt, wegen Auflaufs mit Gefängnis bis zu drei Monaten oder mit Geldstrafe bestraft.

Ist bei einem Auflaufe gegen die Beamten oder die bewaffnete Macht mit vereinten Kräften tätlicher Widerstand geleistet oder Gewalt verübt worden, so treten gegen diejenigen, welche an diesen Handlungen teilgenommen haben, die Strafen des Aufruhrs ein.

§ 117.

Wer einem Forst- oder Jagdbeamten, einem Waldeigentümer, Forst- oder Jagdberechtigten oder einem von diesen bestellten Aufseher in der rechtmäßigen Ausübung[1] seines Amtes oder Rechtes durch Gewalt[2] oder durch Bedrohung mit Gewalt Widerstand leistet oder wer eine dieser Personen während der Ausübung ihres Amtes oder Rechtes tätlich angreift[3], wird mit Gefängnis von vierzehn Tagen bis zu drei Jahren bestraft.

Ist der Widerstand oder der Angriff unter Drohung

mit Schießgewehr, Äxten oder anderen gefährlichen Werkzeugen erfolgt oder mit Gewalt an der Person begangen worden, so tritt Gefängnisstrafe nicht unter drei Monaten ein.

Sind mildernde Umstände vorhanden, so tritt in den Fällen des Abs. 1 Gefängnisstrafe bis zu einem Jahre, in den Fällen des Abs. 2 Gefängnisstrafe nicht unter einem Monat ein.

1. Vgl. Anm. 2 zu § 113.
2. Vgl. Anm. 2 zu § 52.
3. Vgl. Anm. 4 zu § 113.

§ 118[1].

Ist durch den Widerstand oder den Angriff eine Körperverletzung[2] dessen, gegen welchen die Handlung begangen ist, verursacht[3] worden, so ist auf Zuchthaus bis zu zehn Jahren zu erkennen.

Sind mildernde Umstände vorhanden, so tritt Gefängnisstrafe nicht unter drei Monaten ein.

1. Bezieht sich nur auf § 117.
2. §§ 223ff.
3. Eines besonderen Verschuldens bezgl. der Körperverletzung bedarf es nicht.

§ 119.

Wenn eine der in den §§ 117 und 118 bezeichneten Handlungen von mehreren gemeinschaftlich begangen worden ist, so kann die Strafe bis um die Hälfte des angedrohten Höchstbetrages, die Gefängnisstrafe jedoch nicht über fünf Jahre, erhöht werden.

§ 120.

Wer einen Gefangenen[1] aus der Gefangenenanstalt oder aus der Gewalt der bewaffneten Macht des Beamten oder desjenigen, unter dessen Beaufsichtigung, Begleitung oder Bewachung er sich befindet, vorsätzlich befreit oder ihm zur Selbstbefreiung[2] vorsätzlich behilflich ist, wird mit Gefängnis bis zu drei Jahren bestraft[3].

Der Versuch ist strafbar.

1. Gefangener ist, wer durch ein Organ der Staatsgewalt seiner persönlichen Freiheit beraubt ist und sich infolgedessen in der Gewalt der zuständigen Behörde befindet. Gefangene sind u. a. die Untersuchungsgefangenen, die gemäß § 126a StPO. einstweilig Untergebrachten, die Strafgefangenen, die auf Grund eines Vorführungsbefehls oder eines Steckbriefes Festgenommenen sowie die gemäß § 127 StPO. von einem Polizei- oder Sicherheitsbeamten vorläufig festgenommenen Personen, ferner die aus sicherheitspolizeilichen Gründen in polizeiliche Verwahrung (Schutzhaft) genommenen Personen. Keine Gefangenen i. S. des § 120 sind die in § 122b bezeichneten Personen. Den Gefangenen stehen die in § 122a genannten Personen gleich.

2. Selbstbefreiung ist als solche straflos; dagegen kann sich der Gefangene wegen Anstiftung eines Dritten zu seiner Befreiung oder zur Hilfe bei der Selbstbefreiung (oder wegen Beihilfe) strafbar machen.

3. Strafbarkeit des Beamten nach § 347. Idealkonkurrenz mit Begünstigung (§ 257) ist möglich.

§ 121.

Wer vorsätzlich einen Gefangenen, mit dessen Beaufsichtigung oder Begleitung er beauftragt ist, entweichen läßt oder dessen Befreiung befördert, wird mit Gefängnis bis zu drei Jahren bestraft.

Ist die Entweichung durch Fahrlässigkeit befördert worden, so tritt Gefängnisstrafe bis zu drei Monaten oder Geldstrafe ein.

Entweichenlassen durch Beamte: § 347.

§ 122.

Gefangene, welche sich zusammenrotten und mit vereinten Kräften die Anstaltsbeamten oder die mit der Beaufsichtigung Beauftragten angreifen, denselben Widerstand leisten oder es unternehmen, sie zu Handlungen oder Unterlassungen zu nötigen, werden wegen Meuterei mit Gefängnis nicht unter sechs Monaten bestraft.

Gleiche Strafe tritt ein, wenn Gefangene sich zusammenrotten und mit vereinten Kräften einen gewaltsamen Ausbruch unternehmen.

Diejenigen Meuterer, welche Gewalttätigkeiten gegen die Anstaltsbeamten oder die mit der Beaufsichtigung Beauftragten verüben, werden mit Zuchthaus bis zu zehn Jahren bestraft; auch kann auf Zulässigkeit von Polizeiaufsicht erkannt werden.

§ 122a[1].

In den Fällen der §§ 120 bis 122 steht einem Gefangenen gleich, wer in Sicherungsverwahrung[2] oder in einem Arbeitshaus[3] untergebracht[4] ist.

1. Eingefügt durch Art. 3 Ziff. 12 des Ges. v. 24. 11. 1933 (RGBl. I S. 995).

2. Vgl. § 42e. 3. Vgl. § 42d.

4. Die in einer Trinkerheil- oder Entziehungsanstalt, in einer Heil- oder Pflegeanstalt oder im Asyl Untergebrachten (vgl. §§ 42b, 42c, 42d Abs. 4) sind keine Gefangenen, fallen aber unter § 122b.

§ 122b[1].

Wer, abgesehen von den Fällen der §§ 120, 121, 122a vorsätzlich jemand, der auf behördliche Anordnung in einer Anstalt untergebracht ist[2], aus der Verwahrung befreit oder ihm das Entweichen

erleichtert, wird mit Gefängnis bis zu zwei Jahren oder mit Geldstrafe bestraft.

Der Versuch ist strafbar.

Die Strafverfolgung tritt nur auf Antrag[3] der Behörde ein, welche die Verwahrung bewirkt hat.

1. Eingefügt durch Art. 3 Ziff. 12 des Ges. v. 24. 11. 1933 (RGBl. I S. 995).

2. Vgl. Anm. 4 zu § 122a. § 122b gilt auch für Fürsorgezöglinge, die sich in Anstaltserziehung befinden (vgl. § 76 des Jugendwohlfahrtsges. in der Fassung des Art. 4 des Ges. v. 24. 11. 1933, RGBl. I S. 1000).

3. §§ 61ff.

Siebenter Abschnitt.

Verbrechen und Vergehen wider die öffentliche Ordnung.

§ 123.

Wer in die Wohnung[1], in die Geschäftsräume[2] oder in das befriedete Besitztum[3] eines anderen oder in abgeschlossene Räume, welche zum öffentlichen Dienst oder Verkehr[4] bestimmt sind, widerrechtlich[5] eindringt, oder wer, wenn er ohne Befugnis darin verweilt, auf die Aufforderung des Berechtigten sich nicht entfernt, wird wegen Hausfriedensbruchs mit Geldstrafe oder mit Gefängnis bis zu drei Monaten bestraft.

Ist die Handlung von einer mit Waffen[6] versehenen[7] Person oder von mehreren gemeinschaftlich begangen worden, so tritt Geldstrafe oder Gefängnisstrafe bis zu einem Jahre ein.

Die Verfolgung tritt nur auf Antrag[8] ein. Die Zurücknahme des Antrages ist zulässig.

1. Inbegriff der Räumlichkeiten, die einer Person oder einer zusammengehörigen Mehrheit von Personen zum ständigen Aufenthalt dienen oder zur Benutzung freistehen (auch Wohnwagen oder zum Wohnen eingerichtetes Schiff).

2. Räume, die durch einen maßgebenden Willen hauptsächlich und für eine gewisse Dauer zur Betreibung gewerblicher, wissenschaftlicher, künstlerischer und ähnlicher Geschäfte bestimmt worden sind und dieser Bestimmung gemäß benutzt werden.

3. Jedes Grundstück, das der berechtigte Inhaber in äußerlich erkennbarer Weise mittels zusammenhängender Schutzwehren gegen das beliebige Betreten durch andere gesichert hat.

4. Z. B. Postomnibusse, Straßenbahnwagen.

5. Ohne Befugnis und gegen den vermuteten Willen des Berechtigten.

6. Auch gefährliche Werkzeuge (§ 223a).

7. Es genügt der bloße, dem Träger bewußte Besitz; eine Absicht, die Waffe als Schreckmittel oder zur Beibringung von Verletzungen zu gebrauchen, ist nicht erforderlich.

8. §§ 61ff. Privatklage: § 374 StPO. Hausfriedensbruch durch Beamte: § 342.

§ 124.

Wenn sich eine Menschenmenge öffentlich zusammenrottet und in der Absicht, Gewalttätigkeiten[1] gegen Personen oder Sachen mit vereinten Kräften zu begehen, in die Wohnung[2], in die Geschäftsräume[2] oder in das befriedete Besitztum[2] eines anderen oder in abgeschlossene Räume, welche zum öffentlichen Dienst bestimmt sind, widerrechtlich eindringt, so wird jeder, welcher an diesen Handlungen teilnimmt, mit Gefängnis von einem Monat bis zu zwei Jahren bestraft[3].

1. Handeln mit Anwendung von Gewalt. Verletzender Erfolg ist nicht erforderlich (z. B. fehlgehender Steinwurf genügt).

2. Vgl. Anm. 1 bis 3 zu § 123.

3. Idealkonkurrenz mit § 125 bei Begehung der Gewalttätigkeit möglich.

§ 125.

Wenn sich eine Menschenmenge öffentlich zusammenrottet und mit vereinten Kräften gegen Personen oder Sachen Gewalttätigkeiten begeht, so wird jeder, welcher an dieser Zusammenrottung teilnimmt, wegen Landfriedensbruches mit Gefängnis nicht unter drei Monaten bestraft.

Die Rädelsführer sowie diejenigen, welche Gewalttätigkeiten gegen Personen begangen oder Sachen geplündert, vernichtet oder zerstört haben, werden mit Zuchthaus bis zu zehn Jahren bestraft; auch kann auf Zulässigkeit von Polizeiaufsicht erkannt werden. Sind mildernde Umstände vorhanden, so tritt Gefängnisstrafe nicht unter sechs Monaten ein[1].

1. Vgl. dazu § 5 Abs. 2 Ziff. 2 der VO. zum Schutze von Volk und Staat v. 28. 2. 1933 (RGBl. I S. 83), abgedr. S. 300.

§ 126.

Wer durch Androhung eines gemeingefährlichen Verbrechens[1] den öffentlichen Frieden stört[2], wird mit Gefängnis bis zu einem Jahre bestraft.

1. §§ 306ff. und Verbrechen gegen das Sprengstoffgesetz.
2. Erschütterung des Bewußtseins der Rechtssicherheit in weiteren Kreisen.

§ 127.

Wer unbefugterweise einen bewaffneten Haufen bildet oder befehligt oder eine Mannschaft, von der er weiß, daß sie ohne gesetzliche Befugnis gesammelt ist, mit Waffen oder Kriegsbedürfnissen versieht, wird mit Gefängnis bis zu zwei Jahren bestraft.

Wer sich einem solchen bewaffneten Haufen anschließt, wird mit Gefängnis bis zu einem Jahre bestraft.

§ 128.

Die Teilnahme an einer Verbindung[1], deren Dasein, Verfassung oder Zweck vor der Staatsregierung geheimgehalten werden soll oder in welcher gegen unbekannte Obere Gehorsam oder gegen bekannte Obere unbedingter Gehorsam versprochen wird, ist an den Mitgliedern[2] mit Gefängnis bis zu sechs Monaten, an den Stiftern und Vorstehern der Verbindung mit Gefängnis von einem Monat bis zu einem Jahre zu bestrafen.

Gegen Beamte kann auf Verlust der Fähigkeit zur Bekleidung öffentlicher Ämter auf die Dauer von einem bis zu fünf Jahren erkannt werden.

1. Eine organisierte, auf längere Dauer berechnete Vereinigung mehrerer Personen zur Verfolgung bestimmter Zwecke.

2. Vgl. dazu § 5 der VO. zur Erhaltung des inneren Friedens v. 19. 12. 1932 (RGBl. I S. 548):

Wer sich an einem Verein, der wegen eines den §§ 81 bis 86*), 127 bis 129 des Strafgesetzbuchs zuwiderlaufenden Zweckes aufgelöst worden ist, als Mitglied beteiligt oder ihn auf andere Weise unterstützt oder den organisatorischen Zusammenhalt weiter aufrechterhält, wird mit Gefängnis, neben dem auf Geldstrafe erkannt werden kann, bestraft.

§ 129.

Die Teilnahme an einer Verbindung[1], zu deren Zwecken oder Beschäftigungen gehört, Maßregeln der Verwaltung oder die Vollziehung von Gesetzen durch ungesetzliche Mittel zu verhindern oder zu entkräften, ist an den Mitgliedern[2] mit Gefängnis bis zu einem Jahre, an den Stiftern und Vorstehern

*) Jetzt §§ 80—84 (Art. IX des Ges. v. 24. 4. 1934 — RGBl. I S. 341 —).

der Verbindung mit Gefängnis von drei Monaten bis zu zwei Jahren zu bestrafen.

Gegen Beamte kann auf Verlust der Fähigkeit zur Bekleidung öffentlicher Ämter auf die Dauer von einem bis zu fünf Jahren erkannt werden.

1. Vgl. Anm. 1 zu § 128. 2. Vgl. Anm. 2 zu § 128.

§ 130.

Wer in einer den öffentlichen Frieden gefährdenden Weise verschiedene Klassen der Bevölkerung zu Gewalttätigkeiten[1] gegeneinander öffentlich anreizt[2], wird mit Geldstrafe oder mit Gefängnis bis zu zwei Jahren bestraft[3].

1. Vgl. Anm. 1 zu § 124. 2. Vgl. Anm. 3 zu § 112. 3. Idealkonk. mit § 111 ist möglich.

§ 130a.

Ein Geistlicher oder anderer Religionsdiener[1], welcher in Ausübung oder in Veranlassung der Ausübung seines Berufes öffentlich vor einer Menschenmenge, oder welcher in einer Kirche oder an einem anderen zu religiösen Versammlungen bestimmten Orte vor Mehreren Angelegenheiten des Staates in einer den öffentlichen Frieden gefährdenden Weise zum Gegenstande einer Verkündung oder Erörterung macht, wird mit Gefängnis oder Festungshaft bis zu zwei Jahren bestraft.

Gleiche Strafe trifft denjenigen Geistlichen oder anderen Religionsdiener, welcher in Ausübung oder in Veranlassung der Ausübung seines Berufes Schriftstücke ausgibt oder verbreitet, in welchen Angelegenheiten des Staates in einer den öffentlichen

Frieden gefährdenden Weise zum Gegenstande einer Verkündigung oder Erörterung gemacht sind.

1. „Andere" Rel.-Diener sind diejenigen Persönlichkeiten der nicht voll privilegierten Religionsgesellschaften, deren Stellung und Aufgabenkreis derjenigen der Geistlichen der voll privilegierten entspricht.

§ 131.

Wer erdichtete oder entstellte Tatsachen, wissend, daß sie erdichtet oder entstellt sind, öffentlich behauptet oder verbreitet, um dadurch Staatseinrichtungen[1] oder Anordnungen der Obrigkeit[2] verächtlich zu machen[3], wird mit Geldstrafe oder mit Gefängnis bis zu zwei Jahren bestraft[4].

1. Nur inländische Staatseinrichtungen, d. h. die dauernden Bestandteile der Staatsverfassung oder Staatsverwaltung.

2. Auch die der Gesetzgebung.

3. Idealkonk. insbes. mit §§ 187, 196, 197 möglich.

4. Vgl. dazu § 90f und § 3 der VO. zur Abwehr heimtückischer Angriffe gegen die Regierung der nationalen Erhebung v. 21. 3. 1933 (RGBl. I S. 135), abgedr. S. 302.

§ 132.

Wer unbefugt sich mit Ausübung eines öffentlichen Amtes befaßt oder eine Handlung vornimmt, welche nur kraft eines öffentlichen Amtes vorgenommen werden darf, wird mit Gefängnis bis zu einem Jahre oder mit Geldstrafe bestraft.

§ 133.

Wer[1] eine Urkunde, ein Register, Akten oder einen sonstigen Gegenstand, welche sich zur amtlichen Aufbewahrung an einem dazu bestimmten Orte befinden oder welche einem Beamten oder einem Dritten[2] amtlich übergeben worden sind, vorsätzlich vernichtet, beiseiteschafft oder beschädigt, wird mit Gefängnis bestraft[3].

Ist die Handlung in gewinnsüchtiger Absicht begangen, so tritt Gefängnisstrafe nicht unter drei Monaten ein; auch kann auf Verlust der bürgerlichen Ehrenrechte erkannt werden.

1. Beseitigung von Urkunden durch Beamte: § 348 Abs. 2 (lex specialis).
2. Die Übergabe an einen Dritten ist amtlich, wenn die amtliche Verfügungsgewalt fortdauern soll.
3. Idealkonk. namentlich mit Diebstahl, Urkundenfälschung, Sachbeschädigung und Siegelbruch (§ 136) möglich.

§ 134.

Wer öffentlich angeschlagene Bekanntmachungen, Verordnungen, Befehle oder Anzeigen von Behörden oder Beamten böswillig[1] abreißt, beschädigt oder verunstaltet, wird mit Geldstrafe oder mit Gefängnis bis zu sechs Monaten bestraft[2].

1. Aus einer feindlichen Gesinnung heraus. Mutwilligkeit genügt nicht, jedoch kann mutwillige Beschädigung als Sachbeschädigung strafbar sein.
2. Idealkonk. mit Diebstahl ist möglich, nicht aber mit Sachbeschädigung.

§ 134a[1].

Wer öffentlich das Reich oder eines der Länder, ihre Verfassung[2], ihre Farben[3] oder Flaggen[4] oder die deutsche Wehrmacht beschimpft[5] oder böswillig[6] und mit Überlegung[7] verächtlich macht, wird mit Gefängnis bestraft[8].

1. Eingefügt durch § 9 der VO. zur Erhaltung des inneren Friedens v. 9. 12. 1932 (RGBl. I S. 548).
2. Vgl. Anm. 6 zu § 80.

3. Reichsfarben sind die Farben schwarz-weiß-rot (vgl. Allg. Verfg. des Preuß. JustMin. v. 18. 8. 1933 — JMBl. S. 277 —).

4. Flaggen des Reichs sind die schwarz-weiß-rote und die Hakenkreuzflagge (vgl. die in Anm. 3 angeführte Allg. Verfg.).

5. Vgl. Anm. 3 zu § 94.

6. Vgl. Anm. 1 zu § 134.

7. Vgl. Anm. 3 zu § 211.

8. Vgl. dazu das Gesetz zum Schutze der nationalen Symbole v. 19. 5. 1933 (RGBl. I S. 285).

§ 135.

Wer ein öffentliches Zeichen der Autorität des Reiches[1] oder ein Hoheitszeichen[2] eines deutschen Landes böswillig[3] wegnimmt, zerstört oder beschädigt oder beschimpfenden Unfug[4] daran verübt, wird mit Geldstrafe oder mit Gefängnis bis zu zwei Jahren bestraft.

1. Zeichen, die bestimmt sind, die Reichsgewalt zum Ausdruck zu bringen. Wegen Verletzung ausländischer Hoheitszeichen vgl. § 103a.

2. = Autoritätszeichen. Keine Verwendung als Hoheitszeichen, wenn eine Fahne nur zur Ausschmückung dient.

3. Vgl. Anm. 1 zu § 134.

4. Vgl. Anm. 8 zu § 166.

§ 136.

Wer unbefugt ein amtliches Siegel, welches von einer Behörde oder einem Beamten[1] angelegt ist, um Sachen zu verschließen, zu bezeichnen oder in Beschlag zu nehmen, vorsätzlich erbricht, ablöst oder beschädigt oder den durch ein solches Siegel bewirkten amtlichen Verschluß aufhebt, wird mit Gefängnis bis zu sechs Monaten oder mit Geldstrafe bestraft[2].

1. Vgl. § 359.

2. Idealkonk. mit § 133 möglich.

§ 137.

Wer Sachen[1], welche durch die zuständigen[2] Behörden oder Beamten gepfändet[3] oder in Beschlag[4] genommen worden sind, vorsätzlich beiseiteschafft, zerstört oder in anderer Weise der Verstrickung ganz oder teilweise entzieht[5], wird mit Gefängnis bis zu einem Jahre oder mit Geldstrafe bestraft[6].

1. Nicht Rechte und Forderungen.
2. Abstrakte Zuständigkeit genügt.
3. Rechtmäßigkeit der Pfändung ist nicht erforderlich, wohl aber muß es sich um eine formell gültige Verstrickung handeln.
4. §§ 94 ff. StPO.
5. Dauernde oder zeitweise Entziehung der Verfügungsgewalt der Behörde über die Sache.
6. Idealkonk. mit § 133 möglich, ob auch mit § 136, ist streitig.

§ 138.

Wer als Zeuge, Geschworener oder Schöffe berufen, eine unwahre Tatsache als Entschuldigung vorschützt[1], wird mit Gefängnis bis zu zwei Monaten bestraft.

Dasselbe gilt von einem Sachverständigen, welcher zum Erscheinen gesetzlich verpflichtet ist[2].

Die auf das Nichterscheinen gesetzten Ordnungsstrafen werden durch vorstehende Strafbestimmung nicht ausgeschlossen.

1. Gleichgültig, ob vor oder nach dem Termin.
2. §§ 75—77 StPO., §§ 407—409 ZPO.

§ 139.

Wer[1] von dem Vorhaben eines Hochverrates[2], Landesverrates[3], Münzverbrechens[4], Mordes[5], Raubes[6], Menschenraubes[7] oder eines gemeingefährlichen Verbrechens[8] zu einer Zeit, in welcher die Verhütung des

Verbrechens möglich ist, glaubhafte Kenntnis erhält und es unterläßt, hiervon der Behörde oder der durch das Verbrechen bedrohten Person zur rechten Zeit Anzeige zu machen, ist, wenn das Verbrechen oder ein strafbarer Versuch desselben begangen worden ist, mit Gefängnis zu bestrafen[9].

1. Nicht zur Anzeige verpflichtet ist der Bedrohte sowie die an der Tat Beteiligten. Dagegen sind auch die Angehörigen zur Anzeige verpflichtet.

2. §§ 80ff. 3. §§ 88ff. 4. §§ 146ff. 5. § 211. 6. §§ 249ff. 7. § 255. 8. §§ 306ff. 9. Vgl. §§ 60f., 77, 104f. MilStGB., § 13 Sprengstoffgesetz.

§ 140 (gegenstandslos).

§ 141.

Wer einen Deutschen zum Militärdienste einer ausländischen Macht anwirbt oder den Werbern der letzteren zuführt, ingleichen wer einen deutschen Soldaten[1] vorsätzlich zum Desertieren[2] verleitet oder die Desertion desselben vorsätzlich befördert, wird mit Gefängnis von drei Monaten bis zu drei Jahren bestraft.

Der Versuch ist strafbar.

1. Vgl. Anm. 2 zu § 112.

2. §§ 69ff. MilStGB. (unerlaubte Entfernung von der Truppe in der Absicht, sich der Dienstverpflichtung dauernd zu entziehen.)

§§ 142, 143 (gegenstandslos).

§ 144.

Wer es sich zum Geschäfte macht, Deutsche unter Vorspiegelung falscher Tatsachen oder wissentlich mit unbegründeten Angaben oder durch andere auf Täuschung berechnete Mittel zur Auswanderung zu verleiten, wird mit Gefängnis von einem Monat bis zu zwei Jahren bestraft[1].

1. Vgl. dazu aus dem Ges. über das Auswanderungswesen v. 9. 6. 1897 (RGBl. S. 463):

§ 45. Wer ohne die nach §§ 1 und 11 erforderliche Erlaubnis die Beförderung von Auswanderern betreibt oder bei einem solchen Betriebe gewerbsmäßig mitwirkt, wird mit Gefängnis bis zu einem Jahre und mit Geldstrafe oder mit einer dieser Strafen bestraft.

Die gleiche Strafe trifft denjenigen, welcher sich zum Geschäfte macht, zur Auswanderung anzuwerben.

§ 48. Wer eine Frauensperson zu dem Zwecke, sie der gewerbsmäßigen Unzucht zuzuführen, mittelst arglistiger Verschweigung dieses Zweckes zur Auswanderung verleitet, wird mit Zuchthaus bis zu fünf Jahren bestraft. Neben der Zuchthausstrafe ist der Verlust der bürgerlichen Ehrenrechte auszusprechen; auch kann zugleich auf Geldstrafe sowie auf Zulässigkeit von Polizeiaufsicht erkannt werden.

Dieselben Strafvorschriften finden auf denjenigen Anwendung, welcher mit Kenntnis des vom Täter in solcher Weise verfolgten Zweckes die Auswanderung der Frauensperson vorsätzlich befördert; sind mildernde Umstände vorhanden, so tritt Gefängnisstrafe nicht unter drei Monaten ein, neben welcher auf Geldstrafe erkannt werden kann.

§ 145.

Wer die vom Reichspräsidenten

zur Verhütung des Zusammenstoßes der Schiffe auf See,

über das Verhalten der Schiffer nach einem Zusammenstoße von Schiffen auf See oder

in betreff der Not- und Lotsensignale der Schiffe auf See und auf den Küstengewässern

erlassenen Verordnungen[1] übertritt, wird mit Geldstrafe bestraft.

1. Die Seestraßenordnung v. 5. 2. 1906 (RGBl. S. 120), sowie VO. v. 15. 8. 1876 (S. 189), 16. 10. 1900 (S. 1003), 18. 10. 1903 (S. 283) und 7. 2. 1907 (S. 27).

§ 145a.

Wer im Inlande Schuldverschreibungen auf den Inhaber, in denen die Zahlung einer bestimmten Geldsumme versprochen wird[1], ohne die erforderliche staatliche Genehmigung ausstellt und in den Verkehr bringt[2], wird mit einer Geldstrafe bestraft, die dem fünften Teile des Nennwertes der ausgegebenen Schuldverschreibungen gleichkommen kann[3,4].

1. Für unverzinsliche Inhaberschuldverschreibungen gilt § 39 des Bankges. v. 30. Aug. 1924 (RGBl. II S. 235): „Wer unbefugt Banknoten oder sonstige auf den Inhaber lautende unverzinsliche Schuldverschreibungen ausgibt, wird mit einer Geldstrafe bestraft, welche dem Zehnfachen des Betrages der von ihm ausgegebenen Wertzeichen gleichkommt, mindestens aber fünftausend Reichsmark beträgt."
2. Fahrlässigkeit genügt.
3. Mindestbetrag: 3 RM. (§ 27).
4. Vgl. noch § 39 des Schiffsbankges. v. 14. 8. 1933 (RGBl. I S. 583).

§ 145 b.

[Der durch Art. I Ziff. 11 des Ges. v. 26. 5. 1933 (RGBl. I S. 295) eingefügte § 145 b ist durch § 15 des Reichstierschutzgesetzes v. 24. 11. 1933 (RGBl. I S. 987) mit Wirkung vom 1. 2. 1934 aufgehoben worden].

§ 145 c[1].

Wer einen Beruf oder ein Gewerbe ausübt[2] oder ausüben läßt[3], solange ihm dies nach § 421 untersagt ist, wird mit Gefängnis bis zu zwei Jahren und mit Geldstrafe oder mit einer dieser Strafen bestraft.

1. Eingefügt durch Art. 3 Ziff. 13 des Ges. v. 24. 11. 1933 (RGBl. I S. 995).
2. Die Personen, mit denen der Täter bei der Berufsausübung in geschäftliche Beziehung tritt, sind notwendige Teilnehmer und als solche nicht strafbar.
3. Derjenige, der in Kenntnis des Berufsverbots das Gewerbe für den Verurteilten ausübt, kann als Gehilfe (§ 49) strafbar sein.

Achter Abschnitt.

Münzverbrechen und Münzvergehen.

§ 146.

Wer inländisches oder ausländisches Metallgeld oder Papiergeld nachmacht[1], um[2] das nachgemachte Geld als echtes zu gebrauchen oder sonst in Verkehr zu bringen, oder wer in gleicher Absicht echtem Gelde durch Veränderung an demselben den Schein eines höheren Wertes oder verrufenem Gelde durch Veränderung an demselben das Ansehen eines noch geltenden gibt, wird mit Zuchthaus nicht unter zwei Jahren bestraft; auch ist Polizeiaufsicht[3] zulässig.

Sind mildernde Umstände vorhanden, so tritt Gefängnisstrafe ein.

1. Vgl. § 4 Abs. 2 Ziff. 1.
2. Gebrauchmachen und Inverkehrbringen ist nicht erforderlich.
3. §§ 38f.

§ 147.

Dieselben Strafbestimmungen finden auf denjenigen Anwendung, welcher das von ihm auch ohne die vorbezeichnete Absicht nachgemachte oder verfälschte Geld als echtes in Verkehr bringt sowie auf denjenigen, welcher nachgemachtes oder verfälschtes

Geld sich verschafft und solches entweder in Verkehr bringt oder zum Zwecke der Verbreitung aus dem Auslande einführt.

§ 148.

Wer nachgemachtes oder verfälschtes Geld als echtes empfängt[1] und nach erkannter Unechtheit als echtes in Verkehr bringt[2], wird mit Gefängnis bis zu drei Monaten oder mit Geldstrafe bestraft.

Der Versuch ist strafbar.

1. Nicht nur abgeleiteter Erwerb, auch Erwerb durch Finden, Stehlen usw. (RGSt. 67, 294).

2. Tateinheit mit § 263 möglich.

§ 149.

Dem Papiergeld werden gleich geachtet die auf den Inhaber lautenden Schuldverschreibungen, Banknoten, Aktien oder deren Stelle vertretende Interimsscheine oder Quittungen sowie die zu diesen Papieren gehörenden Zins-, Gewinnanteils- oder Erneuerungsscheine, welche von dem Reich, dem Norddeutschen Bunde, einem Lande oder fremden Staate oder von einer zur Ausgabe solcher Papiere berechtigten Gemeinde, Korporation, Gesellschaft oder Privatperson ausgestellt sind.

§ 150.

Wer echte, zum Umlauf bestimmte Metallgeldstücke durch Beschneiden, Abfeilen oder auf andere Art verringert und als vollgültig in Verkehr bringt, oder wer solche verringerte Münzen gewohnheitsmäßig oder im Einverständnisse mit dem, welcher sie verringert hat, als vollgültig in Verkehr bringt, wird mit Gefängnis bestraft, neben welchem auf Geldstrafe sowie auf Verlust der bürgerlichen Ehrenrechte erkannt werden kann.

Der Versuch ist strafbar.

§ 151.

Wer Stempel, Siegel, Stiche, Platten oder andere zur Anfertigung von Metallgeld, Papiergeld oder dem letzteren gleichgeachteten Papieren dienliche Formen zum Zwecke eines Münzverbrechens angeschafft oder angefertigt hat, wird mit Gefängnis bis zu zwei Jahren bestraft[1].

1. Vgl. dazu § 360 Ziff. 4—6 und Gesetz über den Schutz des zur Anfertigung von Schuldurkunden des Reichs und der Länder verwendeten Papiers gegen unbefugte Nachahmung v. 3. 7. 1925 (RGBl. I S. 93).

§ 152.

Auf die Einziehung des nachgemachten oder verfälschten Geldes sowie der im § 151 bezeichneten Gegenstände ist zu erkennen[1], auch wenn die Verfolgung oder Verurteilung einer bestimmten Person nicht stattfindet[2].

1. § 152 bezieht sich auf alle Straftaten des 8. Abschn. mit Ausnahme des § 151.
2. Es muß aber stets der äußere Tatbestand eines Münzdelikts vorliegen.

Neunter Abschnitt.

Meineid.

§ 153.

Wer[1] einen ihm zugeschobenen[2], zurückgeschobenen[3] oder auferlegten[4] Eid wissentlich falsch schwört, wird mit Zuchthaus bis zu zehn Jahren bestraft. **Die gleiche Strafe trifft den, der als Partei wissentlich eine falsche Aussage mit einem Eide bekräftigt**[5].

1. Auch Eidesunmündige und Eidesunfähige (§ 60 StPO., § 393 ZPO.) können einen Meineid leisten (RGSt. 36, 278).
2. §§ 445ff. ZPO. (alter Fassung).
3. §§ 448ff. ZPO. (a. F.).
4. §§ 475ff., 287, 426 ZPO. (a. F.), §§ 807, 883 ZPO. (n. F.), §§ 259, 261 BGB., § 125 KO.
5. Satz 2 ist eingefügt durch Art. VIII des Ges. v. 27. 10. 1933 (RGBl. I S. 780) zur Änderung des Verfahrens in bürgerlichen Rechtsstreitigkeiten. Er trägt dem Umstand Rechnung, daß mit Wirkung vom 1. 1. 1934 ab die Vorschriften der ZPO. über den Parteieid beseitigt sind; an dessen Stelle ist die beeidete Parteiaussage getreten (§§ 445—455, 287, 426 ZPO. n. F.).

§ 154.

Gleiche Strafe trifft denjenigen, welcher vor einer zur Abnahme von Eiden zuständigen Behörde[1] wissentlich ein falsches Zeugnis[2] oder ein falsches Gutachten mit einem Eide bekräftigt[3] oder den vor[4] seiner Vernehmung geleisteten Eid wissentlich durch ein falsches Zeugnis oder ein falsches Gutachten verletzt.

Ist das falsche Zeugnis oder Gutachten in einer Strafsache zum Nachteile eines Angeschuldigten abgegeben und dieser zum Tode, zu Zuchthaus oder zu einer anderen mehr als fünf Jahre betragenden Freiheitsstrafe verurteilt worden, so tritt Zuchthausstrafe nicht unter drei Jahren ein.

1. Nicht erforderlich, daß die — nicht notwendig inländische — Behörde zur Abnahme des konkreten Eides zuständig ist, vielmehr genügte abstrakte Zuständigkeit, d. h. die Behörde muß im allgemeinen zur Abnahme von Zeugen- und Sachverständigeneiden zuständig sein. Dies ist auch z. B. bei den Finanzämtern der Fall (§§ 182, 209 RAbgO.).

2. Der Eid umfaßt auch die Aussagen über die sog. Generalien (§ 68 StPO., § 395 Abs. 2 ZPO., § 114 MilStGO.).

3. Vollendet ist die Tat beim Nacheid (s. Anm. 4) mit dem Abschluß der Eidesleistung, versucht dagegen, wenn mit der Eidesleistung begonnen ist. Eine uneidliche falsche Aussage kann als Begünstigung (§ 287) strafbar sein. Beim Voreid tritt Vollendung mit dem Abschluß der Vernehmung ein, Versuch liegt vor, sobald die Aussage falsch wird.

4. Nach § 392 ZPO. und — vom 1. 1. 1934 ab — nach § 59 StPO. und nach § 117 MilStGO. erfolgt die Vernehmung der Zeugen nach der Aussage, die des Sachverständigen nach § 79 StPO. — in der seit dem 1. 1. 1934 in Kraft befindlichen Fassung — nach Erstattung des Gutachtens, nach § 410 ZPO. vor oder nach Erstattung.

§ 155.

Der Ableistung eines Eides wird gleich geachtet, wenn

1. ein Mitglied einer Religionsgesellschaft, welcher das Gesetz[1] den Gebrauch gewisser Beteuerungsformeln an Stelle des Eides gestattet, eine Erklärung unter der Beteuerungsformel seiner Religionsgesellschaft abgibt;
2. derjenige, welcher als Partei, Zeuge oder Sachverständiger einen Eid geleistet hat, in gleicher Eigenschaft eine Versicherung unter Berufung auf den bereits früher in derselben Angelegenheit geleisteten Eid abgibt oder ein Sachverständiger, welcher als solcher ein für allemal vereidet ist, eine Versicherung auf den von ihm geleisteten Eid abgibt[2];
3. ein Beamter[3] eine amtliche Versicherung unter Berufung auf seinen Diensteid abgibt[4].

1. Vgl. § 66e StPO., § 484 ZPO., § 119 MilStGO. (i. d. F. der Bek. v. 4. 11. 1933, RGBl. I S. 924).

2. Vgl. §§ 67, 79 StPO., §§ 398, 410 ZPO., §§ 122, 136 MilStGO.

3. § 359.

4. Reichsrechtlich: § 386 Abs. 2 ZPO., sonst nur landesrechtlich vorgesehen.

§ 156.

Wer vor einer zur Abnahme einer Versicherung an Eides Statt zuständigen Behörde[1] eine solche Versicherung wissentlich falsch abgibt oder unter Berufung auf eine solche Versicherung wissentlich falsch aussagt, wird mit Gefängnis von einem Monat bis zu drei Jahren bestraft.

1. Konkrete örtliche und sachliche Zuständigkeit nicht erforderlich; es genügt abstrakte Zuständigkeit zur Entgegennahme eidesstattlicher Versicherungen dieser Art in einem Verfahren dieser Art. Vgl. z. B. §§ 26, 31, 32, 45, 56, 74 StPO., § 294 ZPO., § 15 FGG., § 209 Abs. 2 RAbgO.

§ 157.

Hat ein Zeuge oder Sachverständiger sich eines Meineides (§§ 154, 155) oder einer falschen Versicherung an Eides Statt schuldig gemacht, so ist die an sich verwirkte Strafe auf die Hälfte bis ein Viertel zu ermäßigen[1], wenn

1. die Angabe der Wahrheit gegen ihn selbst eine Verfolgung wegen eines Verbrechens oder Vergehens nach sich ziehen konnte[2], oder
2. der Aussagende die falsche Aussage zugunsten einer Person, rücksichtlich welcher er die Aussage ablehnen durfte[3], erstattet hat, ohne über sein Recht, die Aussage ablehnen zu dürfen, belehrt worden zu sein[4].

Ist hiernach Zuchthausstrafe unter einem Jahre verwirkt, so ist dieselbe nach Maßgabe des § 21 in Gefängnisstrafe zu verwandeln.

1. Treffen die Voraussetzungen von 1 und 2 zusammen, so ist gleichwohl nur einmal zu ermäßigen.

2. Vgl. §§ 55, 72 StPO., §§ 384, 408 ZPO. Irrtümliche Annahme einer Verfolgungsmöglichkeit genügt nicht (str.).

3. §§ 52, 53, 55 StPO., §§ 383 f. ZPO., §§ 108, 109 MilStGO.

4. Die Ermäßigung tritt auch ein, wenn eine Belehrung nicht vorgeschrieben und deshalb nicht erfolgt ist.

§ 158.

Gleiche Strafermäßigung tritt ein, wenn derjenige, welcher sich eines Meineides oder einer falschen Versicherung an Eides Statt schuldig gemacht hat, bevor eine Anzeige gegen ihn erfolgt oder eine Untersuchung gegen ihn eingeleitet und, bevor ein Rechtsnachteil für einen anderen aus der falschen Aussage entstanden ist, diese bei derjenigen Behörde, bei welcher er sie abgegeben hat, widerruft.

§ 159.

Wer es unternimmt[1], einen anderen zur Begehung eines Meineides[2] zu verleiten, wird mit Zuchthaus bis zu fünf Jahren, und wer es unternimmt, einen anderen zur wissentlichen Abgabe einer falschen Versicherung an Eides Statt zu verleiten, mit Gefängnis bis zu einem Jahre bestraft.

1. Vgl. § 87; strafbar ist hier die erfolglose Anstiftung. Leistet dagegen der andere den Meineid, so erfolgt Bestrafung gemäß §§ 48, 153, 154.

2. Die Absicht des Unternehmenden muß also dahin gehen, daß der andere wissentlich einen falschen Eid leiste; will er, daß der andere die Unrichtigkeit des Eides nicht erkenne, so gilt § 160.

§ 160.

Wer einen anderen zur Ableistung eines falschen[1] Eides verleitet, wird mit Gefängnis bis zu zwei Jahren bestraft, neben welchem auf Verlust der bürgerlichen Ehrenrechte erkannt werden kann[2], und wer einen anderen zur Ableistung einer falschen Versicherung an Eides Statt verleitet, wird mit Gefängnis bis zu sechs Monaten bestraft.

Der Versuch ist strafbar.

1. Vgl. Anm. 2 zu § 159.
2. § 32.

§ 161.

Bei jeder Verurteilung wegen Meineides[1], mit Ausnahme der Fälle in den §§ 157 und 158, ist auf Verlust der bürgerlichen Ehrenrechte und außerdem auf die dauernde Unfähigkeit des Verurteilten, als Zeuge oder Sachverständiger eidlich vernommen zu werden[2], zu erkennen.

In den Fällen der §§ 156 bis 159 kann[3] neben der Gefängnisstrafe auf Verlust der bürgerlichen Ehrenrechte erkannt werden.

1. §§ 153—155; auch bei Versuch und Beihilfe ist die Aberkennung der Ehrenrechte — nicht dagegen die der Eidesfähigkeit — vorgeschrieben (§§ 45, 49). Der Anstifter wird wie der Meineidige bestraft.
2. Vgl. Anm. 1 zu § 153; auf Eidesunfähigkeit kann auch gegen Jugendliche erkannt werden.
3. § 32.

§ 162.

Wer vorsätzlich einer durch eidliches Angelöbnis vor Gericht bestellten Sicherheit[1] oder dem in einem Offenbarungseide gegebenen Versprechen[2] zuwiderhandelt, wird mit Gefängnis bis zu zwei Jahren bestraft.

1. Im Rahmen des § 108 ZPO. theoretisch möglich, praktisch ohne Bedeutung.

2. Ebenfalls praktisch ohne Bedeutung. Ein promissorischer Offenbarungseid ist denkbar gemäß § 883 Abs. 3 ZPO. Verletzung des assertorischen Eides ist nach § 153 strafbar.

§ 163.

Wenn eine der in den §§ 153 bis 156 bezeichneten Handlungen aus Fahrlässigkeit begangen worden ist, so tritt Gefängnisstrafe bis zu einem Jahre ein.

Straflosigkeit tritt ein, wenn der Täter, bevor eine Anzeige gegen ihn erfolgt oder eine Untersuchung gegen ihn eingeleitet und bevor ein Rechtsnachteil für einen anderen aus der falschen Aussage entstanden ist, diese bei derjenigen Behörde, bei welcher er sie abgegeben hat, widerruft.

Zehnter Abschnitt.

Falsche Anschuldigung.

§ 164[1].

Wer einen anderen bei einer Behörde[2] oder einem zur Entgegennahme von Anzeigen zuständigen Beamten[3] oder militärischen Vorgesetzten oder öffentlich wider besseres Wissen einer strafbaren Handlung oder der Verletzung einer Amts- oder Dienstpflicht in der Absicht verdächtigt, ein behördliches Verfahren[4] oder andere behördliche Maßnahmen[5] gegen ihn herbeizuführen oder fortdauern zu lassen, wird wegen falscher Anschuldigung mit Gefängnis nicht unter einem Monat bestraft.

Ebenso wird bestraft, wer in gleicher Absicht bei einer der im Abs. 1 bezeichneten Stellen oder öffentlich über einen anderen wider besseres Wissen eine sonstige Behauptung tatsächlicher Art aufstellt[6], die geeignet ist, ein behördliches Verfahren oder andere behördliche Maßnahmen gegen ihn herbeizuführen oder fortdauern zu lassen.

Ist die Tat in der Absicht begangen, sich oder einem Dritten einen Vorteil zu verschaffen, so ist die Strafe Gefängnis nicht unter drei Monaten.

Neben der Strafe kann auf Verlust der bürgerlichen Ehrenrechte erkannt werden.

Ist die falsche Anschuldigung (Abs, 1, 2) nicht wider besseres Wissen, aber vorsätzlich oder leichtfertig[7] begangen, so ist die Strafe Gefängnis bis zu einem Jahre oder Geldstrafe.

Solange ein infolge der gemachten Anzeige eingeleitetes Verfahren anhängig ist, soll mit dem Verfahren und mit der Entscheidung über die falsche Anschuldigung innegehalten werden[8].

1. Abs. 1 bis 5 in der Fassung von Art. I Ziff. 12 des Ges. v. 26. 5. 1933 (RGBl. I S. 295).
2. Vgl. § 114.
3. Vgl. § 158 StPO., soweit es sich um Anzeigen strafbarer Handlungen handelt.
4. Straf- oder Dienststrafverfahren.
5. Z. B. Maßnahmen auf Grund des Ges. über die Wiederherstellung des Berufsbeamtentums v. 7. 4. 1933 (RGBl. I S. 175).
6. Z. B. der früheren Zugehörigkeit zu einer staats- oder volksfeindlichen Partei.
7. D. h. grob fahrlässig, insbes. ohne die Richtigkeit der Anschuldigung nachzuprüfen, obwohl er dies nach Lage der Sache hätte tun müssen.
8. Vgl. § 69.

§ 165.

Wird wegen falscher Anschuldigung auf Strafe erkannt, so ist zugleich dem Verletzten die Befugnis zuzusprechen, die Verurteilung auf Kosten des Schuldigen öffentlich bekanntzumachen. Die Art der Bekanntmachung sowie die Frist[1] zu derselben ist in dem Urteile zu bestimmen.

Dem Verletzten ist auf Kosten des Schuldigen eine Ausfertigung des Urteils zu erteilen.

1. Vgl. § 469 StPO.

Elfter Abschnitt.

Vergehen, welche sich auf die Religion beziehen.

§ 166.

Wer dadurch, daß er öffentlich in beschimpfenden[1] Äußerungen[2] Gott[3] lästert[4], ein Ärgernis gibt[5], oder wer öffentlich eine der christlichen Kirchen oder eine andere mit Korporationsrechten innerhalb des Reichsgebietes bestehende Religionsgesellschaft oder ihre Einrichtungen[6] oder Gebräuche[7] beschimpft[8], ingleichen wer in einer Kirche oder in einem anderen zu religiösen Versammlungen bestimmten Orte beschimpfenden Unfug verübt[9], wird mit Gefängnis bis zu drei Jahren bestraft[10].

1. Vgl. unten Anm. 8.
2. Auch symbolische Handlungen sowie plastische oder bildliche Darstellungen.
3. Im Sinne der mit Korporationsrechten versehenen Religionsgesellschaften; der Gottesbegriff der christlichen Kirchen umfaßt z. B. die Person Christi.
4. D. h. der Heiligkeit und Ehre Gottes Abbruch tut.

5. Verletzung eines anderen in seinen religiösen Gefühlen; eine darauf gerichtete Absicht ist nicht erforderlich.

6. Die von kirchlicher Autorität festgesetzten Ordnungen und Formen der Religionsübung und der Verfassung, z. B. bei der kath. Kirche Papsttum, Zölibat, Meßopfer.

7. Tatsächliche Übung der Religionsgesellschaft.

8. Nach Form oder Inhalt besonders verletzende rohe Äußerung (RGSt. 67, 373).

9. D. h. sich in einer Weise beträgt, die mit der Bestimmung des Orts in Widerspruch steht und gegen dessen Heiligkeit oder die religiösen Gefühle anderer in besonders roher Form Mißachtung zum Ausdruck bringt.

10. Idealkonk. mit § 167 möglich.

§ 167.

Wer durch eine Tätlichkeit oder Drohung jemand hindert, den Gottesdienst einer im Staate bestehenden Religionsgesellschaft auszuüben[1], ingleichen wer in einer Kirche oder in einem anderen zu religiösen Versammlungen bestimmten Orte durch Erregung von Lärm oder Unordnung den Gottesdienst oder einzelne gottesdienstliche Verrichtungen einer im Staate bestehenden Religionsgesellschaft vorsätzlich verhindert oder stört, wird mit Gefängnis bis zu drei Jahren bestraft.

1. Darunter fällt nicht nur die Ausübung von Kultushandlungen, sondern auch die Teilnahme an solchen als Andächtiger.

§ 168.

Wer unbefugt eine Leiche aus dem Gewahrsam der dazu berechtigten Person wegnimmt[1], ingleichen wer unbefugt ein Grab[2] zerstört oder beschädigt, oder wer an[3] einem Grabe beschimpfenden Unfug[4] verübt, wird mit Gefängnis bis zu zwei Jahren bestraft; auch kann auf Verlust der bürgerlichen Ehrenrechte erkannt werden[5].

1. Vgl. dazu § 367 Ziff. 1.

2. Zum Grab gehört auch Grabmal und Gitter sowie organisch damit verbundener Grabschmuck, z. B. eingepflanzte Bäume und Gewächse (nicht dagegen lose aufgelegte Kränze und Blumen).

3. = gegen das Grab.

4. Die Handlung muß sich als roher Ausdruck der Mißachtung gegen den Toten darstellen.

5. Tateinheit mit §§ 167, 304 ist möglich.

Zwölfter Abschnitt.

Verbrechen und Vergehen in Beziehung auf den Personenstand.

§ 169.

Wer ein Kind unterschiebt oder vorsätzlich verwechselt, oder wer auf andere Weise den Personenstand[1] eines anderen vorsätzlich verändert oder unterdrückt, wird mit Gefängnis bis zu drei Jahren und, wenn die Handlung in gewinnsüchtiger Absicht begangen wurde, mit Zuchthaus bis zu zehn Jahren bestraft[2].

Der Versuch ist strafbar.

1. Das familienrechtliche Verhältnis einer Person zu anderen Personen; kann auch (trotz des § 1589 Abs. 2 BGB.) durch uneheliche Vaterschaft begründet werden.

2. Tateinheit ist insbes. möglich mit §§ 221, 234, 235, 271 StGB. Ergänzend kommt in Betracht § 68 des Personenstandsgesetzes (Verletzung der Anzeigepflicht).

§ 170.

Wer bei Eingehung einer Ehe dem anderen Teile ein gesetzliches Ehehindernis[1] arglistig[2] verschweigt, oder wer den anderen Teil zur Eheschließung arglistig mittels einer solchen Täuschung verleitet, welche den Getäuschten berechtigt, die Gültigkeit der Ehe anzufechten[3], wird, wenn aus einem dieser Gründe die Ehe aufgelöst worden ist[4], mit Gefängnis nicht unter drei Monaten bestraft.

Die Verfolgung tritt nur auf Antrag[5] des getäuschten Teils ein.

1. §§ 1303ff., 1323ff.

2. Verschweigen in dem Bewußtsein, daß der Ehepartner bei Kenntnis des Hindernisses die Ehe nicht eingehen würde. Weitergehend verlangen einige das Bewußtsein, daß dem anderen Teil durch die Eingehung der Ehe ein Übel zugefügt wird.

3. § 1334.

4. Durch Nichtigkeitsurteil. Die Auflösung ist Bedingung der Strafbarkeit, braucht also vom Vorsatz nicht umfaßt zu sein.

5. §§ 61ff. (auch § 65).

Dreizehnter Abschnitt.

Verbrechen und Vergehen wider die Sittlichkeit.

§ 171.

Ein Ehegatte, welcher eine neue Ehe eingeht, bevor seine Ehe aufgelöst oder für nichtig erklärt worden ist, ingleichen eine unverheiratete Person, welche mit einem Ehegatten, wissend, daß er verheiratet ist, eine Ehe eingeht[1], wird mit Zuchthaus bis zu fünf Jahren bestraft.

Sind mildernde Umstände vorhanden, so tritt Gefängnisstrafe nicht unter sechs Monaten ein.

Die Verjährung der Strafverfolgung beginnt mit dem Tage, an welchem eine der beiden Ehen aufgelöst oder für nichtig erklärt worden ist.

1. Vgl. § 1317 BGB.

§ 172.

Der Ehebruch[1] wird, wenn wegen desselben die Ehe geschieden ist[2], an dem schuldigen Ehegatten sowie dessen Mitschuldigen mit Gefängnis bis zu sechs Monaten bestraft.

Die Verfolgung tritt nur auf Antrag ein[3].

1. Darunter fällt nur der (normale) Beischlaf.

2. Der Scheidung steht die gerichtliche Aufhebung der ehelichen Gemeinschaft gleich (§ 1575 BGB.). Die Scheidung ist Prozeßvoraussetzung, nicht Bedingung der Strafbarkeit.

3. §§ 61 ff. Vgl. § 69.

§ 173.

Der Beischlaf zwischen Verwandten[1] auf- und absteigender Linie wird an den ersteren mit Zuchthaus bis zu fünf Jahren, an den letzteren mit Gefängnis bis zu zwei Jahren bestraft.

Der Beischlaf zwischen Verschwägerten auf- und absteigender Linie[1] sowie zwischen Geschwistern[2] wird mit Gefängnis bis zu zwei Jahren bestraft.

Neben der Gefängnisstrafe kann auf Verlust der bürgerlichen Ehrenrechte erkannt werden[3].

Verwandte und Verschwägerte absteigender Linie bleiben straflos[4], wenn sie das achtzehnte Lebensjahr nicht vollendet haben.

1. Vgl. Anm. 4 zu § 52.

2. Voll- und halbbürtige.

3. § 32.

4. Entschuldigungs-, nicht nur persönlicher Strafausschließungsgrund (str.). Wer einen Jugendlichen zum Beischlaf bestimmt, ist als Gehilfe des anderen Teils, nicht als Anstifter des Jugendlichen zu bestrafen.

§ 174.

Mit Zuchthaus bis zu fünf Jahren werden bestraft:

1. Vormünder[1], welche mit ihren Pflegebefohlenen, Adoptiv- und Pflegeeltern[2], welche mit ihren Kin-

dern, Geistliche, Lehrer[3] und Erzieher[4], welche mit ihren minderjährigen Schülern oder Zöglingen unzüchtige Handlungen[5] vornehmen;

2. Beamte[6], die mit Personen, gegen welche sie eine Untersuchung zu führen haben oder welche ihrer Obhut[7] anvertraut sind, unzüchtige Handlungen vornehmen;

3. Beamte[6], Ärzte oder andere Medizinalpersonen[8], welche in Gefängnissen oder in öffentlichen, zur Pflege von Kranken, Armen oder anderen Hilflosen bestimmten Anstalten beschäftigt oder angestellt sind, wenn sie mit den in das Gefängnis oder in die Anstalt aufgenommenen Personen unzüchtige Handlungen vornehmen.

Sind mildernde Umstände vorhanden, so tritt Gefängnisstrafe nicht unter sechs Monaten ein.

1. Nicht: Gegenvormund, Pfleger (§ 1909), Beistand der Mutter (§§ 1687 f.).

2. Vgl. Anm. 6 zu § 52.

3. Auch Privatlehrer, sofern sie zu ihren Schülern in einem sittlichen Autoritätsverhältnis stehen, ebenso gewerbl. und kaufmänn. Lehrherren.

4. Personen, die berufsmäßig eine der eines Vaters oder Vormundes ähnliche Stellung einnehmen und auf Grund der ihnen zustehenden Autorität die Lebensführung des Minderjährigen namentlich in sittlicher Beziehung zu überwachen und zu lenken haben. Dazu gehört auch ein Bannführer der Hitlerjugend (RGSt. 68, 20).

5. Handlungen, die objektiv geeignet sind, das Scham- und Sittlichkeitsempfinden in geschlechtlicher Hinsicht zu verletzen und die in wollüstiger Absicht, d. h. zur Erregung oder Befriedigung des Geschlechtstriebes des Täters oder eines Dritten vorgenommen werden. § 185 ist daneben nicht anwendbar (RGSt. 68, 25).

6. § 359.

7. Mit der Pflicht zur Aufsicht verbundene Fürsorge, ver-

die Dauer von drei bis zwölf Monaten auf die Liste gesetzt werden. Politische Tageszeitungen und politische Zeitschriften werden hiervon nicht betroffen.

Als auf die Liste gesetzt gilt auch eine angeblich neue Schrift, die sich sachlich als eine bereits auf die Liste gesetzte Schrift darstellt.

Eine Schrift kann wegen ihrer politischen, sozialen, religiösen, ethischen oder weltanschaulichen Tendenz als solcher nicht auf die Liste gesetzt werden.

§ 4 Abs. 5. Bei geschäftlicher Anpreisung von Schriften ist der Hinweis darauf verboten, daß ein Verfahren auf Aufnahme der Schrift in die Liste anhängig oder anhängig gewesen ist.

§ 6. Wer vorsätzlich den Bestimmungen der §§ 1 und 4 Abs. 5 zuwiderhandelt, und wer die Liste (§ 1) zum Zwecke des Anpreisens abdruckt oder vervielfältigt, wird mit Gefängnis bis zu einem Jahre und mit Geldstrafe oder mit einer dieser Strafen bestraft. Wer die Tat fahrlässig begeht, wird nur mit Geldstrafe bestraft.

In besonders leichten Fällen kann von Strafe abgesehen werden.

Neben der Strafe ist bei vorsätzlicher Zuwiderhandlung auf Einziehung der zur Begehung der Tat gebrauchten oder bestimmten Schriften zu erkennen, auch wenn sie weder dem Täter noch einem Teilnehmer gehören. Auf die Einziehung kann selbständig erkannt werden, wenn die Verfolgung oder Verurteilung einer bestimmten Person nicht ausführbar ist.

§ 184b.

Mit Geldstrafe oder mit Gefängnis bis zu sechs Monaten wird bestraft, wer aus Gerichtsverhandlungen, für welche wegen Gefährdung der Sittlichkeit die Öffentlichkeit ausgeschlossen war[1], oder aus den diesen Verhandlungen zugrunde liegenden amtlichen Schriftstücken[2] öffentlich Mitteilung macht, welche geeignet sind, Ärgernis zu erregen.

1. § 172 GVG. Bei Ausschluß wegen Gefährdung der Staatssicherheit oder eines wichtigen Geschäfts- oder Betriebsgeheim-

nisses (§ 172 GVG. in der Fassung von Art. II, 2. Teil der VO. v. 9. 3. 1932 — RGBl. I S. 121 —) sind Verhandlungsberichte strafbar nach Art. II, III des Ges. v. 5. 4. 1888 (RGBl. S. 133) i. d. F. von Art. III 2. Teil der genannten VO.

2. Insbes. Anklageschrift und Eröffnungsbeschluß.

Vierzehnter Abschnitt.

Beleidigung*).

§ 185.

Die Beleidigung[1] wird mit Geldstrafe oder mit Haft oder mit Gefängnis bis zu einem Jahre und, wenn die Beleidigung mittels einer Tätlichkeit begangen wird[2], mit Geldstrafe oder mit Gefängnis bis zu zwei Jahren bestraft.

1. Jede Handlung, die geeignet ist, den Eindruck ungerechtfertigter Mißachtung eines anderen hervorzurufen; Absicht der Ehrenkränkung ist nicht erforderlich. Die Äußerung muß zur Kenntnis des Beleidigten oder eines Dritten gekommen sein. Richtet sich die Äußerung gegen eine Personenmehrheit (z. B. die deutschen Offiziere) so ist jeder einzelne beleidigt, wenn der Kreis derjenigen, die getroffen werden sollen, genügend bestimmt ist.

2. Auch der fehlgegangene tätliche Angriff ist tätliche Beleidigung (str; a. M. RGSt. 67, 173, wo körperliche Berührung gefordert wird). Idealkonk. zwischen § 185 und § 223 möglich.

---

*) Vgl. dazu:

Vierte Verordnung des Reichspräsidenten zur Sicherung von Wirtschaft und Finanzen und zum Schutze des inneren Friedens.

Vom 8. Dezember 1931 (RGBl. I S. 699, 743).

Achter Teil, Kap. III.

Verstärkung des Ehrenschutzes.

Um der zunehmenden Vergiftung des öffentlichen Lebens durch Verunglimpfung anderer und der wachsenden Verhetzung

tung oder Verbreitung oder aus den Umständen, unter welchen sie geschah, hervorgeht.

1. Absicht der Beleidigung ist erforderlich.

§ 193.

Tadelnde Urteile über wissenschaftliche, künstlerische oder gewerbliche Leistungen, ingleichen Äußerungen[1], welche zur Ausführung oder Verteidigung von Rechten oder zur Wahrnehmung berechtigter Interessen[2] gemacht werden, sowie Vorhaltungen und Rügen der Vorgesetzten gegen ihre Untergebenen, dienstliche Anzeigen oder Urteile von seiten eines Beamten und ähnliche Fälle sind nur insofern strafbar[3], als das Vorhandensein[4] einer Beleidigung aus der Form der Äußerung oder aus den Umständen, unter welchen sie geschah, hervorgeht.

1. Die den Tatbestand der §§ 185, 186 erfüllen. Bei den Fällen der §§ 187, 189 ist § 193 nicht grundsätzlich ausgeschlossen, hat aber nur ein sehr beschränktes Anwendungsgebiet (RGSt. 5, 56; 16, 141; 48, 414).

2. Berechtigt ist ein Interesse, das sich bei billiger verständiger Beurteilung der konkreten Sachlage auch gegenüber den Interessen anderer als gerechtfertigt darstellt; nicht berechtigt sind Interessen, die dem Recht oder den guten Sitten zuwiderlaufen. Es muß sich dabei stets um eine Angelegenheit handeln, die den Täter persönlich angeht oder ihn doch — wie insbesondere in den Fällen, in denen jemand kraft Berufs fremde Interessen zu vertreten hat — wegen seines besonderen Verhältnisses zu ihr nahe angeht. Unter dieser Voraussetzung können auch öffentliche, politische Interessen „berechtigt" sein (z. B. das Recht der Bürger einer Gemeinde, daß die Gemeindebeamten das Publikum höflich und angemessen behandeln). § 193 kommt dem nicht zugute, der leichtfertig (ohne sie auf ihre Richtigkeit zu prüfen) ehrenrührige Verdächtigungen verbreitet.

3. Rechtfertigungsgrund.

4. Absicht der Beleidigung erforderlich.

§ 194.

Die Verfolgung einer Beleidigung tritt nur auf Antrag[1] ein. Die Zurücknahme des Antrages (§§ 185 bis 193) ist zulässig.

1. §§ 61ff.

§ 195.

Ist eine Ehefrau beleidigt worden, so hat sowohl sie als ihr Ehemann das Recht, auf Bestrafung anzutragen[1].

1. §§ 61ff. Selbständiges Antragsrecht, das auch durch Tod der Frau sowie Scheidung oder Aufhebung der ehelichen Gemeinschaft nicht untergeht. Vgl. § 374 Abs. 2 StPO.

§ 196.

Wenn die Beleidigung gegen eine Behörde[1], einen Beamten[2], einen Religionsdiener[3] oder ein Mitglied der bewaffneten Macht, während sie in der Ausübung ihres Berufes begriffen sind, oder in Beziehung auf ihren Beruf begangen ist, so haben außer den unmittelbar Beteiligten auch deren amtliche Vorgesetzte[4] das Recht, den Strafantrag zu stellen[5].

1. Auch kirchliche Behörden.
2. § 359.
3. Jeder Angestellte einer religiösen Korporation.
4. Das Recht, den Strafantrag zu stellen, hat grundsätzlich nur der Vorgesetzte selbst oder sein allgemeiner Stellvertreter, der Sachbearbeiter einer Sache, in der die Beleidigung erfolgte, nur, wenn er von dem Vorgesetzten allgemein oder in besonderen Fällen zur Stellung von Strafanträgen ermächtigt ist (RGSt. 67, 47).
5. Gegenüber dem amtlichen Vorgesetzten ist § 470 StPO. unanwendbar.

§ 197.

Eines Antrages bedarf es nicht, wenn die Beleidigung gegen eine gesetzgebende Versammlung des Reichs [oder eines Landes] oder gegen eine andere politische Körperschaft begangen worden ist. Dieselbe darf jedoch nur mit Ermächtigung der beleidigten Körperschaft verfolgt werden.

§ 198.

Ist bei wechselseitigen[1] Beleidigungen[2] von einem Teile auf Bestrafung angetragen worden, so ist der andere Teil bei Verlust seines Rechts verpflichtet, den Antrag auf Bestrafung spätestens vor Schluß der Verhandlung[3] in erster Instanz zu stellen, hierzu aber auch dann berechtigt, wenn zu jenem Zeitpunkte die dreimonatliche Frist[4] bereits abgelaufen ist[5].

1. Die Beleidigungen brauchen weder auf der Stelle erwidert zu sein (§ 199) noch in einem ursächlichen oder tatsächlichen Zusammenhang zu stehen.
2. Für den Fall, daß eine Beleidigung zu einer Körperverletzung im Wechselverhältnis steht, vgl. § 232 Abs. 3.
3. Beendigung der Schlußvorträge (§ 258 StPO.).
4. § 61.
5. Vgl. § 388 StPO.

§ 199.

Wenn eine Beleidigung auf der Stelle erwidert wird, so kann der Richter beide Beleidiger oder einen derselben für straffrei[1] erklären.

Vgl. § 233; ferner § 468 StPO. Bei Straffreierklärung kann nicht auf Buße erkannt werden.

§ 200.

Wird wegen einer öffentlich oder durch Verbreitung von Schriften, Darstellungen oder Abbildungen begangenen Beleidigung auf Strafe erkannt, so ist zugleich dem Beleidigten[1] die Befugnis zuzusprechen, die Verurteilung auf Kosten des Schuldigen öffentlich bekanntzumachen[2]. Die Art der Bekanntmachung sowie die Frist zu derselben ist in dem Urteile zu bestimmen[3].

Erfolgte die Beleidigung in einer Zeitung oder Zeitschrift, so ist der verfügende Teil des Urteils auf Antrag[4] des Beleidigten durch die öffentlichen Blätter bekanntzumachen[5], und zwar, wenn möglich, durch dieselbe Zeitung oder Zeitschrift und in demselben Teile und mit derselben Schrift, wie der Abdruck der Beleidigung geschehen.

Dem Beleidigten ist auf Kosten des Schuldigen eine Ausfertigung des Urteils zu erteilen[6].

1. Auch dem amtlichen Vorgesetzten (§ 196) und dem Ehemann, der selbständig Strafantrag gestellt hat (§ 195).

2. Die Bekanntmachungsbefugnis ist Privatgenugtuung, nicht Nebenstrafe; sie kann daher nicht im Gnadenwege erlassen werden.

3. Die Ausführung der Bekanntmachung ist Sache des Verurteilten; werden ihm Schwierigkeiten bereitet, so kann er die Hilfe der Vollstreckungsbehörde in Anspruch nehmen, auf deren Verlangen periodische Druckschriften bei Strafe zur Aufnahme im Anzeigenteil verpflichtet sind (§ 10 Preßges.).

4. Der vor Erlaß des Urteils gestellt sein muß.

5. Veröffentlichungsanspruch des Staates — im Gegensatz zu Abs. 1 —; daher Vollstreckung von Amts wegen.

6. Gilt für alle Beleidigungen, nicht nur die in Abs. 1 und 2 genannten; Erteilung von Amts wegen.

Fünfzehnter Abschnitt.

Zweikampf.

§ 201.

Die Herausforderung[1] zum Zweikampf[2] mit tödlichen Waffen[3] sowie die Annahme einer solchen Herausforderung wird mit Festungshaft bis zu sechs Monaten bestraft.

1. Ernstlichkeit erforderlich.

2. Verabredeter ernstlicher Kampf zweier Personen nach bestimmten hergebrachten Regeln. Das sog. amerikanische Duell ist kein Zweikampf.

3. Vgl. § 210a.

§ 202.

Festungshaft von zwei Monaten bis zu zwei Jahren tritt ein, wenn bei der Herausforderung die Absicht, daß einer von beiden Teilen das Leben verlieren soll, entweder ausgesprochen ist oder aus der gewählten Art des Zweikampfes erhellt.

§ 203.

Diejenigen, welche den Auftrag zu einer Herausforderung übernehmen oder ausrichten (Kartellträger), werden mit Festungshaft bis zu sechs Monaten bestraft[1].

1. Auch wenn es zum Zweikampf gekommen ist (keine Bestrafung wegen Beihilfe). Der Herausfordernde ist nicht wegen Anstiftung zum Kartelltragen besonders strafbar.

§ 204.

Die Strafe der Herausforderung und der Annahme derselben sowie die Strafe der Kartellträger fällt weg, wenn die Parteien[1] den Zweikampf vor dessen Beginn freiwillig aufgegeben haben.

1. Auch bei freiwilligem Rücktritt nur einer Partei.

§ 205.

Der Zweikampf[1] wird mit Festungshaft von drei Monaten bis zu fünf Jahren bestraft[2].

1. Vgl. § 210a.
2. Durch die Strafe nach § 205 wird die Strafbarkeit nach § 201 konsumiert.

§ 206.

Wer seinen Gegner im Zweikampf tötet[1], wird mit Festungshaft nicht unter zwei Jahren, und wenn der Zweikampf ein solcher war, welcher den Tod des einen von beiden herbeiführen sollte, mit Festungshaft nicht unter drei Jahren bestraft.

1. Auch bei nicht vorsätzlicher, von Todesfolge begleiteter Verletzung (str.).

§ 207.

Ist eine Tötung oder Körperverletzung mittels vorsätzlicher Übertretung der vereinbarten oder hergebrachten Regeln des Zweikampfes bewirkt worden, so ist der Übertreter, sofern nicht nach den vorhergehenden Bestimmungen eine härtere Strafe verwirkt ist, nach den allgemeinen Vorschriften über das Verbrechen der Tötung oder der Körperverletzung zu bestrafen.

§ 208.

Hat der Zweikampf ohne Sekundanten stattgefunden, so kann die verwirkte Strafe bis um die Hälfte, jedoch nicht über fünfzehn Jahre erhöht werden.

§ 209.

Kartellträger[1], welche ernstlich bemüht gewesen sind[2], den Zweikampf zu verhindern, Sekundanten sowie zum Zweikampf zugezogene Zeugen, Ärzte und Wundärzte sind straflos.

1. Vgl. § 203.
2. Nach Überbringung der Herausforderung.

§ 210.

Wer einen anderen zum Zweikampf mit einem Dritten absichtlich[1], insonderheit durch Bezeigung oder Androhung von Verachtung anreizt, wird, falls der Zweikampf stattgefunden hat, mit Gefängnis nicht unter drei Monaten bestraft.

1. Vorsätzlich.

§ 210a[1].

Der Zweikampf mit Schlägern[2] unter Vorkehrungen, die bestimmt und geeignet sind, gegen Lebensgefahr zu schützen, sowie die Herausforderung zu einem solchen Zweikampf und deren Annahme sind straflos.

1. In der Fassung von Art. I Ziff. 13 des Ges. v. 26. 5. 1933 (RGBl. I S. 295).

2. Die Säbelmensur unterliegt den allgemeinen Vorschriften.

Sechzehnter Abschnitt.

Verbrechen und Vergehen wider das Leben.

§ 211.

Wer vorsätzlich einen Menschen[1] tötet[2], wird, wenn er die Tötung mit Überlegung[3] ausgeführt hat[4], wegen Mordes mit dem Tode[5] bestraft[6,7].

1. Ein lebender Mensch ist vorhanden vom Beginn der Geburt, d. h. vom Beginn der Wehen ab. Die Zerstückelung eines Kindes bei der Geburt ist nicht rechtswidrig, wenn sie das einzige Mittel zur Abwendung schwerer Gefahr für Leben und Gesundheit der Mutter darstellt.

2. Eine vorsätzliche Tötung liegt auch vor, wenn der Täter die von ihm mit Tötungsvorsatz verletzte Person, die er irrtümlich für tot hält, beseitigt, z. B. indem er sie ins Wasser wirft, und hierdurch der Tod eintritt, der sonst nicht eingetreten wäre

(RGSt. 67, 258). Anstiftung und Beihilfe zum Selbstmord sind straflos, außer wenn der Selbstmörder unzurechnungsfähig ist. Sog. Sterbehilfe, d. h. Abkürzung des Todeskampfes eines Sterbenden, ist keine Tötung i. S. der §§ 211 f.

3. Handeln in genügend klarer Erwägung über den zur Erreichung des Zweckes des Täters gewollten Erfolg der Tötung, über die zum Handeln drängenden und von diesem abhaltenden Beweggründe sowie über die zur Herbeiführung des gewollten Erfolges erforderliche Tätigkeit. Überlegung ist keine persönliche Eigenschaft i. S. des § 50.

4. Der Täter muß bei der Ausführung mit Überlegung handeln; die mit Überlegung beschlossene, aber ohne Überlegung (im Affekt) ausgeführte Tötung ist Totschlag (§ 212).

5. Vgl. § 13.

6. Vgl. auch § 5 Sprengstoffges.:

„(1) Wer vorsätzlich durch Anwendung von Sprengstoffen Gefahr für das Eigentum, die Gesundheit oder das Leben eines anderen herbeiführt, wird mit Zuchthaus bestraft.

(2) ....

(3) Ist durch die Handlung der Tod eines Menschen herbeigeführt worden, und hat der Täter einen solchen Erfolg voraussehen können, so ist auf Todesstrafe zu erkennen."

7. Vgl. § 49a und Anm. daselbst.

§ 212.

Wer vorsätzlich einen Menschen tötet, wird, wenn er die Tötung nicht mit Überlegung ausgeführt hat, wegen Totschlags mit Zuchthaus nicht unter fünf Jahren bestraft.

§ 213.

War der Totschläger ohne eigene Schuld durch eine ihm oder einem Angehörigen[1] zugefügte Mißhandlung oder schwere Beleidigung von dem Getöteten zum Zorne gereizt und hierdurch auf der Stelle[2] zur Tat hingerissen worden, oder sind andere mildernde Umstände vorhanden, so tritt Gefängnisstrafe nicht unter sechs Monaten ein[3].

1. § 52 Abs. 2.

2. Nicht örtlich, auch nicht rein zeitlich zu verstehen, jedoch muß ein zeitlicher und innerer Zusammenhang bestehen.

3. Die Tat ist auch im Falle des § 213 ein Verbrechen (vgl. Anm. zu § 1). Vgl. noch § 50.

§ 214.

Wer bei Unternehmung[1] einer strafbaren Handlung, um ein der Ausführung derselben entgegentretendes Hindernis zu beseitigen oder um sich der Ergreifung auf frischer Tat[2] zu entziehen, vorsätzlich einen Menschen tötet, wird mit Zuchthaus nicht unter zehn Jahren oder mit lebenslänglichem Zuchthaus bestraft[3].

1. Vollendung und Versuch (§ 87). Die Unternehmung dauert so lange, als eine Ergreifung auf frischer Tat möglich ist.

2. Ergreifung auf frischer Tat ist möglich, wenn der Täter bei der Tat selbst betroffen wird oder wenn die Tat unmittelbar nach ihrer Verübung entdeckt und auf Grund der hierbei gemachten, auf den Täter hinweisenden Wahrnehmungen die Verfolgung unverzüglich begonnen wird.

3. Nur Strafschärfung für den Fall des § 212. Ist § 211 gegeben, so ist lediglich wegen Mordes zu bestrafen. Keine mildernden Umstände (§ 213).

§ 215.

Der Totschlag an einem Verwandten aufsteigender Linie wird mit Zuchthaus nicht unter zehn Jahren oder mit lebenslänglichem Zuchthaus bestraft.

Vgl. § 50.

§ 216.

Ist jemand durch das ausdrückliche und ernstliche Verlangen[1] des Getöteten zur Tötung bestimmt worden, so ist auf Gefängnis nicht unter drei Jahren zu erkennen[2].

1. Bloße Einwilligung genügt nicht.

2. § 216 schließt die Anwendung der §§ 211—215, auch die des § 213 aus. Der Versuch als solcher ist straflos, die bei Ausführung eines solchen verübte Körperverletzung ist jedoch strafbar (str.; a. M. RGSt. 61, 375).

§ 217.

Eine Mutter[1], welche ihr uneheliches[2] Kind in[3] oder gleich nach der Geburt vorsätzlich tötet, wird mit Zuchthaus nicht unter drei Jahren bestraft[4].

Sind mildernde Umstände vorhanden, so tritt Gefängnisstrafe nicht unter zwei Jahren ein.

1. Ledig oder verheiratet.

2. Unehelich ist ein Kind, wenn seine Eltern weder zur Zeit der Zeugung noch zur Zeit der Geburt gültig miteinander verheiratet sind. Hält die Mutter das Kind irrtümlich für unehelich, so fällt sie unter § 217.

3. Nach Beginn der Geburt, d. h. der Wehen.

4. § 217 schließt die §§ 211, 212 und auch den § 213 aus. Teilnehmer an der Tat fallen (vgl. § 50) unter die §§ 211 f.; die Mutter als Teilnehmerin eines Dritten dagegen unter § 217.

§ 218.

Eine Frau, die ihre Frucht im Mutterleib oder durch Abtreibung tötet oder die Tötung durch einen anderen zuläßt, wird mit Gefängnis bestraft.

Ebenso wird ein anderer bestraft, der eine Frucht im Mutterleibe oder durch Abtreibung tötet[1].

Der Versuch ist strafbar[2].

Wer die im Abs. 2 bezeichnete Tat ohne Einwilligung der Schwangeren oder gewerbsmäßig[3] begeht, wird mit Zuchthaus bestraft. Ebenso wird bestraft, wer einer Schwangeren ein Mittel oder Werkzeug zur Abtreibung der Frucht gewerbsmäßig verschafft. Sind mildernde Umstände vorhanden, so tritt Gefängnisstrafe nicht unter drei Monaten ein.

1. Die Schwangere braucht die Tötung der Frucht nicht überlebt zu haben (RGSt. 67, 206). Eine auf Grund medizinischer Indikation, d. h. vom Arzt zur Rettung der Mutter bei schwerer Gefahr für Leib oder Leben vorgenommene Unterbrechung der Schwangerschaft ist nicht rechtswidrig (RGSt. 61, 243), wohl aber eine Unterbrechung aus sozialer oder eugenischer Indikation.

2. Vgl. dazu Anm. 2 zu § 43.

3. Entgeltliches Handeln in der Absicht, sich durch Wiederholung der Handlung eine dauernde Erwerbsquelle zu verschaffen. Nichtgewerbsmäßige Verschaffung ist Beihilfe zur Tat der Schwangeren.

§ 219[1].

Wer zu Zwecken der Abtreibung Mittel, Gegenstände oder Verfahren öffentlich ankündigt oder anpreist oder solche Mittel oder Gegenstände an einem allgemein zugänglichen Orte ausstellt, wird mit Gefängnis bis zu zwei Jahren oder mit Geldstrafe bestraft.

Die Vorschrift des Abs. 1 findet keine Anwendung, wenn Mittel, Gegenstände oder Verfahren, die zu ärztlich gebotenen[2] *Unterbrechungen der Schwangerschaft dienen, Ärzten oder Personen, die mit solchen Mitteln oder Gegenständen erlaubterweise*[3] *Handel treiben oder in ärztlichen oder pharmazeutischen Fachzeitschriften angekündigt oder angepriesen werden.*

1. Eingefügt durch Art. I Ziff. 14 des Ges. v. 26. 5. 1933 (RGBl. I S. 295).

2. Vgl. Anm. 1 zu § 218.

3. Z. B. nach den Vorschriften über den Verkehr mit Arzneien.

§ 220[1].

Wer öffentlich[2] *seine eigenen oder fremde Dienste zur Vornahme oder Förderung von Ab-*

treibungen anbietet, wird mit Gefängnis bis zu zwei Jahren oder Geldstrafe bestraft[3].

1. Eingefügt durch Art. I Ziff. 14 des Ges. v. 26. 5. 1933 (RGBl. I S. 295).

2. Nichtöffentliches Erbieten kann nach §§ 218 Abs. 4, 49a strafbar sein.

3. Kommt es infolge Annahme des Angebots demnächst zur Vornahme oder Förderung einer Abtreibung (§ 218), so tritt die dafür verwirkte Strafe neben die Strafe aus § 220.

§ 221.

Wer eine wegen jugendlichen Alters[1], Gebrechlichkeit oder Krankheit[2] hilflose Person aussetzt[3], oder wer eine solche Person, wenn dieselbe unter seiner Obhut steht[4] oder wenn er für die Unterbringung, Fortschaffung oder Aufnahme derselben zu sorgen hat, in hilfloser Lage vorsätzlich verläßt[5], wird mit Gefängnis nicht unter drei Monaten bestraft.

Wird die Handlung von leiblichen[6] Eltern gegen ihr Kind[7] begangen, so tritt Gefängnisstrafe nicht unter sechs Monaten ein.

Ist durch die Handlung eine schwere Körperverletzung[8] der ausgesetzten oder verlassenen Person verursacht[9] worden, so tritt Zuchthausstrafe bis zu zehn Jahren und, wenn durch die Handlung der Tod verursacht worden ist, Zuchthausstrafe nicht unter drei Jahren ein[10].

1. Nicht im Sinne einer bestimmten Altersgrenze zu verstehen.

2. Dazu gehört auch starke Angetrunkenheit.

3. Eine hilflose Person aus einem Verhältnis, in dem ihr Schutz und Hilfe zu Teil ward, in eine Lage versetzen, in der Leib und Leben gefährdet ist, falls nicht ein rettender Zufall eintritt.

4. Schutzverhältnis, das nicht notwendig rechtlich (durch Ver-

trag usw.) begründet zu sein braucht; tatsächliche Übernahme der Obhutpflicht genügt.

5. Regelmäßig durch räumliche Entfernung.

6. Nicht: Stief-, Adoptiv- und Pflegeeltern.

7. Nicht im Sinne einer bestimmten Altersstufe zu verstehen.

8. § 224.

9. Verschulden dieses Erfolges nicht erforderlich.

10. Vgl. ferner § 22 des Ges. über den Verkehr mit Kraftfahrzeugen v. 3. 5. 1909:

„Der Führer eines Kraftfahrzeugs, der nach einem Unfalle (§ 7) es unternimmt, sich der Feststellung des Fahrzeugs und seiner Person durch die Flucht zu entziehen, wird mit Geldstrafe oder mit Gefängnis bis zu zwei Monaten bestraft. Er bleibt jedoch straflos, wenn er spätestens am nächstfolgenden Tage nach dem Unfall Anzeige bei einer inländischen Polizeibehörde erstattet und die Feststellung des Fahrzeugs und seiner Person bewirkt.

Verläßt der Führer des Kraftfahrzeugs eine bei dem Unfalle verletzte Person vorsätzlich in hilfloser Lage, so wird er mit Gefängnis bis zu sechs Monaten bestraft. Sind mildernde Umstände vorhanden, so kann auf Geldstrafe erkannt werden."

§ 222.

Wer durch Fahrlässigkeit[1] den Tod eines Menschen[2] verursacht[3], wird mit Gefängnis bis zu drei Jahren bestraft.

Wenn der Täter zu der Aufmerksamkeit, welche er aus den Augen setzte, vermöge[4] seines Amtes[5], Berufes oder Gewerbes besonders verpflichtet war, so kann die Strafe bis auf fünf Jahre Gefängnis erhöht werden.

1. Fahrlässig handelt, wer die Sorgfalt außer acht läßt, zu der er nach den Umständen des Falles und seinen persönlichen Verhältnissen verpflichtet und imstande ist und infolgedessen die Möglichkeit des Todes eines Menschen nicht voraussieht oder ihn zwar für möglich hält, aber darauf vertraut, daß dieser Erfolg nicht eintreten werde.

2. Vgl. Anm. 1 zu § 211.

3. Das ist der Fall, wenn der Tod nicht eingetreten wäre, falls das in Frage stehende Tun oder Unterlassen nicht geschehen wäre. Die ausschließliche Todesursache braucht das fahrlässige Tun oder Unterlassen nicht zu sein.

4. Nach der Rechtsprechung des RG. braucht die fragliche Handlung nicht bei Ausübung des Amtes usw. erfolgt zu sein; maßgebend ist nur, daß die Handlung während einer Tätigkeit erfolgte, für die der Täter durch Amt, Beruf oder Gewerbe eine bessere Einsicht und Sachkenntnis als andere erlangt hatte (str.).

5. Nicht nur ein öffentliches Amt.

Siebzehnter Abschnitt.

Körperverletzung*).

§ 223.

Wer vorsätzlich einen anderen körperlich mißhandelt[1] oder an der Gesundheit beschädigt[2], wird wegen Körperverletzung mit Gefängnis bis zu drei Jahren oder mit Geldstrafe bestraft[3,4].

---

*) Vgl. dazu:

Gesetz zur Bekämpfung der Geschlechtskrankheiten.

Vom 18. Februar 1927 (RGBl. I S. 61).

§§ 1—4. ....

§ 5. Wer den Beischlaf ausübt, obwohl er an einer mit einer Ansteckungsgefahr verbundenen Geschlechtskrankheit leidet und dies weiß oder den Umständen nach annehmen muß, wird mit Gefängnis bis zu drei Jahren bestraft, sofern nicht nach den Vorschriften des Strafgesetzbuchs eine höhere Strafe verwirkt ist.

Die Verfolgung tritt nur auf Antrag ein. Ist der Täter ein Angehöriger des Antragstellers, so ist die Zurücknahme des Antrags zulässig.

Die Strafverfolgung verjährt in sechs Monaten.

§ 6. Wer weiß oder den Umständen nach annehmen muß, daß er an einer mit Ansteckungsgefahr verbundenen Geschlechts-

Ist die Handlung gegen Verwandte aufsteigender Linie begangen, so ist auf Gefängnis nicht unter einem Monat zu erkennen.

1. Jede (nicht ganz unbeträchtliche) Beeinträchtigung des körperlichen Wohlbefindens oder der körperlichen Unversehrtheit. Zufügung von Schmerz ist nicht erforderlich; daher ist auch z. B. das Abschneiden eines Zopfes Körperverletzung. Ärztliche operative Eingriffe stellen sich, auch soweit sie nach den Regeln der ärztlichen Kunst zu Heilzwecken erfolgen, objektiv als Mißhandlungen dar; vgl. jedoch § 226a.

2. Auch Beschädigung der geistigen Gesundheit. Verschlimmerung einer schon vorhandenen Krankheit gehört ebenfalls hierher.

3. Bestritten ist, ob es ein allgemeines Züchtigungsrecht Erwachsener gegenüber fremden Kindern zur Abwehr von Ungezogenheiten gibt. Bejahend die Rechtsprechung einer Reihe

---

krankheit leidet und trotzdem eine Ehe eingeht, ohne dem anderen Teile vor Eingehung der Ehe über seine Krankheit Mitteilung gemacht zu haben, wird mit Gefängnis bis zu drei Jahren bestraft.

Die Verfolgung tritt nur auf Antrag ein. Die Zurücknahme des Antrags ist zulässig.

Die Strafverfolgung verjährt in sechs Monaten.

§§ 7—13. . . . .

§ 14. Mit Gefängnis bis zu einem Jahr und mit Geldstrafe oder mit einer dieser Strafen wird bestraft, sofern nicht nach den Vorschriften des Strafgesetzbuchs eine härtere Strafe verwirkt ist:

1. eine weibliche Person, die ein fremdes Kind stillt, obwohl sie an einer Geschlechtskrankheit leidet und dies weiß oder den Umständen nach annehmen muß;
2. wer ein syphilitisches Kind, für dessen Pflege er zu sorgen hat, von einer anderen Person als der Mutter stillen läßt, obwohl er die Krankheit des Kindes kennt oder den Umständen nach kennen muß;
3. wer ein geschlechtskrankes Kind, für dessen Pflege er zu sorgen hat, von einer anderen Person als der Mutter, ohne sie vorher über die Krankheit und die gebotenen Vorsichtsmaßnahmen durch einen Arzt mündlich unterweisen

von Oberlandesgerichten mit verschiedener Begründung (Wegfall der Rechtswidrigkeit, weil Geschäftsführung ohne Auftrag zugunsten des Erziehungsberechtigten vorliege, oder weil dessen Einwilligung, die er pflichtgemäß erteilen müsse, zu vermuten sei). Verneinend RGSt. 61, 193.

4. Vgl. § 340.

§ 223 a.

Ist die Körperverletzung mittels einer Waffe, insbesondere eines Messers oder eines anderen gefährlichen Werkzeuges[1] oder mittels eines hinterlistigen Überfalls[2] oder von mehreren gemeinschaftlich[3] oder mittels einer das Leben gefährdenden Behandlung[4]

---

zu lassen, stillen läßt, obwohl er die Krankheit des Kindes kennt oder den Umständen nach kennen muß;

4. wer ein geschlechtskrankes Kind, obwohl er die Krankheit kennt oder den Umständen nach kennen muß, in Pflege gibt, ohne den Pflegeeltern des Kindes Mitteilung zu machen.

Straflos ist das Stillen oder Stillenlassen eines syphilitischen Kindes durch eine weibliche Person, die selbst an Syphilis leidet.

§ 15. Mit Geldstrafe bis zu einhundertfünfzig Reichsmark oder mit Haft wird bestraft:

1. eine Amme, die ein fremdes Kind stillt, ohne im Besitz eines unmittelbar vor Antritt der Stellung ausgestellten ärztlichen Zeugnisses darüber zu sein, daß an ihr keine Geschlechtskrankheit nachweisbar ist;
2. wer zum Stillen eines Kindes eine Amme in Dienst nimmt, ohne sich davon überzeugt zu haben, daß sie im Besitze des in Nr. 1 bezeichneten Zeugnisses ist;
3. wer, abgesehen von Notfällen, ein Kind, für dessen Pflege er zu sorgen hat, von einer anderen Person als der Mutter stillen läßt, ohne vorher im Besitz eines ärztlichen Zeugnisses darüber zu sein, daß eine gesundheitliche Gefahr für die Stillende nicht besteht.

Die Vorschriften des Absatz 1 finden im Falle des § 14 Absatz 2 keine Anwendung.

§§ 16—19 . . . .

begangen, so tritt Gefängnisstrafe nicht unter zwei Monaten ein[5].

1. Bewegliche Sache, die durch menschliche Körperkraft in Bewegung gesetzt wird und auf mechanischem Wege verletzt, wenn sie nach ihrer objektiven Beschaffenheit und der Art der Benutzung geeignet ist, erhebliche Körperverletzungen hervorzurufen.

2. Unvorhergesehener, überraschender Angriff unter Anwendung von Maßnahmen, dem Angegriffenen die Abwehr des Angriffs unmöglich zu machen.

3. Mittäterschaft (§ 47) erforderlich.

4. Eine Behandlung, die geeignet ist, eine Lebensgefahr herbeizuführen, ohne Rücksicht darauf, ob die Gefahr wirklich eingetreten ist oder der eingetretene Erfolg nur geringfügig war.

5. Der frühere Abs. 2 des § 223a ist aufgehoben durch Art. I Ziff. 15 des Ges. v. 26. 5. 1933 (RGBl. I S. 295).

§ 223 b[1].

Wer Kinder, Jugendliche oder wegen Gebrechlichkeit oder Krankheit Wehrlose, die seiner Fürsorge oder Obhut[2] unterstehen oder seinem Hausstand angehören[3] oder die von dem Fürsorgepflichtigen seiner Gewalt überlassen worden oder durch ein Dienst- oder Arbeitsverhältnis von ihm abhängig sind, quält[4] oder roh[5] mißhandelt[6] oder wer durch böswillige[7] Vernachlässigung seiner Pflicht, für sie zu sorgen, sie an der Gesundheit schädigt, wird mit Gefängnis nicht unter drei Monaten bestraft.

In besonders schweren Fällen[8] ist die Strafe Zuchthaus bis zu fünf Jahren.

1. An Stelle des bisherigen Abs. 2 des § 223 eingefügt durch Art. I Ziff. 15 des Ges. v. 26. 5. 1933 (RGBl. I S. 295).

2. Vgl. Anm. 4 zu § 221.

3. Wer mit dem Täter als Haushaltungsvorstand in häuslicher Gemeinschaft (§ 247) lebt.
4. Verursachung länger fortdauernder oder sich wiederholender erheblicher Schmerzen und Leiden.
5. Roh ist eine Mißhandlung, die einer gefühllosen Gesinnung entspringt.
6. Vgl. Anm. 1 zu § 223.
7. Aus einer feindlichen Gesinnung entspringend.
8. Vgl. Anm. 4 zu § 49b.

§ 224.

Hat die Körperverletzung zur Folge[1], daß der Verletzte ein wichtiges Glied[2] des Körpers, das Sehvermögen auf einem oder beiden Augen, das Gehör[3], die Sprache oder die Zeugungsfähigkeit verliert[4], oder in erheblicher Weise dauernd entstellt wird, oder in Siechtum, Lähmung oder Geisteskrankheit verfällt[5], so ist auf Zuchthaus bis zu fünf Jahren oder Gefängnis nicht unter einem Jahre zu erkennen[6].

1. Ohne Rücksicht darauf, ob diese Folge verschuldet ist; vgl. auch § 225.
2. Ob ein Glied wichtig ist, ist objektiv — nicht nach der Persönlichkeit des Verletzten — danach zu entscheiden, welche Bedeutung das Glied für den Gesamtorganismus hat. Als wichtiges Glied ist z. B. angesehen worden der Daumen.
3. Auf beiden Ohren.
4. Völliger Verlust, nicht nur Unbrauchbarwerden.
5. Länger dauernder Zustand, bei dessen Eintritt nicht mit einiger Bestimmtheit vorhergesagt werden kann, ob und wann er behoben werden kann.
6. Vgl. § 340 Abs. 2.

§ 225.

War eine der vorbezeichneten Folgen beabsichtigt[1] und eingetreten, so ist auf Zuchthaus von zwei bis zu zehn Jahren zu erkennen[2].

1. Dolus eventualis genügt nicht.

2. Versuch ist möglich; mildernde Umstände sind nicht vorgesehen (vgl. dagegen § 226).

§ 226.

Ist durch die Körperverletzung der Tod des Verletzten verursacht[1] worden, so ist auf Zuchthaus nicht unter drei Jahren oder Gefängnis nicht unter drei Jahren zu erkennen.

1. Nicht gewollte Tötung als Folge einer vorsätzlichen (§§ 223 bis 225) Körperverletzung. Ist der Tod fahrlässig verursacht, dann Tateinheit mit § 222; ist er gewollt, dann §§ 211 oder 212.

§ 226a[1].

Wer eine Körperverletzung mit Einwilligung[2] des Verletzten vornimmt, handelt nur[3] dann rechtswidrig, wenn die Tat trotz der Einwilligung gegen die guten Sitten[4] verstößt,

1. Eingefügt durch Art. I Ziff. 16 des Ges. v. 26. 5. 1933 (RGBl. I S. 295).

2. Eine rechtswirksame Einwilligung kann nur erklären, wer volle Einsicht in die Bedeutung der vorzunehmenden Körperverletzung hat, also in der Regel nicht der Geisteskranke, während jugendliches Alter eine wirksame Einwilligung nicht ohne weiteres ausschließt.

3. Vgl. jedoch § 14 des Ges. zur Verhütung erbkranken Nachwuchses v. 14. 7. 1933 (RGBl. I S. 529): „Eine Unfruchtbarmachung, die nicht nach den Vorschriften dieses Gesetzes erfolgt (d. h. wegen einer Erbkrankheit zur Verhütung erbkranken Nachwuchses) sowie eine Entfernung der Keimdrüsen sind nur dann zulässig, wenn ein Arzt sie nach den Regeln der ärztlichen Kunst zur Abwendung einer ernsten Gefahr für das Leben oder die Gesundheit desjenigen, an dem er sie vornimmt, und mit dessen Einwilligung vollzieht."

4. Vgl. § 138 BGB.: Verstoß gegen das Anstands- und Sittlichkeitsgefühl aller billig und gerecht Denkenden.

§ 227.

Ist durch eine Schlägerei[1] oder durch einen von mehreren gemachten Angriff der Tod eines Menschen[2] oder eine schwere Körperverletzung (§ 224) verursacht[3] worden, so ist jeder, welcher sich an der Schlägerei oder dem Angriffe beteiligt[4] hat, schon wegen dieser Beteiligung mit Gefängnis bis zu drei Jahren zu bestrafen[5], falls er nicht ohne sein Verschulden hineingezogen worden ist.

Ist eine der vorbezeichneten Folgen mehreren Verletzungen zuzuschreiben, welche dieselbe nicht einzeln, sondern nur durch ihr Zusammentreffen verursacht haben, so ist jeder, welchem eine dieser Verletzungen zur Last fällt[6], mit Zuchthaus bis zu fünf Jahren zu bestrafen.

1. Der in Körperverletzungen übergegangene Streit von mehr als zwei Personen.

2. Der Getötete oder Verletzte braucht nicht an dem Raufhandel beteiligt gewesen zu sein.

3. Ein Verschulden eines der Beteiligten an Tod oder Verletzung ist nicht vorausgesetzt.

4. Beteiligt ist nicht jeder bei der Schlägerei Anwesende, sondern nur, wer sich in feindseliger Weise gegen irgend jemand verhält.

5. Idealkonk. mit §§ 211ff., 223ff. ist möglich.

6. Die Verletzungen müssen also vorsätzlich zugefügt sein.

§ 228.

Sind mildernde Umstände vorhanden, so ist in den Fällen des § 223 Abs. 2 und des § 223a auf Gefängnis bis zu drei Jahren oder Geldstrafe, in den Fällen der §§ 224[1] und 227 Abs. 2 auf Gefängnis nicht unter einem Monat, und im Falle des § 226 auf Gefängnis nicht unter drei Monaten zu erkennen.

1. Nicht: 225.

§ 229.

Wer vorsätzlich einem anderen, um dessen Gesundheit zu beschädigen[1], Gift oder andere Stoffe beibringt, welche die Gesundheit zu zerstören geeignet sind, wird mit Zuchthaus bis zu zehn Jahren bestraft.

Ist durch die Handlung eine schwere Körperverletzung[2] verursacht worden, so ist auf Zuchthaus nicht unter fünf Jahren und, wenn durch die Handlung der Tod verursacht worden, auf Zuchthaus nicht unter zehn Jahren oder auf lebenslängliches Zuchthaus zu erkennen[3].

1. Absicht dauernder Schädigung wird nicht gefordert, auch vorübergehende Störung kann genügen. War der Vorsatz auf Tötung gerichtet, so erfolgt Bestrafung aus §§ 211 f.; keine Tateinheit mit § 229.

2. § 224, Tateinheit mit § 225 möglich.

3. Ergänzende Vorschriften: § 5 der VO. zum Schutze von Volk und Staat v. 28. 2. 1933 (RGBl. I S. 83), abgedr. S. 300, und § 1 Ziff. 3 des Ges. zur Abwehr politischer Gewalttaten v. 4. 4. 1933 (RGBl. I S. 162), abgedr. S. 303.

§ 230.

Wer durch Fahrlässigkeit die Körperverletzung[1] eines anderen verursacht[2], wird mit Geldstrafe oder mit Gefängnis bis zu zwei Jahren bestraft.

War der Täter zu der Aufmerksamkeit, welche er aus den Augen setzte, vermöge seines Amtes, Berufes oder Gewerbes besonders verpflichtet[3], so kann die Strafe auf drei Jahre Gefängnis erhöht werden.

1. Mißhandlung und Gesundheitsbeschädigung (§ 223), leichte und schwere (§ 224) Körperverletzung.
2. Vgl. Anm. 1 und 3 zu § 222.
3. Vgl. Anm. 4 zu § 222.

§ 231.

In allen Fällen der Körperverletzung[1] kann auf Verlangen des Verletzten neben der Strafe auf eine an denselben zu erlegende Buße[2] erkannt werden.

Eine erkannte Buße schließt die Geltendmachung eines weiteren Entschädigungsanspruchs aus.

Für diese Buße haften die zu derselben Verurteilten als Gesamtschuldner.

1. Voraussetzung ist, daß Verurteilung wegen vollendeter Körperverletzung erfolgt, mag diese auch in Tateinheit mit einem anderen Delikt begangen sein. Auch gegen den an einem Raufhandel Beteiligten (§ 227 Abs. 1) kann auf Buße erkannt werden, im Falle des § 229 Abs. 1 nur, wenn eine Körperverletzung verursacht worden ist.
2. Vgl. Anm. zu § 188. Bei Verurteilung aus § 340 ist Buße zulässig, auch wenn zwischen diesem Delikt und der Körperverletzung nicht Ideal-, sondern Gesetzeskonkurrenz besteht. Wird dagegen die Körperverletzung von einem anderen Delikt konsumiert (z. B. §§ 249, 251), so entfällt die Buße (str.).

§ 232.

Die Verfolgung leichter vorsätzlicher sowie aller durch Fahrlässigkeit verursachter Körperverletzungen (§§ 223, 230) tritt nur auf Antrag[1] ein, insofern nicht die Körperverletzung mit Übertretung einer Amts-, Berufs- oder Gewerbspflicht begangen worden ist.

Ist das Vergehen gegen einen Angehörigen[2] verübt, so ist die Zurücknahme des Antrags zulässig.

Die in den §§ 195, 196 und 198[3] enthaltenen Vorschriften finden auch hier Anwendung.

1. §§ 61 ff.
2. § 52 Abs. 2.
3. Auch wenn auf der einen Seite eine Körperverletzung, auf der anderen eine Beleidigung steht.

§ 233.

Wenn leichte[1] Körperverletzungen mit solchen, Beleidigungen mit leichten Körperverletzungen oder letztere mit ersteren auf der Stelle[2] erwidert werden, so kann der Richter für beide Angeschuldigte[2] oder für einen derselben eine der Art oder dem Maße nach mildere oder überhaupt keine Strafe eintreten lassen[3].

1. §§ 223, 230.
2. Es ist nicht erforderlich, daß gegen beide Teile Anklage erhoben worden ist.
3. Vgl. § 199.

Achtzehnter Abschnitt.

Verbrechen und Vergehen wider die persönliche Freiheit.

§ 234.

Wer sich eines Menschen durch List[1], Drohung[2] oder Gewalt[3] bemächtigt[4], um ihn in hilfloser Lage auszusetzen[5] oder in Sklaverei[6], Leibeigenschaft oder in auswärtige[7] Kriegs- oder Schiffsdienste zu bringen, wird wegen Menschenraubs mit Zuchthaus bestraft.

1. Ausführung eines klugen, auf Täuschung berechneten Anschlages.
2. Inaussichtstellung irgendeines Übels.
3. Vis absoluta oder vis compulsiva (vgl. Anm. 2 zu § 52).
4. Erlangung der eignen physischen Herrschaft über die Person des anderen. Wegführung nicht erforderlich.

5. Vgl. Anm. 3 zu § 221.
6. Vgl. daneben Sklavenraubgesetz v. 28. 7. 1895.
7. ausländische.

§ 235.

Wer eine minderjährige Person durch List, Drohung oder Gewalt[1] ihren Eltern[2], ihrem Vormund[3] oder ihrem Pfleger[4] entzieht[5], wird mit Gefängnis bestraft.

Sind mildernde Umstände vorhanden, so kann auf Geldstrafe erkannt werden.

Geschieht die Handlung in der Absicht, die Person zum Betteln oder zu gewinnsüchtigen oder unsittlichen Zwecken oder Beschäftigungen zu gebrauchen, so tritt Zuchthaus bis zu zehn Jahren ein.

1. Vgl. Anm. 1—3 zu § 234.
2. Neben den leiblichen auch die Adoptiv- und Pflegeeltern, letztere, falls das Verhältnis zu dem Minderjährigen auf einer vormundschaftsgerichtlichen Anordnung gemäß § 1666 BGB. beruht. Täter kann auch ein Elternteil gegenüber dem anderen sein.
3. Vgl. §§ 1773, 1896 BGB.
4. §§ 1909ff.
5. = zeitweise — nicht nur ganz vorübergehende — Ausschließung oder wesentliche Beeinträchtigung der Ausübung des Erziehungs- und Aufsichtsrechts.

§ 236.

Wer eine Frauensperson[1] wider ihren Willen durch List, Drohung oder Gewalt[2] entführt, um sie zur Unzucht[3] zu bringen, wird mit Zuchthaus bis zu zehn Jahren und, wenn die Entführung begangen wurde, um die Entführte zur Ehe zu bringen, mit Gefängnis bestraft.

Die Verfolgung tritt nur auf Antrag[4] ein.

1. Weibliche Person ohne Rücksicht auf Alter, Bescholtenheit usw.
2. Vgl. Anm. 3 zu § 234.
3. Vgl. Anm. 3 zu § 180.
4. §§ 61 ff.

§ 237.

Wer eine minderjährige, unverehelichte Frauensperson mit ihrem Willen, jedoch ohne Einwilligung ihrer Eltern, ihres Vormundes oder ihres Pflegers[1] entführt, um sie zur Unzucht oder zur Ehe zu bringen, wird mit Gefängnis bestraft.

Die Verfolgung tritt nur auf Antrag ein.

1. Vgl. Anm. 2—4 zu § 235.

§ 238.

Hat der Entführer die Entführte geheiratet, so findet die Verfolgung nur statt[1], nachdem die Ehe für nichtig erklärt worden ist[2].

1. Vgl. § 69.
2. §§ 1323 ff. BGB.

§ 239.

Wer vorsätzlich und widerrechtlich[1] einen Menschen[2] einsperrt[3] oder auf andere Weise[4] des Gebrauchs der persönlichen Freiheit beraubt, wird mit Gefängnis oder mit Geldstrafe bestraft.

Wenn die Freiheitsentziehung über eine Woche gedauert hat, oder wenn eine schwere Körperverletzung des der Freiheit Beraubten durch die Freiheitsentziehung oder die ihm während derselben widerfahrene Behandlung verursacht[5] worden ist, so ist auf Zuchthaus bis zu zehn Jahren zu erkennen. Sind mildernde Umstände vorhanden, so tritt Gefängnisstrafe nicht unter einem Monat ein[6].

Ist der Tod des der Freiheit Beraubten durch die Freiheitsentziehung oder die ihm während derselben widerfahrene Behandlung verursacht[5] worden, so ist auf Zuchthaus nicht unter drei Jahren zu erkennen. Sind mildernde Umstände vorhanden, so tritt Gefängnisstrafe nicht unter drei Monaten ein.

1. Bewußtsein der Rechtswidrigkeit erforderlich; dieses fehlt jedoch nicht, wenn bloßer strafrechtlicher Irrtum vorliegt.

2. Auch sinnlos Betrunkene und Schlafende, sofern ihnen die Möglichkeit genommen wird, nach dem Erwachen den Willen einer Aufenthaltsänderung zu betätigen. Auf die Dauer der Freiheitsberaubung kommt es nicht an, eine Hinderung von Augenblicksdauer genügt jedoch nicht.

3. D. h. den anderen durch äußere Vorrichtungen hindert, den Raum, in dem er sich befindet, nach seinem Belieben zu verlassen.

4. Z. B. durch Drohung oder Hypnose.

5. Verschulden des Täters nicht erforderlich.

6. Vgl. auch § 5 Abs. 2 Ziff. 3 der VO. zum Schutze von Volk und Staat v. 28. 2. 1933 (RGBl. I S. 83), abgedr. S. 300.

§ 240.

Wer einen anderen widerrechtlich[1] durch Gewalt[2] oder durch Bedrohung mit einem Verbrechen oder Vergehen[3] zu einer Handlung, Duldung oder Unterlassung nötigt, wird mit Gefängnis bis zu einem Jahre oder mit Geldstrafe bestraft[4].

Der Versuch ist strafbar.

1. Bezieht sich auf das Nötigungsmittel, nicht auf den Zweck der Nötigung, der erlaubt sein kann.

2. Vis absoluta und vis compulsiva. Gewalt gegen Sachen genügt, wenn sie eine mittelbare physische Einwirkung auf die Person bedeutet, z. B. Unbrauchbarmachung der Wohnung, um den Mieter zum Ausziehen zu zwingen.

3. § 1. Ernstlichkeit der Drohung ist nicht erforderlich, es genügt, daß der Bedrohte sie als ernstlich gemeint empfinden soll.

4. Vgl. § 339; ferner §§ 40, 41, 43 des Schriftleitergesetzes v. 4. 10. 1933 (RGBl. I S. 713), betr. Bestrafung der Pressenötigung.

§ 241.

Wer einen anderen mit der Begehung eines Verbrechens[1] bedroht[2], wird mit Gefängnis bis zu sechs Monaten oder mit Geldstrafe bestraft[3].

1. § 1 Abs. 1.

2. Vgl. Anm. 3 zu § 240. Die Vollendung tritt ein, wenn die Drohung zur Kenntnis des Bedrohten kommt. Daß sie in diesem Furcht vor der Verwirklichung erregt, ist nicht erforderlich.

3. Privatklagedelikt (§ 374 Abs. 1 Ziff. 4). Zu § 113 besteht Gesetzeskonkurrenz. Bei Nötigung durch Drohung mit einem Verbrechen geht § 240 vor.

Neunzehnter Abschnitt.

Diebstahl und Unterschlagung.

§ 242.

Wer eine fremde[1] bewegliche[2] Sache[3] einem anderen[4] in der Absicht wegnimmt[5], dieselbe sich rechtswidrig zuzueignen[6], wird wegen Diebstahls mit Gefängnis bestraft.

Der Versuch ist strafbar.

1. Im Allein- oder Miteigentum eines anderen stehend. Die Wegnahme herrenloser Sachen (wie wilde Tiere und Fische, § 960 BGB.) kann als Verletzung fremden Aneignungsrechts strafbar sein (z. B. gemäß § 292), ist aber kein Diebstahl.

2. Nicht im Sinne des BGB., sondern im natürlichen Sinne. Durch Trennung von einer unbeweglichen Sache kann eine bewegliche Sache hergestellt werden. Vgl. jedoch § 274 Nr. 2, § 370 Nr. 1.

3. Ohne Rücksicht auf den Geldwert und auf den Aggregatzustand (z. B. Gase). Wegen Entziehung von Elektrizität vgl. das unter 7a abgedr. Gesetz v. 9. 4. 1900. Forderungen und

geistige Erzeugnisse sind nicht Gegenstand des Diebstahls. Auch die menschliche Leiche ist „Sache" (vgl. dazu §§ 168, 367 Nr. 1).

4. Der (Allein- oder Mit-)Gewahrsam (Besitz) an der Sache, d. h. die tatsächliche Verfügungsmacht darüber, hat. Durch eine gewisse, vorübergehende Entfernung des Gewahrsamsinhabers von der Sache wird der Gewahrsam nicht aufgehoben. Ob der Besitz rechtmäßig ist oder nicht, ist ohne Bedeutung; auch der Dieb kann bestohlen werden. Der Besitzdiener (§ 855 BGB.) hat keinen Gewahrsam; er kann also seinerseits den Besitzherren bestehlen. Einem Toten kann nichts weggenommen werden; der Erbe hat an den Sachen des Toten nicht ohne weiteres Gewahrsam.

5. Bruch des fremden und Begründung eignen Gewahrsams.

6. Um wie ein Eigentümer darüber zu verfügen. Absicht vorübergehenden Gebrauchs und demnächstiger Rückgabe (furtum usus) genügt nicht; die Abhebung von Sparkassenguthaben ist aber auch bei demnächstiger Rückgabe des weggenommenen Sparkassenbuches an den Eigentümer Diebstahl.

7. Ergänzende Vorschriften:

a) Ges., betr. die Bestrafung der Entziehung elektrischer Arbeit v. 9. April 1900 (RGBl. S. 228):

§ 1. Wer einer elektrischen Anlage oder Einrichtung fremde elektrische Arbeit mittelst eines Leiters entzieht, der zur ordnungsmäßigen Entnahme von Arbeit aus der Anlage oder Einrichtung nicht bestimmt ist, wird, wenn er die Handlung in der Absicht begeht, die elektrische Arbeit sich rechtswidrig zuzueignen, mit Gefängnis und mit Geldstrafe oder mit einer dieser Strafen bestraft.

Neben der Gefängnisstrafe kann auf Verlust der bürgerlichen Ehrenrechte erkannt werden.

Der Versuch ist strafbar.

§ 2. Wird die im § 1 bezeichnete Handlung in der Absicht begangen, einem anderen rechtswidrig Schaden zuzufügen, so ist auf Geldstrafe oder auf Gefängnis bis zu zwei Jahren zu erkennen.

Die Verfolgung tritt nur auf Antrag ein.

b) VO. des Reichspräs. gegen unbefugten Gebrauch von Kraftfahrzeugen und Fahrrädern v. 20. 10. 1932 (RGBl. I S. 496):

§ 1. Wer ein Kraftfahrzeug oder ein Fahrrad gegen den Willen des Berechtigten in Gebrauch nimmt, wird, sofern die Tat nicht nach anderen Vorschriften mit schwererer Strafe bedroht ist, mit Gefängnis bis zu drei Jahren bestraft.

Der Versuch ist strafbar.

Die Verfolgung tritt nur auf Antrag ein. Die Zurücknahme des Antrags ist zulässig.

Wer die Tat gegen seinen Ehegatten oder gegen einen Verwandten absteigender Linie begeht, ist straffrei.

Kraftfahrzeuge im Sinne dieser Verordnung sind die Fahrzeuge, die durch Maschinenkraft bewegt werden, Landkraftfahrzeuge nur insoweit, als sie nicht an Bahngleise gebunden sind.

§ 243.

Auf Zuchthaus bis zu zehn Jahren ist zu erkennen, wenn

1. aus einem zum Gottesdienste[1] bestimmten Gebäude[2] Gegenstände gestohlen werden, welche dem Gottesdienste gewidmet[3] sind;
2. aus einem Gebäude[2] oder umschlossenen Raume[4] mittels Einbruchs[5], Einsteigens[6] oder Erbrechens[7] von Behältnissen[8] gestohlen wird;
3. der Diebstahl dadurch bewirkt wird, daß zur Eröffnung eines Gebäudes[2] oder der Zugänge eines umschlossenen Raumes[4], oder zur Eröffnung der im Innern befindlichen Türen oder Behältnisse[8] falsche Schlüssel oder andere zur ordnungsmäßigen Eröffnung nicht bestimmte Werkzeuge[9] angewendet werden;
4. auf einem öffentlichen[10] Wege, einer Straße, einem öffentlichen Platze, einer Wasserstraße[11] oder einer Eisenbahn[12], oder in einem Postgebäude oder dem dazu gehörigen Hofraume, oder auf einem Eisenbahnhofe eine zum Reisegepäck oder

zu anderen Gegenständen der Beförderung gehörende Sache mittels Abschneidens oder Ablösens der Befestigungs- oder Verwahrungsmittel, oder durch Anwendung falscher Schlüssel oder anderer zur ordnungsmäßigen Eröffnung nicht bestimmter Werkzeuge gestohlen wird;

5. der Dieb oder einer der Teilnehmer am Diebstahl bei der Begehung der Tat Waffen bei sich führt[13];

6. zu dem Diebstahl mehrere mitwirken, welche sich zur fortgesetzten Begehung von Raub oder Diebstahl verbunden haben, oder

7. der Diebstahl zur Nachtzeit[14] in einem bewohnten Gebäude, in welches sich der Täter in diebischer Absicht eingeschlichen[15], oder in welchem er sich in gleicher Absicht verborgen hatte, begangen wird, auch wenn zur Zeit des Diebstahls Bewohner in dem Gebäude nicht anwesend sind. Einem bewohnten Gebäude werden der zu einem bewohnten Gebäude gehörige umschlossene Raum und die in einem solchen befindlichen Gebäude jeder Art, sowie Schiffe, welche bewohnt werden, gleichgeachtet.

Sind mildernde Umstände vorhanden, so tritt Gefängnisstrafe nicht unter drei Monaten ein[16].

1. Vgl. Anm. 1 zu § 167.

2. Ein mit dem Grund und Boden fest verbundenes Bauwerk von einiger Dauerhaftigkeit, das geeignet und bestimmt ist, dem Schutze von Menschen, Tieren und Sachen zu dienen.

3. Die Gegenstände müssen unmittelbar gottesdienstlichen Verrichtungen dienen (wie z. B. Kruzifixe, Altarkerzen), nicht nur Inventar der Kirche darstellen (wie z. B. Kirchenbänke usw.).

4. Ein Stück Bodenfläche, das durch besondere Vorrichtungen

abgegrenzt ist, um dem Eintreten von Menschen Hindernisse zu bereiten. Nicht: Schiffe.

5. Gewaltsames — nicht notwendig mit Beschädigung der Substanz — verbundenes Öffnen einer Umschließung.

6. Auch Hindurchkriechen oder -schwimmen; vollendet ist das Einsteigen, wenn der Täter mit dem ganzen Körper sich innerhalb des Gebäudes oder umschlossenen Raumes sich befindet.

7. Vgl. Anm. 5. Das Erbrechen muß in dem Gebäude oder umschlossenen Raum erfolgen; wer das gestohlene Behältnis erst außerhalb erbricht, ist nur wegen einfachen Diebstahls zu strafen.

8. Auch ein Briefumschlag.

9. Z. B. ein Dietrich, nicht aber Gegenstände, die der gewaltsamen Öffnung dienen.

10. Dem öffentlichen Verkehr dienend, ohne Rücksicht auf die Eigentumsverhältnisse.

11. Gegensatz: offene See.

12. Sofern sie dem öffentlichen Verkehr dienen; auch Straßenbahnwagen.

13. Vgl. Anm. 6 und 7 zu § 123.

14. Die Zeit zwischen Eintritt der Dunkelheit und Beginn der Morgendämmerung.

15. Die Zeit des Einschleichens ist gleichgültig.

16. Ergänzend kommen in Betracht:

a) § 4 des Ges. über den Verkehr mit Edelmetallen usw. vom 29. 6. 1926 (RGBl. I S. 321):

Wer einen Diebstahl an einem Gegenstand aus Edelmetall begeht, der zum öffentlichen Nutzen dient oder öffentlich aufgestellt ist, wird wegen schweren Diebstahls (§ 243 des Strafgesetzbuches) bestraft.

b) § 17 des Ges. über den Verkehr mit unedlen Metallen vom 23. 7. 1926 (RGBl. I S. 415):

Wer einen Diebstahl an einem Gegenstand aus unedlem Metalle begeht, der zum öffentlichen Nutzen dient oder öffentlich aufgestellt ist, oder der einen Teil eines Gebäudes bildet oder in einem Gebäude zu dessen Ausstattung angebracht ist, wird wegen schweren Diebstahls (§ 243 des Strafgesetzbuches) bestraft.

Das gleiche gilt für den Diebstahl von Maschinenbestandteilen und sonstigen Betriebsmitteln aus unedlem Metalle, deren Wegnahme die gesicherte Fortführung des Betriebs erheblich gefährdet.

§ 244.

Wer im Inland[1] als Dieb[2], Räuber[3] oder gleich einem Räuber[4] oder als Hehler[5] bestraft[6] worden ist, darauf abermals eine dieser Handlungen begangen hat und wegen derselben bestraft worden ist, wird, wenn er einen einfachen Diebstahl (§ 242) begeht, mit Zuchthaus bis zu zehn Jahren, wenn er einen schweren Diebstahl (§ 243) begeht, mit Zuchthaus nicht unter zwei Jahren bestraft.

Sind mildernde Umstände vorhanden, so tritt beim einfachen Diebstahl Gefängnisstrafe nicht unter drei Monaten, beim schweren Diebstahl Gefängnisstrafe nicht unter einem Jahre ein.

1. Vgl. § 3. Auch die Urteile der deutschen Gerichte im Saargebiet sind rückfallbegründend (RGSt. 63, 395).
2. §§ 242, 243; nicht: § 248a, § 370 Ziff. 5. Auch bei Verurteilung wegen Versuchs, Anstiftung und Beihilfe.
3. § 249.
4. §§ 252, 255.
5. §§ 258f.
6. Rechtskräftig verurteilt.

§ 245.

Die Bestimmungen des § 244 finden Anwendung, auch wenn die früheren Strafen nur teilweise verbüßt oder ganz oder teilweise erlassen sind[1], bleiben jedoch ausgeschlossen, wenn seit der Verbüßung oder dem Erlasse der letzten Strafe bis zur Begehung des neuen Diebstahls zehn Jahre verflossen sind.

1. Nicht dagegen, solange die Strafvollstreckung mit Bewährungsfrist ausgesetzt ist. Ist die Strafe im Strafregister getilgt

oder ist Tilgungsreife eingetreten, so ist sie nicht mehr rückfallbegründend (§ 5 des Straftilgungsges. v. 9. 4. 1920, RGBl. S. 507).

§ 245a[1].

Wer Diebeswerkzeug in Besitz oder Gewahrsam[2] hat oder von einem anderen für sich verwahren läßt, nachdem er wegen schweren Diebstahls, Diebstahls im Rückfall, Raubes, gewerbs- oder gewohnheitsmäßiger Hehlerei oder Hehlerei im Rückfall (§§ 243 bis 245, 249 bis 252, 260, 261) rechtskräftig verurteilt worden ist, wird mit Gefängnis nicht unter drei Monaten bestraft, sofern sich nicht aus den Umständen ergibt, daß das Werkzeug nicht zur Verwendung bei strafbaren Handlungen bestimmt ist.

Wer Diebeswerkzeug für einen anderen in Verwahrung nimmt oder einem anderen überläßt, obwohl er weiß oder den Umständen nach annehmen muß[3], daß das Werkzeug zur Verwendung bei strafbaren Handlungen bestimmt ist, wird, sofern diese Tat nicht nach anderen Vorschriften mit schwererer Strafe bedroht ist[4], mit Gefängnis bestraft.

Das Diebeswerkzeug ist einzuziehen, auch wenn es dem Täter nicht gehört.

In den Fällen des Abs. 1 kommt eine frühere Verurteilung nicht in Betracht, wenn zwischen dem Eintritt ihrer Rechtskraft und der Tat des Abs. 1 mehr als fünf Jahre verstrichen sind. In die Frist wird die Zeit nicht eingerechnet, in der der Täter eine Freiheitsstrafe verbüßt oder auf behördliche Anordnung in einer Anstalt verwahrt wird[5]. Eine ausländische Verurteilung steht einer inländischen

gleich, wenn die geahndete Tat nach deutschem Recht ein Verbrechen der im Abs. 1 genannten Art wäre.

1. Eingefügt durch Art. 1 Ziff. 2 des Ges. v. 24. 11. 1933 (RGBl. I S. 995).

2. Vgl. Anm. 4 zu § 242.

3. D. h. wenn sich aus den Umständen ergibt, daß das Werkzeug zur Verwendung bei strafbaren Handlungen bestimmt ist, so wird kraft Gesetzes vermutet, daß der Täter diesen Verwendungszweck gekannt hat; diese Vermutung kann aber entkräftet werden (vgl. auch § 259).

4. Z. B. als Beihilfe zum Diebstahl, Begünstigung oder Hehlerei.

5. Vgl. Anm. 5 zu § 20a.

§ 246.

Wer eine fremde bewegliche Sache[1], die er in Besitz oder Gewahrsam[2] hat, sich rechtswidrig zueignet[3], wird wegen Unterschlagung mit Gefängnis bis zu drei Jahren und, wenn die Sache ihm anvertraut[4] ist, mit Gefängnis bis zu fünf Jahren bestraft[5].

Sind mildernde Umstände vorhanden, so kann auf Geldstrafe erkannt werden.

Der Versuch ist strafbar.

1. Vgl. Anm. 1—3 zu § 242.

2. Vgl. Anm. 4 zu § 242. Unterschlagung kann nur an Sachen begangen werden, die sich im Zeitpunkt der Zueignung bereits im Besitz oder Gewahrsam des Täters befinden; Besitz (Gewahrsams-)erwerb in Zueignungsabsicht genügt nicht (str.).

3. Der Zueignungswille bedarf der Verwirklichung durch ein äußerlich erkennbares Verhalten. Wegen des Begriffs der Zueignung vgl. Anm. 6 zu § 242.

4. Das ist der Fall, wenn der Täter die Sache kraft Rechtsgeschäfts in Besitz oder Gewahrsam hat, das ihn verpflichtet, die erlangte Verfügungsgewalt entsprechend dem Willen des Übertragenden zu gebrauchen.

5. Ergänzend kommt in Betracht aus dem Ges., betr. die Pflichten der Kaufleute bei Aufbewahrung fremder Wertpapiere, v. 5. Juli 1896 (RGBl. S. 183):

§ 9. Wenn ein Kaufmann über Wertpapiere der im § 1 bezeichneten Art, welche ihm zur Verwahrung oder als Pfand übergeben sind, oder welche er als Kommissionär für den Kommittenten in Besitz genommen hat, außer dem Falle des § 246 des Strafgesetzbuchs zum eigenen Nutzen oder zum Nutzen eines Dritten rechtswidrig verfügt, wird er mit Gefängnis bis zu einem Jahre und Geldstrafe oder mit einer dieser Strafen bestraft.

Der gleichen Strafe unterliegt, wer der Vorschrift des § 8 zum eigenen Nutzen oder zum Nutzen eines Dritten vorsätzlich zuwiderhandelt.

Ist der Täter ein Angehöriger (§ 52 Absatz 2 des Strafgesetzbuchs) des Verletzten, so tritt die Verfolgung nur auf Antrag ein. Die Zurücknahme des Antrages ist zulässig. Der § 247 Absatz 2 und 3 des Strafgesetzbuchs findet entsprechende Anwendung.

§ 11. Ein Kaufmann, welcher seine Zahlungen eingestellt hat oder über dessen Vermögen das Konkursverfahren eröffnet worden ist, wird mit Zuchthaus bestraft, wenn er im Bewußtsein seiner Zahlungsunfähigkeit oder Überschuldung fremde Wertpapiere, welche er im Betriebe seines Handelsgewerbes als Verwahrer, Pfandgläubiger oder Kommissionär in Gewahrsam genommen, sich rechtswidrig zugeeignet hat.

Sind mildernde Umstände vorhanden, so tritt Gefängnisstrafe nicht unter drei Monaten ein.

§ 247.

Wer einen Diebstahl oder eine Unterschlagung gegen Angehörige[1], Vormünder[2] oder Erzieher[2] begeht, oder wer einer Person, zu der er im Lehrlingsverhältnisse[3] steht, oder in deren häuslicher Gemeinschaft er als Gesinde sich befindet[4], Sachen von unbedeutendem Werte stiehlt oder unterschlägt, ist nur auf Antrag[5] zu verfolgen. Die Zurücknahme des Antrags ist zulässig.

Ein Diebstahl oder eine Unterschlagung, welche

von Verwandten aufsteigender Linie gegen Verwandte absteigender Linie oder von einem Ehegatten gegen den anderen begangen worden ist, bleibt straflos[6].

Diese Bestimmungen finden auf Teilnehmer oder Begünstiger, welche nicht in einem der vorbezeichneten persönlichen Verhältnisse stehen, keine Anwendung.

1. § 52 Abs. 2.
2. Vgl. Anm. 1 zu § 174.
3. Auch Handlungslehrlinge (§ 76 HGB.).
4. D. h. in deren Lohn und Kost er steht. Auch der Diebstahl gegen Angehörige des Dienstherrn ist privilegiert.
5. §§ 61 ff. Relatives Antragsdelikt (vgl. Abs. 3).
6. Persönlicher Strafausschließungsgrund (vgl. Abs. 3).

§ 248.

Neben der wegen Diebstahls oder Unterschlagung erkannten Gefängnisstrafe kann auf Verlust der bürgerlichen Ehrenrechte und neben der wegen Diebstahls erkannten Zuchthausstrafe auf Zulässigkeit von Polizeiaufsicht erkannt werden[1].

1. Vgl. § 32.

§ 248 a.

Wer aus Not[1] geringwertige Gegenstände entwendet[2] oder unterschlägt, wird mit Geldstrafe oder mit Gefängnis bis zu drei Monaten bestraft.

Die Verfolgung tritt nur auf Antrag ein. Die Zurücknahme des Antrags ist zulässig.

Wer die Tat gegen einen Verwandten absteigender Linie oder gegen seinen Ehegatten begeht, bleibt straflos[3].

1. D. h. unter dem Druck wirtschaftlicher Bedrängnis zur

Befriedigung eines dringenden Lebensbedürfnisses (RGSt. 46, 409). Unverschuldet braucht die Notlage nicht zu sein.

2. §§ 242, 243.

3. Persönlicher Strafausschließungsgrund.

Zwanzigster Abschnitt.

Raub und Erpressung.

§ 249.

Wer mit Gewalt[1] gegen eine Person oder unter Anwendung von Drohungen mit gegenwärtiger Gefahr für Leib oder Leben eine fremde bewegliche Sache einem anderen in der Absicht wegnimmt, sich dieselbe rechtswidrig zuzueignen[2], wird wegen Raubes mit Zuchthaus bestraft.

Sind mildernde Umstände vorhanden, so tritt Gefängnisstrafe nicht unter sechs Monaten ein.

1. Vis absoluta und vis compulsiva. Die Anwendung von Hypnose, Giften und Rauschmitteln gehört nicht hierher, wohl aber eine unversehens — etwa durch Schläge auf den Kopf — herbeigeführte sofortige Betäubung, die keinen Widerstand aufkommen läßt, und zwar auch dann, wenn die Gewalt gegen einen Schlafenden ausgeübt wird (RGSt. 67, 183).

2. Vgl. Anm. 1 bis 6 zu § 242.

§ 250.

Auf Zuchthaus nicht unter fünf Jahren ist zu erkennen, wenn

1. der Räuber oder einer der Teilnehmer am Raub bei Begehung der Tat Waffen bei sich führt[1];
2. zu dem Raub mehrere mitwirken, welche sich zur fortgesetzten Begehung von Raub oder Diebstahl verbunden haben;
3. der Raub auf einem öffentlichen Wege, einer

Straße, einer Eisenbahn, einem öffentlichen Platze, auf offener See oder einer Wasserstraße begangen wird[2];

4. der Raub zur Nachtzeit in einem bewohnten Gebäude (§ 243 Nr. 7) begangen wird, in welches sich der Täter zur Begehung eines Raubes oder Diebstahls eingeschlichen[3] oder sich gewaltsam Eingang verschafft oder in welchem er sich in gleicher Absicht verborgen hatte, oder

5. der Räuber bereits einmal als Räuber oder gleich einem Räuber[4] im Inland[5] bestraft worden ist. Die im § 245 enthaltenen Vorschriften finden auch hier Anwendung.

Sind mildernde Umstände vorhanden, so tritt Gefängnisstrafe nicht unter einem Jahre ein.

1. Vgl. Anm. 6 und 7 zu § 123.
2. Vgl. Anm. 10 bis 12 zu § 243.
3. Vgl. Anm. 14 und 15 zu § 243.
4. §§ 252, 255.
5. Vgl. Anm. 1 zu § 244.

§ 251.

Mit Zuchthaus nicht unter zehn Jahren oder mit lebenslänglichem Zuchthaus wird der Räuber bestraft, wenn bei dem Raub ein Mensch gemartert[1], oder durch die gegen ihn verübte Gewalt[2] eine schwere Körperverletzung[3] oder der Tod[4] desselben verursacht[5] worden ist.

1. Peinigen aus Bosheit und Lust am Leiden des anderen.
2. Nicht: durch psychische Einwirkung.
3. § 224.
4. Hier ist vorausgesetzt, daß die Wegnahme oder der Versuch noch zu Lebzeiten erfolgt ist, da einem Toten nichts weggenommen werden kann (vgl. Anm. 4 zu § 242).
5. Verschulden in bezug auf diese Folge nicht erforderlich.

§ 252.

Wer, bei einem Diebstahl[1] auf frischer Tat betroffen[2], gegen eine Person[3] Gewalt verübt oder Drohungen mit gegenwärtiger Gefahr für Leib oder Leben anwendet, um sich im Besitze des gestohlenen Gutes zu erhalten, ist gleich einem Räuber zu bestrafen.

1. Nicht: §§ 248a, 370⁵.
2. Vgl. Anm. 2 zu § 214.
3. Nicht notwendig gegen den Bestohlenen.

§ 253.

Wer, um sich oder einem Dritten einen rechtswidrigen[1] Vermögensvorteil zu verschaffen, einen anderen[2] durch Gewalt[3] oder Drohung[4] zu einer Handlung, Duldung oder Unterlassung nötigt, ist wegen Erpressung mit Gefängnis nicht unter einem Monat zu bestrafen[5].

Der Versuch ist strafbar.

1. Vermögensvorteil, auf den der Täter keinen Rechtsanspruch hat.
2. Der Genötigte und der, auf dessen Kosten der Vermögensvorteil erlangt werden soll, brauchen nicht personengleich zu sein.
3. Vgl. Anm. 2 zu § 240.
4. Inaussichtstellen eines Übels, dessen Verwirklichung von dem Belieben des Drohenden abhängt, mag es sich auch um eine — an sich — rechtmäßige Handlung handeln. Nicht genügend ist Drohung mit einem verkehrsmäßigen Übel, d. h. einem Übel, dessen Anwendung zur Erreichung des Zweckes von der Verkehrsanschauung nicht mißbilligt wird, z. B. Drohung der Nichtverlängerung eines ablaufenden Vertrags, falls der andere Teil sich nicht mit einer künftigen Änderung von bestimmten Bedingungen des Vertrags einverstanden erkläre.
5. Vgl. § 339 Abs. 3.

§ 254.

Wird die Erpressung durch Bedrohung mit Mord[1], mit Brandstiftung[2] oder mit Verursachung einer Überschwemmung[3] begangen, so ist auf Zuchthaus bis zu fünf Jahren zu erkennen[4].

1. § 211.
2. §§ 306 ff.
3. §§ 312 f.
4. Idealkonkurrenz mit § 126 möglich.

§ 255.

Wird die Erpressung durch Gewalt gegen eine Person oder unter Anwendung von Drohungen mit gegenwärtiger Gefahr für Leib oder Leben begangen, so ist der Täter gleich einem Räuber[1] zu bestrafen.

1. Entsprechende Anwendung der §§ 249 bis 251.

§ 256.

Neben der wegen Erpressung erkannten Gefängnisstrafe kann auf Verlust der bürgerlichen Ehrenrechte[1] und neben der wegen Raubes oder Erpressung erkannten Zuchthausstrafe auf Zulässigkeit von Polizeiaufsicht erkannt werden.

1. Vgl. § 32.

Einundzwanzigster Abschnitt.

Begünstigung und Hehlerei.

§ 257.

Wer nach Begehung eines Verbrechens oder Vergehens[1] dem Täter oder Teilnehmer wissentlich[2] Beistand leistet[3], um denselben der Bestrafung[4] zu entziehen oder um ihm die Vorteile[5] des Verbrechens oder Vergehens zu sichern[6], ist wegen Begünstigung mit Geldstrafe oder mit Gefängnis bis zu einem Jahre und, wenn er diesen Beistand seines Vorteils[7] wegen leistet, mit Gefängnis zu bestrafen. Die Strafe darf jedoch, der Art oder dem Maße nach, keine schwerere sein, als die auf die Handlung selbst angedrohte[8].

Die Begünstigung ist straflos[9], wenn dieselbe dem Täter oder Teilnehmer von einem Angehörigen[10] gewährt worden ist, um ihn der Bestrafung zu entziehen.

Die Begünstigung ist als Beihilfe[11] zu bestrafen, wenn sie vor Begehung der Tat zugesagt worden ist. Diese Bestimmung findet auch auf Angehörige Anwendung.

1. Irrtum des Begünstigers über die rechtliche Qualifikation der Vortat ist bedeutungsloser Strafrechtsirrtum.

2. Bedingter Vorsatz genügt.

3. Jede Tätigkeit, die geeignet ist, die Verwirklichung des staatlichen Strafanspruchs zu vereiteln, auch Beihilfe zum Selbstmord, um die Strafvollstreckung zu vereiteln, Zahlung einer fremden Geldstrafe aus eignem Vermögen (anders, wenn ein der Strafe entsprechender Geldbetrag dem Verurteilten geschenkt wird, um damit die Strafe zu tilgen). Die Beistandsleistung muß rechtswidrig sein. Das ist nicht der Fall bei Unterlassung der Stellung eines Strafantrags oder wenn ein Zeuge von seinem Zeugnisverweigerungsrecht Gebrauch macht.

4. Strafverfolgung (Aburteilung einschl. der Verhängung von Maßregeln der Sicherung und Besserung) und Strafvollstreckung.

5. Nur die unmittelbar aus der Vortat erlangten Vorteile (str.), die nicht notwendig Vermögensvorteile zu sein brauchen.

6. Verhinderung der Entziehung der Vorteile.

7. Der Vorteil braucht nicht rechtswidrig, auch kein Vermögensvorteil zu sein.

8. Ist die Vortat Antragsdelikt, so ist auch die Begünstigung nur auf Antrag zu verfolgen. Vgl. § 63.

9. Persönlicher Strafausschließungsgrund.
10. § 52 Abs. 2.
11. § 49.

§ 257a[1].

Wer, abgesehen von den Fällen der §§ 120, 121, 122a, 122b, vorsätzlich die Vollstreckung[2] einer gegen einen anderen rechtskräftig angeordneten [oder zugelassenen][3] **Maßregel der Sicherung und Besserung[4] ganz oder zum Teil vereitelt, wird mit Gefängnis bis zu zwei Jahren oder mit Geldstrafe bestraft.**

Der Versuch ist strafbar.

Wird die Tat zugunsten eines Angehörigen begangen, so tritt Straffreiheit ein[5].

1. Eingefügt durch Art. 3 Ziff. 15 des Ges. v. 24. 11. 1933 (RGBl. I S. 995).
2. Wer vereiteln will, daß gegen einen anderen eine Maßregel der Sicherung und Besserung erkannt wird, ist nach § 257 strafbar.
3. Die Worte „oder zugelassenen" sind mit Wirkung vom 1. 6. 1934 gestrichen durch das Ges. über Reichsverweisungen vom 23. 3. 1934 (RGBl. I S. 213).
4. § 42a. Gilt nicht für die Untersagung der Berufsausübung, da diese einer Vollstreckung nicht bedarf. Vgl. aber Anm. 3 zu § 145c; vgl. ferner § 330b.
5. Vgl. Anm. 9 und 10 zu § 257.

§ 258.

Wer seines Vorteils[1] wegen sich einer Begünstigung schuldig macht, wird als Hehler[2] bestraft, wenn der Begünstigte

1. einen einfachen Diebstahl[3] oder eine Unterschlagung[4] begangen hat, mit Gefängnis,
2. einen schweren Diebstahl[5], einen Raub[6] oder ein

dem Raube gleich zu bestrafendes Verbrechen[7] begangen hat, mit Zuchthaus bis zu fünf Jahren. Sind mildernde Umstände vorhanden, so tritt Gefängnisstrafe nicht unter drei Monaten ein.

Diese Strafvorschriften finden auch dann Anwendung, wenn der Hehler ein Angehöriger ist.

1. Vgl. Anm. 7 zu § 258.
2. §§ 259—262.
3. § 242; nicht: §§ 248a, 370[5].
4. §§ 246, 350.
5. § 243.
6. §§ 249—251.
7. §§ 252, 255.

§ 259.

Wer seines Vorteils[1] wegen Sachen[2], von denen er weiß oder den Umständen nach annehmen muß[3], daß sie mittels einer strafbaren Handlung[4] erlangt sind, verheimlicht[5], ankauft, zum Pfande nimmt oder sonst an sich bringt[6] oder zu deren Absatze bei anderen mitwirkt[7], wird als Hehler mit Gefängnis bestraft[8].

1. Vgl. Anm. 7 zu § 257.
2. Vgl. Anm. 3 zu § 242; nur die unmittelbar durch die Straftat erlangte Sache, nicht der Erlös aus ihrer Verwertung, kann Gegenstand der Hehlerei sein.
3. D. h.: wenn aus den Umständen erkennbar ist, daß die Sache mittels einer strafbaren Handlung erlangt worden ist, so wird kraft Gesetzes — widerlegbar — vermutet, daß auch der Beschuldigte dies erkannt hat.
4. Es muß der objektive und subjektive Tatbestand einer strafbaren Handlung, die mit der Verletzung der Vermögensrechte eines anderen verbunden war, erfüllt sein.
5. Verheimlichen erfordert ein positives Tun — bloßes passives Verhalten genügt nicht —, um die Sache einer erwarteten oder als möglich angenommenen Nachforschung zu entziehen.
6. Erwerb eigner tatsächlicher Verfügungsgewalt durch

Übertragungsakt des Vortäters oder einer Mittelsperson, um darüber zu eignen Zwecken zu verfügen.

7. Daß der Absatz tatsächlich erfolgt, ist nicht erforderlich (str.).

8. Ergänzende Vorschriften:

a) § 18 des Ges. über den Verkehr mit unedlen Metallen v. 23. 7. 1926/28. 6. 1929 (RGBl. 1926 I S. 415; 1929 I S. 121):

Wer beim Betrieb eines Gewerbes der im § 1 bezeichneten Art einen Gegenstand aus unedlem Metalle, von dem er aus Fahrlässigkeit nicht erkannt hat, daß er mittels einer strafbaren Handlung erlangt ist, verheimlicht, ankauft, zum Pfande nimmt oder sonst an sich bringt oder zu seinem Absatz bei anderen mitwirkt, wird mit Gefängnis bis zu einem Jahre und mit Geldstrafe oder mit einer dieser Strafen bestraft.

b) § 5 des Ges. über den Verkehr mit Edelmetallen, Edelsteinen und Perlen v. 29. Juni 1926 (RGBl. I S. 321):

§ 5. Wer gewerbsmäßig mit den im § 1 bezeichneten Gegenständen Handel treibt oder gewerbsmäßig Edelmetalle und edelmetallhaltige Legierungen und Rückstände hiervon schmilzt, probiert oder scheidet oder aus den Gemengen und Verbindungen von Edelmetallabfällen mit Stoffen anderer Art Edelmetalle wiedergewinnt und beim Betrieb eines derartigen Gewerbes einen der im § 1 bezeichneten Gegenstände, von dem er aus Fahrlässigkeit nicht erkannt hat, daß er mittels einer strafbaren Handlung erlangt ist, verheimlicht, ankauft, zum Pfande nimmt oder sonst an sich bringt oder zu seinem Absatz bei anderen mitwirkt, wird mit Gefängnis bis zu einem Jahre und mit Geldstrafe oder mit einer dieser Strafen bestraft.

§ 260.

Wer die Hehlerei gewerbs-[1] oder gewohnheitsmäßig[2] betreibt, wird mit Zuchthaus bis zu zehn Jahren bestraft.

1. Anm. 3 zu § 218.

2. Anm. 1 zu § 180.

§ 261.

Wer im Inland wegen Hehlerei einmal und wegen darauf begangener Hehlerei zum zweiten Male bestraft worden ist[1], wird, wenn sich die abermals begangene Hehlerei auf einen schweren Diebstahl[2], einen Raub[3] oder ein dem Raube gleich zu bestrafendes Verbrechen[4] bezieht, mit Zuchthaus nicht unter zwei Jahren bestraft. Sind mildernde Umstände vorhanden, so tritt Gefängnisstrafe nicht unter einem Jahre ein.

Bezieht sich die Hehlerei auf eine andere strafbare Handlung, so ist auf Zuchthaus bis zu zehn Jahren zu erkennen. Sind mildernde Umstände vorhanden, so tritt Gefängnisstrafe nicht unter drei Monaten ein.

Die in dem § 245 enthaltenen Vorschriften finden auch hier Anwendung.

1. Vgl. Anm. 1 und 6 zu § 244.
2. § 243.
3. §§ 249—251.
4. §§ 252, 255.

§ 262.

Neben der wegen Hehlerei erkannten Gefängnisstrafe kann auf Verlust der bürgerlichen Ehrenrechte[1] und neben jeder Verurteilung wegen Hehlerei auf Zulässigkeit von Polizeiaufsicht erkannt werden.

1. § 32.

Zweiundzwanzigster Abschnitt.

Betrug und Untreue.

§ 263.

Wer[1] in der Absicht[2], sich oder einem Dritten einen rechtswidrigen[3] Vermögensvorteil[4] zu verschaffen, das Vermögen[5] eines anderen[6] dadurch beschädigt[7], daß er durch Vorspiegelung falscher oder durch Entstellung oder Unterdrückung[8] wahrer Tatsachen[9] einen Irrtum[10] erregt oder unterhält[11], wird wegen Betruges mit Gefängnis bestraft, neben welchem auf Geldstrafe sowie auf Verlust der bürgerlichen Ehrenrechte[12] erkannt werden kann.

Sind mildernde Umstände vorhanden, so kann ausschließlich auf die Geldstrafe erkannt werden.

Der Versuch ist strafbar.

[13]*In besonders schweren Fällen*[14] *tritt an die Stelle der Gefängnisstrafe Zuchthaus bis zu zehn Jahren. Ein besonders schwerer Fall liegt insbesondere dann vor, wenn die Tat das Wohl des Volkes geschädigt oder einen anderen besonders großen Schaden zur Folge gehabt oder der Täter besonders arglistig gehandelt hat.*

Wer einen Betrug gegen Angehörige, Vormünder oder Erzieher[15] begeht, ist nur auf Antrag zu verfolgen[16]. Die Zurücknahme des Antrages ist zulässig.

1. Betrug ist Vermögensbeschädigung durch Täuschung in Bereicherungsabsicht. Zum Tatbestand gehören: 1. eine Täuschungshandlung, 2. eine Irrtumserregung, 3. eine Vermögensdisposition des Getäuschten, 4. eine Vermögensschädigung; alle vier Bestandteile müssen untereinander in Kausalzusammenhang stehen.

2. Die Absicht braucht sich nur auf die Verschaffung des Vermögensvorteils zu erstrecken; hinsichtlich der Rechtswidrigkeit des Vorteils genügt dolus eventualis.

3. Ein Vorteil, auf den kein Recht besteht.

4. Jede Verbesserung der wirtschaftlichen Gesamtlage.

5. Nur das rechtlich geschützte Vermögen ist Gegenstand des

Betrugs; kein strafbarer Betrug, wenn der Dieb von einem anderen um die Diebsbeute betrogen wird.

6. Getäuschter und Geschädigter brauchen nicht personengleich zu sein.

7. Durch Verminderung des Aktivvermögens oder durch Belastung mit Verbindlichkeiten. Eine Anwartschaft gehört zum Vermögen, wenn ihre Verwirklichung mit Wahrscheinlichkeit zu erwarten ist. Wird der andere Teil durch Täuschung zur Eingehung eines gegenseitigen Vertrages bestimmt, so liegt eine Vermögensschädigung vor, wenn die dem Getäuschten obliegende Leistung einen geringeren Wert hat als die Gegenleistung des Täuschenden. Die Vermögensschädigung wird nicht dadurch beseitigt, daß der Getäuschte eine Ersatzforderung erwirbt, noch viel weniger dadurch, daß später der Schaden ersetzt wird. Beim sog. Kreditbetrug besteht der Schaden darin, daß an die Stelle baren Geldes der wirtschaftlich geringwertigere Anspruch auf Rückgewähr gegen den unsicheren, zahlungsunfähigen oder zahlungsunwilligen Schuldner getreten ist.

8. Reines Schweigen genügt nur, wenn eine Rechtspflicht zur Offenbarung besteht, dagegen nicht, wenn lediglich nach Treu und Glauben Aufklärung geboten wäre.

9. Auch sog. innere Tatsachen, z. B. die Absicht, etwas zu tun oder nicht zu tun.

10. Falsche Vorstellung von der Wirklichkeit.

11. Bestärkung oder Verhinderung der Beseitigung eines bestehenden Irrtums; bloße Ausnützung eines solchen genügt nicht.

12. Vgl. § 32.

13. Abs. 4 ist eingefügt durch Art. I Ziff. 17 des Ges. v. 26. 5. 1933 (RGBl. I S. 295).

14. Vgl. Anm. 4 zu § 49b.

15. Vgl. Anm. 2 zu § 247.

16. Relatives Antragsdelikt. § 247 Abs. 3 gilt auch hier.

§ 264.

Wer im Inlande wegen Betruges einmal und wegen darauf begangenen Betruges zum zweiten Male bestraft worden ist, wird wegen abermals begangenen Betruges mit Zuchthaus bis zu zehn Jahren und zugleich mit Geldstrafe bestraft.

Sind mildernde Umstände vorhanden, so tritt Gefängnisstrafe nicht unter drei Monaten ein, neben welcher zugleich auf Geldstrafe erkannt werden kann.

Die im § 245 enthaltenen Vorschriften finden auch hier Anwendung.

Vgl. § 244.

§ 264a.

Wer aus Not sich oder einem Dritten geringwertige Gegenstände zum Schaden eines anderen durch Täuschung (§ 263 Abs. 1) verschafft, wird mit Geldstrafe oder mit Gefängnis bis zu drei Monaten bestraft.

Der Versuch ist strafbar.

Die Verfolgung tritt nur auf Antrag ein. Die Zurücknahme des Antrags ist zulässig.

Wer die Tat gegen einen Verwandten absteigender Linie oder gegen seinen Ehegatten begeht, bleibt straflos.

Vgl. § 248a.

§ 265.

Wer in betrügerischer Absicht eine gegen Feuersgefahr versicherte Sache in Brand setzt[1]) oder ein Schiff, welches als solches oder in seiner Ladung oder in seinem Frachtlohn versichert ist, sinken oder stranden macht, wird mit Zuchthaus bis zu zehn Jahren und zugleich mit Geldstrafe bestraft[2].

Sind mildernde Umstände vorhanden, so tritt Gefängnisstrafe nicht unter sechs Monaten ein, neben welcher auf Geldstrafe erkannt werden kann.

1. Tateinheit mit Brandstiftung (§§ 306ff.) ist möglich.
2. Wird demnächst der so vorbereitete Betrug verübt, so steht dieser zu dem Verbrechen aus § 265 im Verhältnis der Tatmehrheit (str.).

§ 266[1].

Wer vorsätzlich[2] die ihm durch Gesetz[3], behördlichen Auftrag oder Rechtsgeschäft eingeräumte Befugnis[4], über fremdes Vermögen zu verfügen[5] oder einen anderen zu verpflichten, mißbraucht oder die ihm kraft Gesetzes, behördlichen Auftrags, Rechtsgeschäfts oder eines Treuverhältnisses[6] obliegende Pflicht, fremde Vermögensinteressen wahrzunehmen, verletzt und dadurch dem, dessen Vermögensinteressen er zu betreuen hat, Nachteil zufügt, wird wegen Untreue mit Gefängnis und mit Geldstrafe bestraft. Daneben kann auf Verlust der bürgerlichen Ehrenrechte erkannt werden.

In besonders schweren Fällen[7] tritt an die Stelle der Gefängnisstrafe Zuchthaus bis zu zehn Jahren. Ein besonders schwerer Fall liegt insbesondere dann vor, wenn die Tat das Wohl des Volkes geschädigt oder einen anderen besonders großen Schaden zur Folge gehabt oder der Täter besonders arglistig gehandelt hat.

1. Die neue Fassung des § 266 beruht auf Art. I Ziff. 18 des Ges. v. 26. 5. 1933 (RGBl. I S. 295).
2. Dolus eventualis genügt.
3. Darunter fällt auch der Ehemann als Verwalter des Frauengutes.
4. Wer ohne solche Verfügungsbefugnis unberechtigt über fremdes Vermögen, das seiner tatsächlichen Verfügungsgewalt untersteht, verfügt, macht sich u. U. der Unterschlagung, aber nicht der Untreue schuldig.

5. Jede rechtsgeschäftliche Einwirkung auf fremdes Vermögen.
6. Auch Treuverhältnisse tatsächlicher Art.
7. Vgl. Anm. 4 zu § 49b.

Dreiundzwanzigster Abschnitt.

Urkundenfälschung.

§ 267.

Wer in rechtswidriger Absicht[1] eine inländische oder ausländische öffentliche Urkunde[2] oder eine solche Privaturkunde, welche zum Beweise von Rechten oder Rechtsverhältnissen von Erheblichkeit[3] ist, verfälscht[4] oder fälschlich anfertigt[5] und von derselben zum Zwecke einer Täuschung Gebrauch macht[6], wird wegen Urkundenfälschung mit Gefängnis bestraft[7].

1. D. i. die Absicht, durch den gedanklichen Inhalt der Urkunde über Rechte und Rechtsverhältnisse zu täuschen und dadurch den zu Täuschenden zu einem rechtlich erheblichen Handeln zu bestimmen (RGSt. 68, 6).

2. Urkunde ist jeder leblose, sinnlich wahrnehmbare Gegenstand, der eine allgemein oder für einen bestimmten Kreis von Personen verständliche Gedankenerklärung enthält und geeignet und bestimmt ist, eine außerhalb seiner selbst liegende Tatsache im Rechtsleben zu erweisen. Ob die Bestimmung zum Beweis der Urkunde von Anfang an oder erst später beigelegt worden ist (z. B. ein Liebesbrief wird zum Beweismaterial im Ehescheidungsprozeß bestimmt), ist ohne Bedeutung. Die verkörperte gedankliche Erklärung muß den Urheber der Gedankenäußerung bezeichnen oder erkennbar auf ihn hinweisen; eine Unterzeichnung der Urkunde mit dem Namen des Ausstellers ist aber nicht erforderlich.

Öffentliche Urkunden sind nach § 415 ZPO. solche Urkunden, die von einer öffentlichen Behörde innerhalb der Grenzen ihrer Amtsbefugnisse oder von einer mit öffentlichem Glauben versehenen Person innerhalb des ihr zugewiesenen Geschäftskreises in der vorgeschriebenen Form aufgenommen sind.

3. Die Privaturkunde muß geeignet und bestimmt sein, als Beweismittel für rechtlich erhebliche Tatsachen zu dienen. Rechtserheblich ist jede Tatsache, die allein oder in Verbindung mit anderen Tatsachen für die Entstehung, Erhaltung, Veränderung oder das Erlöschen irgendeines (dem Privat- oder öffentlichen Recht angehörenden) Rechtsverhältnisses von Bedeutung ist.

4. Einer echten Urkunde durch Änderungen einen anderen Inhalt geben.

5. Herstellung einer Urkunde, wobei ihr der Schein verliehen wird, sie rühre von einem anderen als dem tatsächlichen Aussteller her. Unterzeichnung einer Privaturkunde durch den Bevollmächtigten mit dem Namen des Vollmachtgebers ist zulässig, auch wenn er dazu nicht ausdrücklich ermächtigt ist. Keine fälschliche Anfertigung ist die schriftliche Lüge, die vorliegt, wenn der Aussteller zu Beweiszwecken der Urkunde einen Inhalt gibt, die nicht den Tatsachen entspricht, ohne einen Irrtum über die Person des Ausstellers hervorrufen zu wollen.

6. Der zu täuschenden Person die Urkunde zugänglich machen (und zwar in rechtswidriger Absicht, Anm. 1). Daß der zu Täuschende tatsächlich von dem Inhalt der Urkunde Kenntnis nimmt, ist nicht erforderlich.

7. Vgl. noch § 363.

§ 268.

Eine Urkundenfälschung, welche in der Absicht[1] begangen wird, sich oder einem anderen einen Vermögensvorteil[2] zu verschaffen oder einem anderen Schaden[3] zuzufügen, wird bestraft, wenn

1. die Urkunde eine Privaturkunde ist, mit Zuchthaus bis zu fünf Jahren, neben welchem auf Geldstrafe erkannt werden kann;
2. die Urkunde eine öffentliche ist, mit Zuchthaus bis zu zehn Jahren, neben welchem auf Geldstrafe erkannt werden kann[4].

Sind mildernde Umstände vorhanden, so tritt Gefängnisstrafe ein, welche bei der Fälschung einer

Privaturkunde nicht unter einer Woche, bei der Fälschung einer öffentlichen Urkunde nicht unter drei Monaten betragen soll. Neben der Gefängnisstrafe kann zugleich auf Geldstrafe erkannt werden.

1. Die Vorstellung, einen Vermögensvorteil zu verschaffen, muß Beweggrund zur Tat, wenn auch nicht der einzige und ausschließliche sein.

2. Vgl. Anm. 4 zu § 263. Auch Erhaltung eines gefährdeten Vermögensbestandteils bedeutet einen Vermögensvorteil. Der Vorteil braucht kein rechtswidriger zu sein. Nicht erforderlich ist, daß der Vorteil durch die Urkundenfälschung selbst erstrebt wird, vielmehr genügt zur Anwendung des § 268, wenn der Täter eine Urkundenfälschung gegen Gewährung oder Zusage eines Lohnes begeht.

3. Nicht nur Vermögensschaden. Rechtswidrigkeit des Schadens nicht erforderlich. Der Getäuschte und der Geschädigte brauchen nicht personengleich zu sein.

4. Tateinheit mit § 263 ist möglich.

§ 269.

Der fälschlichen Anfertigung einer Urkunde wird es gleich geachtet, wenn jemand einem mit der Unterschrift eines anderen versehenen Papiere ohne dessen Willen oder dessen Anordnungen zuwider durch Ausfüllung einen urkundlichen Inhalt gibt.

§ 270.

Der Urkundenfälschung wird es gleich geachtet, wenn jemand von einer falschen oder verfälschten Urkunde, wissend, daß sie falsch oder verfälscht ist, zum Zwecke einer Täuschung Gebrauch macht.

§ 271[1].

Wer vorsätzlich bewirkt[2], daß Erklärungen, Verhandlungen oder Tatsachen, welche für Rechte oder

Rechtsverhältnisse von Erheblichkeit sind, in öffentlichen Urkunden[3], Büchern oder Registern[4] als abgegeben oder geschehen beurkundet werden, während sie überhaupt nicht oder in anderer Weise oder von einer Person in einer ihr nicht zustehenden Eigenschaft oder von einer anderen Person abgegeben oder geschehen sind, wird mit Gefängnis bis zu sechs Monaten oder mit Geldstrafe bestraft.

1. Sog. intellektuelle Urkundenfälschung.

2. § 271 hat den Fall im Auge, daß der beurkundende Beamte durch Täuschung veranlaßt wird, eine falsche Erklärung usw. zu beurkunden. Ein Beamter, der vorsätzlich etwas Unwahres beurkundet, ist nach § 348 derjenige, der ihn vorsätzlich dazu bestimmt, als Anstifter strafbar.

3. Vgl. Anm. 2 zu § 267.

4. Es kommen nur solche öffentliche Bücher und Register in Betracht, deren Eintragungen dazu bestimmt sind, für die Allgemeinheit Beweis zu erbringen, nicht nur, daß die aufgenommene Erklärung abgegeben worden ist, sondern daß sie der Wahrheit entspricht. Es kommen daher in Betracht z. B. Grundbücher, Personenstands-, Vereins-, Güterrechts-, Genossenschaftsregister. Dagegen nicht: Strafurteile, Protokolle im Zivil- und Strafverfahren, da sie nicht beweisen, daß derjenige, der unter einem bestimmten Namen aufgetreten ist, mit dem wahren Träger dieses Namens personengleich ist (vgl. aber § 360 Nr. 8), ferner nicht Bücher und Register, die nur der Kontrolle des inneren dienstlichen Verkehrs dienen.

§ 272.

Wer die vorbezeichnete Handlung in der Absicht begeht, sich oder einem anderen einen Vermögensvorteil zu verschaffen oder einem anderen Schaden zuzufügen, wird mit Zuchthaus bis zu zehn Jahren bestraft, neben welchem auf Geldstrafe erkannt werden kann.

Sind mildernde Umstände vorhanden, so tritt Gefängnisstrafe ein, neben welcher auf Geldstrafe erkannt werden kann.

Vgl. § 268.

§ 273.

Wer wissentlich von einer falschen Beurkundung der im § 271 bezeichneten Art zum Zwecke einer Täuschung Gebrauch macht, wird nach Vorschrift jenes Paragraphen und, wenn die Absicht dahin gerichtet war, sich oder einem anderen einen Vermögensvorteil zu verschaffen oder einem anderen Schaden zuzufügen, nach Vorschrift des § 272 bestraft.

§ 274.

Mit Gefängnis, neben welchem auf Geldstrafe erkannt werden kann, wird bestraft, wer

1. eine Urkunde[1], welche ihm entweder überhaupt nicht oder nicht ausschließlich gehört, in der Absicht, einem anderen Nachteile[2] zuzufügen, vernichtet, beschädigt oder unterdrückt[3,4], oder
2. einen Grenzstein oder ein anderes zur Bezeichnung einer Grenze oder eines Wasserstandes bestimmtes Merkmal[5] in der Absicht, einem anderen Nachteil[2] zuzufügen, wegnimmt, vernichtet, unkenntlich macht, verrückt oder fälschlich setzt.

1. Sie braucht nicht zum Beweis von Rechten und Rechtsverhältnissen von Erheblichkeit zu sein.
2. Nicht nur vermögensrechtliche.
3. Entzieht oder vorenthält. Die Vorschriften über Diebstahl und Unterschlagung werden durch § 274 nicht berührt.
4. Tateinheit mit § 123 ist möglich.
5. Als Grenzzeichen kommt nur ein Gegenstand in Betracht, der diese Eigenschaft durch die zuständige Amtsstelle oder durch übereinstimmenden Willen der Beteiligten erhalten hat.

§ 275.

Mit Gefängnis nicht unter drei Monaten wird bestraft, wer

1. wissentlich von falschem oder gefälschtem Stempelpapier, von falschen oder gefälschten Stempelmarken, Stempelblanketten, Stempelabdrücken, Post- oder Telegraphenfreimarken oder gestempelten Briefkuverts[1] Gebrauch macht[2],
2. unechtes Stempelpapier, unechte Stempelmarken, Stempelblankette oder Stempelabdrücke für Spielkarten, Pässe oder sonstige Drucksachen oder Schriftstücke, ingleichen, wer unechte Post- oder Telegraphenfreimarken oder gestempelte Briefkuverts in der Absicht anfertigt, sie als echt zu verwenden, oder
3. echtes Stempelpapier, echte Stempelmarken, Stempelblankette, Stempelabdrücke, Post- oder Telegraphenfreimarken oder gestempelte Briefkuverts in der Absicht verfälscht, sie zu einem höheren Werte zu verwenden.

1. Nur amtliche Wertzeichen sind geschützt, und zwar inländische und ausländische.

2. D. h. in Verkehr bringt. Hierunter fällt nicht die Verwendung des Wertzeichens als Ware, z. B. Verkauf gefälschter Briefmarken an Sammler.

§ 276.

Wer wissentlich schon einmal zu stempelpflichtigen Urkunden, Schriftstücken oder Formularen verwendetes Stempelpapier oder schon einmal verwendete Stempelmarken oder Stempelblankette, ingleichen Stempelabdrücke, welche zum Zeichen stattgehabter Versteuerung gedient haben, zu stempelpflichtigen

Schriftstücken verwendet[1], wird, außer der Strafe, welche durch die Entziehung der Stempelsteuer begründet ist, mit Geldstrafe bestraft.

Gleiche Strafe trifft denjenigen, welcher wissentlich schon einmal verwendete Post- oder Telegraphenwertzeichen nach gänzlicher oder teilweiser Entfernung des Entwertungszeichens[2] zur Frankierung benutzt. Neben dieser Strafe ist die etwa wegen Entziehung der Post- oder Telegraphengebühren begründete Strafe verwirkt.

1. Ohne Rücksicht darauf, ob das Entwertungszeichen gänzlich oder teilweise entfernt wird. Wegen Veräußerung und Feilhalten schon einmal verwendeten Stempelpapiers usw. vgl. § 364.

2. Für den Fall, daß das Entwertungszeichen nicht entfernt ist, vgl. § 27 Nr. 3 Postges. und § 2 des Telegraphenfreimarkenges. v. 16. 5. 1869.

§ 277.

Wer unter der ihm nicht zustehenden Bezeichnung[1] als Arzt[2] oder als eine andere approbierte Medizinalperson[3] oder unberechtigt unter dem Namen solcher Personen ein Zeugnis über seinen oder eines anderen Gesundheitszustand ausstellt oder ein derartiges echtes Zeugnis verfälscht[4] und davon zur Täuschung[5] von Behörden oder Versicherungsgesellschaften Gebrauch macht, wird mit Gefängnis bis zu einem Jahre bestraft.

1. D. h. mit seinem eigenen Namen, aber mit falscher Berufsbezeichnung.

2. Vgl. § 29 GewO.

3. Welche Medizinalpersonen außer den in § 29 GewO. bezeichneten einer Approbation bedürfen, bestimmt Landesrecht.

4. Bestrafung aus §§ 267, 268, 363 StGB. ist ausgeschlossen, da § 277 lex specialis ist; dagegen ist Tateinheit mit § 147 Nr. 3 GewO. (unbefugte Titelführung) möglich.

5. Täuschung über den Aussteller, nicht über den Gesundheitszustand. Ob das Zeugnis inhaltlich richtig oder falsch ist, ist gleichgültig.

§ 278.

Ärzte und andere approbierte Medizinalpersonen, welche ein unrichtiges Zeugnis über den Gesundheitszustand eines Menschen zum Gebrauche bei einer Behörde oder Versicherungsgesellschaft wider besseres Wissen ausstellen, werden mit Gefängnis von einem Monat bis zu zwei Jahren bestraft.

§ 279.

Wer, um eine Behörde oder eine Versicherungsgesellschaft über seinen oder eines anderen Gesundheitszustand zu täuschen, von einem Zeugnisse der in den §§ 277 und 278 bezeichneten Art Gebrauch macht, wird mit Gefängnis bis zu einem Jahre bestraft.

§ 280.

Neben einer nach Vorschrift der §§ 267, 274, 275, 277 bis 279 erkannten Gefängnisstrafe kann auf Verlust der bürgerlichen Ehrenrechte erkannt werden.

Vgl. § 32.

Vierundzwanzigster Abschnitt.

Bankrott.

An die Stelle der §§ 281 bis 283 StGB. sind die §§ 239 bis 244 der Konkursordnung getreten:

§ 239.

Schuldner, welche ihre Zahlungen eingestellt haben, oder über deren Vermögen das Konkursverfahren eröffnet worden ist, werden wegen betrüglichen Bankrotts mit Zuchthaus bestraft, wenn sie in der Absicht, ihre Gläubiger zu benachteiligen,

1. Vermögensstücke verheimlicht oder beiseitegeschafft haben,
2. Schulden oder Rechtsgeschäfte anerkannt oder aufgestellt haben, welche ganz oder teilweise erdichtet sind,
3. Handelsbücher zu führen unterlassen haben, deren Führung ihnen gesetzlich oblag, oder
4. ihre Handelsbücher vernichtet oder verheimlicht oder so geführt oder verändert haben, daß dieselben keine Übersicht des Vermögenszustandes gewähren.

Sind mildernde Umstände vorhanden, so tritt Gefängnisstrafe nicht unter drei Monaten ein.

§ 240.

Schuldner, welche ihre Zahlungen eingestellt haben oder über deren Vermögen das Konkursverfahren eröffnet worden ist, werden wegen einfachen Bankrotts mit Gefängnis bestraft, wenn sie

1. durch Aufwand, Spiel oder Wette oder durch Differenzhandel mit Waren oder Börsenpapieren übermäßige Summen verbraucht haben oder schuldig geworden sind;
2. in der Absicht, die Eröffnung des Konkursverfahrens hinauszuschieben, Waren oder Wertpapiere auf Kredit entnommen und diese Gegenstände erheblich unter dem Werte in einer den Anforderungen einer ordnungsmäßigen Wirt-

schaft widersprechenden Weise veräußert oder sonst weggegeben haben;

3. Handelsbücher zu führen unterlassen haben, deren Führung ihnen gesetzlich oblag, oder dieselben verheimlicht, vernichtet oder so unordentlich geführt haben, daß sie keine Übersicht ihres Vermögenszustandes gewähren, oder
4. es gegen die Bestimmungen des Handelsgesetzbuches unterlassen haben, die Bilanz ihres Vermögens in der vorgeschriebenen Zeit zu ziehen.

Neben der Gefängnisstrafe kann in den Fällen der Nr. 1, 2 auf Verlust der bürgerlichen Ehrenrechte erkannt werden.

Sind mildernde Umstände vorhanden, so kann auf Geldstrafe erkannt werden.

§ 241.

Schuldner, welche ihre Zahlungen eingestellt haben oder über deren Vermögen das Konkursverfahren eröffnet worden ist, werden mit Gefängnis bis zu zwei Jahren bestraft, wenn sie, obwohl sie ihre Zahlungsunfähigkeit kannten, einem Gläubiger in der Absicht, ihn vor den übrigen Gläubigern zu begünstigen, eine Sicherung oder Befriedigung gewährt haben, welche derselbe nicht oder nicht in der Art oder nicht zu der Zeit zu beanspruchen hatte.

Sind mildernde Umstände vorhanden, so kann auf Geldstrafe erkannt werden.

§ 242.

Mit Zuchthaus bis zu zehn Jahren wird bestraft, wer

1. im Interesse eines Schuldners, welcher seine

Zahlungen eingestellt hat, oder über dessen Vermögen das Konkursverfahren eröffnet worden ist, Vermögensstücke desselben verheimlicht oder beiseitegeschafft hat, oder

2. im Interesse eines solchen Schuldners oder, um sich oder einem anderen Vermögensvorteil zu verschaffen, in dem Verfahren erdichtete Forderungen im eigenen Namen oder durch vorgeschobene Personen geltend gemacht hat.

Sind mildernde Umstände vorhanden, so tritt Gefängnisstrafe oder Geldstrafe ein.

§ 243.

Ein Gläubiger, welcher sich von dem Gemeinschuldner oder anderen Personen besondere Vorteile dafür hat gewähren oder versprechen lassen, daß er bei den Abstimmungen der Konkursgläubiger in einem gewissen Sinne stimme, wird mit Geldstrafe oder mit Gefängnis bis zu einem Jahre bestraft.

§ 244.

Die Strafvorschriften der §§ 239 bis 241 finden gegen die Mitglieder des Vorstandes einer Aktiengesellschaft oder eingetragenen Genossenschaft und gegen die Liquidatoren einer Handelsgesellschaft oder eingetragenen Genossenschaft, welche ihre Zahlungen eingestellt hat oder über deren Vermögen das Konkursverfahren eröffnet worden ist, Anwendung, wenn sie in dieser Eigenschaft die mit Strafe bedrohten Handlungen begangen haben.

Fünfundzwanzigster Abschnitt.

Strafbarer Eigennutz und Verletzung fremder Geheimnisse.

§ 284.

Wer ohne behördliche Erlaubnis[1] öffentlich[2] ein Glücksspiel[3] veranstaltet oder hält oder die Einrichtungen[4] hierzu bereit stellt, wird mit Gefängnis bis zu zwei Jahren und mit Geldstrafe oder mit Geldstrafe bestraft.

Als öffentlich veranstaltet gelten auch Glücksspiele in Vereinen oder geschlossenen Gesellschaften, in denen Glücksspiele gewohnheitsmäßig veranstaltet werden.

1. Vgl. dazu Ausführungsvorschriften der Reichsregierung v. 27. 7. 1920 (RGBl. S. 1482). S. ferner Ges. betr. die Schließung und Beschränkung der öffentlichen Spielbanken v. 1. 7. 1868 (BGBl. S. 367) und Ges. über die Zulassung öffentlicher Spielbanken v. 14. 7. 1933 (RGBl. I S. 480) nebst VOen über öffentl. Spielbanken v. 18. 8. 1933 (RGBl. I S. 593) und 27. 3. 1934 (RGBl. I S. 255).

2. Einem unbestimmten, nicht individuell abgegrenzten Personenkreis zugänglich. Erweiterung: Abs. 2.

3. Spiel um Vermögenswerte, bei dem die Entscheidung nicht durch die körperlichen und geistigen Fähigkeiten der Teilnehmer getroffen wird, sondern allein oder hauptsächlich vom Zufall abhängt. Hängt die Entscheidung bis zu einem gewissen Grad von der Übung des Spielers ab, so kommt es darauf an, ob die Spieler im allgemeinen über die nötige Übung verfügen.

Wetten sind keine Glücksspiele. Wegen der Rennwetten vgl. das Rennwett- und Lotteriegesetz. v. 8. 4. 1922 (RGBl. I S. 393) i. d. F. von § 11 des Ges. über Reichsverweisungen v. 23. 3. 1934 (RGBl. I S. 213)*).

4. Gilt nur für Einrichtungen, die gerade für das Glücksspiel

---

*) Rennwett- und Lotteriegesetz:

§ 5. Wer ohne Erlaubnis ein Totalisatorunternehmen betreibt oder gewerbsmäßig Wetten abschließt oder vermittelt, wird mit

geeignet und bestimmt sind, z. B. Spielkarten, Spielmarken usw. Wer nur die Räume zur Verfügung stellt oder in anderer Weise das Spiel fördert, kann wegen Beihilfe zur Straftat aus Abs. 1 strafbar sein.

§ 284 a.

Wer sich an einem Glücksspiel (§ 284) beteiligt, wird mit Gefängnis bis zu sechs Monaten und mit Geldstrafe oder mit Geldstrafe bestraft.

§ 284 b.

In den Fällen der §§ 284, 284a sind die Spieleinrichtungen und das auf dem Spieltisch oder in der Bank befindliche Geld einzuziehen, sofern sie

---

Gefängnis bis zu zwei Jahren bestraft; daneben ist auf Geldstrafe zu erkennen; auch kann auf Verlust der bürgerlichen Ehrenrechte erkannt werden.

Die empfangenen Einsätze oder deren Wert sind in dem Urteil für verfallen zu erklären.

§ 6. Wer gewerbsmäßig zum Abschluß oder zur Vermittlung von Wetten auffordert oder sich erbietet oder Angebote zum Abschluß oder zur Vermittlung solcher Wetten entgegennimmt, wird mit Geldstrafe und mit Gefängnis bis zu sechs Monaten oder mit einer dieser Strafen bestraft. Unter dieses Verbot fallen nicht Aufforderungen, Erbieten und Angebote der zugelassenen Wettunternehmer sowie der Personen, deren sich die Wettunternehmer mit Genehmigung der Landeszentralbehörde zum Abschluß und zur Vermittlung von Wetten bedienen, soweit diese Personen bei der Abwickelung von Wettgeschäften im Auftrag des Wettunternehmers handeln.

Die empfangenen Einsätze oder deren Wert sind in dem Urteil für verfallen zu erklären.

§ 7. Der Buchmacher und die Personen, deren er sich zum Abschluß und zur Vermittlung von Wetten bedient, werden, wenn sie außerhalb der gemäß § 2 genehmigten Örtlichkeiten Wetten vermitteln oder abschließen oder Angebote dazu entdem Täter oder einem Teilnehmer gehören. Andernfalls können die Gegenstände eingezogen werden.

§ 285.

Wer aus dem Glücksspiel ein Gewerbe macht[1], wird mit Gefängnis und mit Geldstrafe, bei mildernden Umständen mit Gefängnis bis zu einem Jahre und mit Geldstrafe oder mit Geldstrafe bestraft.

1. D. h. in der Absicht handelt, eine fortgesetzte, auf Erwerb gerichtete Tätigkeit auszuüben.

---

gegennehmen, mit Geldstrafe und mit Gefängnis bis zu drei Monaten oder mit einer dieser Strafen bestraft.

§ 8. Wer an einem Totalisatorunternehmen, das im Inland nicht erlaubt ist, oder bei einem Buchmacher, der im Inland nicht zugelassen ist, wettet oder einen Antrag zum Abschluß einer Wette stellt, oder wer zum Abschluß oder zur Vermittlung einer solchen Wette einen Auftrag erteilt, wird mit Geldstrafe bestraft.

Die empfangenen Gewinne oder deren Wert sind in dem Urteil für verfallen zu erklären.

§ 9. Mit Geldstrafe, im Unvermögensfalle mit Gefängnis zu sechs Monaten wird bestraft:

1. wer öffentlich oder durch Verbreitung von Schriften oder anderen Darstellungen, ohne zugelassener Unternehmer eines Totalisators oder zugelassener Buchmacher zu sein, zum Abschluß von Wetten außerhalb der Örtlichkeiten des Totalisatorunternehmens oder außerhalb der im § 2 Abs. 2 bezeichneten Örtlichkeiten des Buchmachers anreizt,
2. wer gewerbsmäßig Voraussagen über den Ausgang von Rennen verbreitet,
3. wer in seinen Räumen den Abschluß oder die Vermittlung von Wetten duldet, ohne daß die Räume für das Unternehmen eines Totalisators oder eines Buchmachers zugelassen sind.

Straffrei sind redaktionelle Veröffentlichungen in einer periodisch erscheinenden Druckschrift, sofern diese nicht ausschließlich oder überwiegend der Verbreitung von Voraussagen dient.

§ 285 a.

In den Fällen der §§ 284, 284a und 285 kann neben Gefängnis auf Verlust der bürgerlichen Ehrenrechte und auf die Zulässigkeit von Polizeiaufsicht erkannt werden[1].

[Einen Ausländer kann die Landespolizeibehörde nach Vollstreckung der Freiheitsstrafe aus dem Reichsgebiete verweisen][2].

Neben der Strafe kann angeordnet werden, daß die Verurteilung auf Kosten des Schuldigen öffentlich bekanntzumachen ist.

1. Die Fassung des Abs. 1 beruht auf Art. 3 Ziff. 16 des Ges. v. 24. 11. 1933 (RGBl. I S. 995). Bisher war gegen Spieler die Überweisung an die Landespolizeibehörde möglich. Diese Nebenstrafe ist durch das vorgenannte Gesetz beseitigt und durch die Anordnung der Unterbringung in einem Arbeitshaus ersetzt worden (§ 42d). Diese Maßregel ist gegen Spieler nicht zulässig; der Gesetzgeber war der Auffassung, daß gegen Spieler nicht mit Besserungsmaßregeln, sondern mit Strafen einzuschreiten sei.

2. Auch wenn nicht auf Zulässigkeit von Reichsverweisung (§ 42m) erkannt ist. Vgl. § 361 Nr. 2 (Strafbarkeit der unerlaubten Rückkehr des Ausgewiesenen). Abs. 2 ist mit Wirkung vom 1. 6. 1934 gestrichen durch das Ges. über Reichsverweisungen v. 23. 3. 1934 (RGBl. I S. 213).

§ 286.

Wer ohne obrigkeitliche Erlaubnis öffentliche[1] Lotterien veranstaltet, wird mit Gefängnis bis zu zwei Jahren oder mit Geldstrafe bestraft.

Den Lotterien sind öffentlich veranstaltete Ausspielungen[2] beweglicher oder unbeweglicher Sachen gleich zu achten.

1. Vgl. Anm. 2 zu § 284.

2. Lotterie ist ein Glücksspiel, das nach einem von dem Unternehmer einseitig aufgestellten Spielplan betrieben wird, dergestalt daß der Spieler durch einen Geldeinsatz die Möglichkeit

erhält, ein von dem Eintritt eines zufälligen Ereignisses abhängiges Recht auf einen Geldgewinn zu erwerben. Besteht der Gewinn nicht in Geld, sondern in anderen Vermögenswerten, so liegt eine Ausspielung vor.

§ 287.

(ist ersetzt durch § 14 des Warenzeichengesetzes vom 12. Mai 1894, RGBl. S. 441*.)

§ 288.

Wer bei einer ihm drohenden Zwangsvollstreckung[1] in der Absicht, die Befriedigung des Gläubigers zu vereiteln, Bestandteile seines Vermögens veräußert[2] oder beiseiteschafft[3], wird mit Gefängnis bis zu zwei Jahren oder mit Geldstrafe bestraft.

Die Verfolgung tritt nur auf Antrag[4] des Gläubigers ein.

---

*) §§ 14ff. WarenZG. vom 12. Mai 1894/21. März 1925 (RGBl. II S. 115, 287):

§ 14. Wer wissentlich oder aus grober Fahrlässigkeit Waren oder deren Verpackung oder Umhüllung, oder Ankündigungen, Preislisten, Geschäftsbriefe, Empfehlungen, Rechnungen oder dergleichen mit dem Namen oder der Firma eines anderen oder mit einem nach Maßgabe dieses Gesetzes geschützten Warenzeichen widerrechtlich versieht oder dergleichen widerrechtlich gekennzeichnete Waren in Verkehr bringt oder feilhält, ist dem Verletzten zur Entschädigung verpflichtet.

Hat er die Handlung wissentlich begangen, so wird er außerdem mit Geldstrafe oder mit Gefängnis bis zu sechs Monaten bestraft.

§ 15. Wer zum Zweck der Täuschung in Handel und Verkehr Waren oder deren Verpackung oder Umhüllung, oder Ankündigungen, Preislisten, Geschäftsbriefe, Empfehlungen, Rechnungen oder dergleichen mit einer Ausstattung, welche innerhalb beteiligter Verkehrskreise als Kennzeichen gleichartiger Waren eines anderen gilt, ohne dessen Genehmigung versieht, oder wer zu

1. Die Zwangsvollstreckung droht, wenn nach den Umständen zu erwarten ist, daß der Berechtigte sein Vermögensrecht demnächst nötigenfalls im Wege der Zwangsvollstreckung verwirklichen wird. Die Zwangsvollstreckung braucht nicht unmittelbar bevorzustehen; sie kann schon drohen, wenn noch keine Klage erhoben ist, jedoch nicht früher, als bis das einer Vollstreckung fähige Vermögensrecht des Gläubigers entstanden ist. Sie kann auch noch drohen, wenn sie bereits begonnen hat, sofern noch weitere Vollstreckungshandlungen zu erwarten sind.

2. Auch die dingliche Belastung von Vermögensstücken des Schuldners, Erlaß von Forderungen, Verzicht auf dingliche Rechte usw.

3. Dem Zugriff des Gläubigers entziehen, ohne aus dem Vermögen des Täters zu kommen (Verstecken, Scheinveräußerungen und -belastungen, selbst Zerstören).

4. § 61.

§ 289.

Wer seine eigene bewegliche Sache oder eine fremde bewegliche Sache zugunsten des Eigentümers derselben dem Nutznießer[1], Pfandgläubiger[2] oder demjenigen, welchem an der Sache ein Gebrauchs-[3]

---

dem gleichen Zweck derartig gekennzeichnete Waren in Verkehr bringt oder feilhält, ist dem Verletzten zur Entschädigung verpflichtet und wird mit Geldstrafe oder mit Gefängnis bis zu drei Monaten bestraft.

§ 16. Wer Waren oder deren Verpackung oder Umhüllung oder Ankündigungen, Preislisten, Geschäftsbriefe, Empfehlungen, Rechnungen oder dergleichen fälschlich mit einem Staatswappen oder mit dem Namen oder Wappen eines Ortes, eines Gemeinde- oder weiteren Kommunalverbandes zu dem Zweck versieht, über Beschaffenheit und Wert der Waren einen Irrtum zu erregen, oder wer zu dem gleichen Zweck derartig bezeichnete Waren in Verkehr bringt oder feilhält, wird mit Geldstrafe oder mit Gefängnis bis zu sechs Monaten bestraft.

Die Verwendung von Namen, welche nach Handelsgebrauch zur Benennung gewisser Waren dienen, ohne deren Herkunft bezeichnen zu sollen, fällt unter diese Bestimmung nicht.

oder Zurückbehaltungsrecht[4] zusteht, in rechtswidriger Absicht[5] wegnimmt[6], wird mit Gefängnis bis zu drei Jahren oder mit Geldstrafe bestraft.

Neben der Gefängnisstrafe kann auf Verlust der bürgerlichen Ehrenrechte erkannt werden.

Der Versuch ist strafbar.

Die Verfolgung tritt nur auf Antrag[7] ein.

Die Bestimmungen des § 247 Absatz 2 und 3 finden auch hier Anwendung.

1. Vgl. §§ 1030ff., 1383, 1649, 1652 BGB. usw.
2. Vertragsmäßiges oder gesetzliches Pfandrecht.
3. Auch schuldrechtliche Gebrauchsrechte, z. B. das des Mieters.
4. Vertragliches oder gesetzliches Zurückbehaltungsrecht.
5. D. h. Handeln mit dem Willen — dolus eventualis genügt nicht —, das fremde Recht zu verletzen.
6. Jede Besitzentziehung, durch die das die Ausübung des dem Berechtigten zustehenden Rechtes vereitelt wird.
7. § 61.

§ 290.

Öffentliche Pfandleiher[1], welche die von ihnen in Pfand genommenen Gegenstände unbefugt in Gebrauch nehmen, werden mit Gefängnis bis zu einem Jahre, neben welchem auf Geldstrafe erkannt werden kann, bestraft.

1. Ob der Täter die vorgeschriebene Erlaubnis (§ 34 GewO.) zum Geschäftsbetrieb besitzt, ist ohne Bedeutung; maßgebend ist, ob er das Gewerbe offenkundig betreibt.

§ 291.

Wer die bei den Übungen der Artillerie verschossene Munition oder wer Bleikugeln[1] aus den Kugelfängen der Schießstände der Truppen sich widerrechtlich zueignet, wird mit Gefängnis bis zu einem Jahre oder mit Geldstrafe bestraft[2].

1. Alle Geschosse, die nicht Artilleriemunition darstellen.

2. Tateinheit mit Diebstahl oder Unterschlagung ist ausgeschlossen.

§ 292.

Wer an Orten[1], an denen zu jagen er nicht berechtigt ist, die Jagd ausübt[2], wird mit Geldstrafe oder mit Gefängnis bis zu drei Monaten bestraft[3].

Ist der Täter ein Angehöriger des Jagdberechtigten, so tritt die Verfolgung nur auf Antrag ein. Die Zurücknahme des Antrages ist zulässig.

1. Maßgebend ist nicht der Ort, wo der Täter sich befindet, sondern wo der Erfolg eintritt. Wer vom eignen Jagdrevier aus ein Tier auf fremdem Revier jagt, ist nach § 292 strafbar.

2. Jede auf Erlegung oder Besitzergreifung von jagdbaren Tieren gerichtete Tätigkeit einschließlich des Ausspähens, Heranpirschens, des Schlingenlegens usw. Welche Tiere jagdbar sind, bestimmt Landesrecht (für Preußen Jagdgesetz v. 18. 1. 1934 — GS. S. 13 —, § 1). Die Tiere müssen ferner herrenlos sein. Tiere in Tiergärten sowie gezähmte Tiere sind nicht herrenlos (§ 960 BGB.); sie können daher Gegenstand des Diebstahls usw., aber nicht eines Jagdvergehens sein. Was im einzelnen zur Jagdausübung gehört, insbes. ob das Recht zur Aneignung von Fallwild, von abgeworfenen Geweihen, von Eiern jagdbarer Vögel, dazu gehört, richtet sich ebenfalls nach Landesrecht. In Ermangelung solcher Vorschriften gehört die Aneignung von Fallwild, nicht dagegen die abgeworfener Geweihe zum Inhalt des Jagdrechts.

3. Vgl. noch § 368 Ziff. 10 und 11; Vogelschutzges. v. 30. 5. 1908. Tateinheit mit verbotenem Waffenführen (vgl. §§ 24, 25 des Schußwaffenges., §§ 1, 2 des Ges. gegen Waffenmißbrauch v. 28. 3. 1931) möglich.

§ 293.

Die Strafe kann . . . auf Gefängnis bis zu sechs Monaten erhöht werden, wenn dem Wilde nicht mit Schießgewehr oder Hunden, sondern mit Schlingen, Netzen, Fallen oder anderen Vorrichtungen nachgestellt oder, wenn das Vergehen während der gesetzlichen Schonzeit[1], in Wäldern, zur Nachtzeit[2] oder gemeinschaftlich von mehreren begangen wird.

1. Die Schonzeiten sind landesgesetzlich geregelt.
2. Vgl. Anm. 14 zu § 243.

§ 294.

Wer unberechtigtes Jagen gewerbsmäßig[1] betreibt, wird mit Gefängnis nicht unter drei Monaten bestraft; auch kann auf Verlust der bürgerlichen Ehrenrechte sowie auf Zulässigkeit von Polizeiaufsicht erkannt werden.

1. Vgl. Anm. 3 zu § 218.

§ 295.

Neben der durch das Jagdvergehen verwirkten Strafe ist[1] auf Einziehung des Gewehrs, des Jagdgerätes[2] und der Hunde, welche der Täter bei dem unberechtigten Jagen bei sich geführt hat, ingleichen der Schlingen, Netze, Fallen und anderen Vorrichtungen zu erkennen, ohne Unterschied, ob sie dem Verurteilten gehören oder nicht.

1. zwingend.
2. Alle Gegenstände, welche nach ihrer Beschaffenheit zur Verwendung bei der Jagd geeignet und dauernd bestimmt sind (RGSt. 22, 15). Also nicht: Fahrräder, Kraftfahrzeuge usw.; jedoch ist hier Einziehung unter den Voraussetzungen des § 40 möglich.

§ 296.

Wer zur Nachtzeit[1] bei Fackellicht oder unter Anwendung schädlicher oder explodierender Stoffe unberechtigt fischt oder krebst, wird mit Geldstrafe oder mit Gefängnis bis zu sechs Monaten bestraft.

1. Vgl. Anm. 14 zu § 243.

§ 296 a.

Ausländer, welche in deutschen Küstengewässern unbefugt fischen, werden mit Geldstrafe oder mit Gefängnis bis zu sechs Monaten bestraft.

Neben der Geld- oder Gefängnisstrafe ist auf Einziehung der Fanggeräte, welche der Täter bei dem unbefugten Fischen bei sich geführt hat, ingleichen der in dem Fahrzeug enthaltenen Fische zu erkennen, ohne Unterschied, ob die Fanggeräte und Fische dem Verurteilten gehören oder nicht.

§ 297.

Ein Reisender oder Schiffsmann[1], welcher ohne Vorwissen des Schiffers[2], ingleichen ein Schiffer, welcher ohne Vorwissen des Reeders Gegenstände an Bord nimmt, welche das Schiff[3] oder die Ladung gefährden, indem sie die Beschlagnahme oder Einziehung des Schiffes oder der Ladung veranlassen können, wird mit Geldstrafe oder mit Gefängnis bis zu zwei Jahren bestraft.

1. Die ganze Schiffsbesatzung (§ 481 HGB.) mit Ausnahme des Schiffers.

2. Führer des Schiffs, der Schiffskapitän und Stellvertreter (§§ 511, 516 HGB.).

3. Gedacht ist nur an Seehandelsschiffe, ohne Rücksicht darauf, ob es ein deutsches Schiff ist oder nicht.

§ 298[1].

Ein Schiffsmann[2], welcher mit der Heuer entläuft oder sich verborgen hält, um sich dem übernommenen Dienste zu entziehen, wird, ohne Unterschied, ob das Vergehen im Inland oder im Ausland begangen worden ist, mit Gefängnis bis zu einem Jahre bestraft.

1. § 298 gilt nur, soweit nicht § 93 der Seemannsordnung v. 2. 6. 1902 Platz greift (letztere Vorschrift trifft Bestimmungen für die Mannschaften deutscher Kauffahrteischiffe).

2. Umfaßt Mannschaften der See- und der Binnenschiffe (str.).

§ 299.

Wer einen verschlossenen Brief oder eine andere verschlossene Urkunde, die nicht zu seiner Kenntnisnahme bestimmt ist, vorsätzlich und unbefugterweise[1] eröffnet, wird mit Geldstrafe oder mit Gefängnis bis zu drei Monaten bestraft[2].

Die Verfolgung tritt nur auf Antrag ein[3].

1. Das Recht zur Öffnung braucht, soweit es nicht vertraglich eingeräumt ist, nicht auf einer ausdrücklichen Vorschrift zu beruhen, wie das des Strafrichters (§§ 100, 110 StPO.) oder des Konkursverwalters (§ 121 KO.), es kann sich auch aus der Pflicht zur Wahrnehmung der Interessen des Schreibers oder Empfängers ergeben. So berechtigt das Sorgerecht der Eltern zur Überwachung des Briefwechsels der Kinder; dem Ehemann steht ein solches Recht hinsichtlich der Ehefrau nicht zu. Zur Strafbarkeit ist Bewußtsein des Täters von der mangelnden Befugnis erforderlich.

2. Vgl. §§ 354, 355.

3. Privatklagedelikt (§ 374). Antragsberechtigt ist, wem zur Zeit der Tat das Verfügungsrecht über den Brief oder die Urkunde zustand.

§ 300.

Rechtsanwälte[1], Advokaten[2], Notare, Verteidiger in Strafsachen[3], Ärzte[4], Wundärzte, Hebammen, Apotheker sowie die Gehilfen dieser Personen werden, wenn sie unbefugt[5] Privatgeheimnisse[6] offenbaren, die ihnen kraft ihres Amtes, Standes oder Gewerbes anvertraut[7] sind, mit Geldstrafe oder mit Gefängnis bis zu drei Monaten bestraft[8].

Die Verfolgung tritt nur auf Antrag[9] ein.

1. Nicht: Patentanwälte, auch nicht Prozeßagenten.

2. Gibt es nicht mehr.

3. § 138 StPO.

4. Auch Zahnärzte, dagegen nicht Tierärzte.

5. Die Offenbarung ist nicht unbefugt, wenn die allgemeinen Gründe vorliegen, die die Rechtswidrigkeit ausschließen; hierzu gehört auch die Wahrnehmung eines höheren Interesses auf Kosten des demgegenüber geringer zu bewertenden Interesses an der Geheimhaltung. Die Offenbarung ist ferner befugt, wenn sie einer gesetzlichen Anzeigepflicht entspricht, sowie dann, wenn die in § 300 bezeichneten Personen unter Verzicht auf ihr Zeugnisverweigerungsrecht (§ 53 Nr. 2 und 3 StPO., § 383 Nr. 5 ZPO.) als Zeugen auf Verlangen des Gerichts aussagen.

6. Alle Tatsachen, an deren Geheimhaltung der Anvertrauende ein Interesse hat.

7. Anvertraut ist eine Mitteilung, wenn ihre Geheimhaltung verlangt oder erwartet wird.

8. Ergänzende Bestimmungen in zahlreichen Nebengesetzen, z. B. § 10 des Ges. zur Bekämpfung der Geschlechtskrankheiten v. 18. 2. 1927, § 15 des Ges. zur Verhütung erbkranken Nachwuchses v. 14. 7. 1933.

9. § 61. Verletzt ist regelmäßig der Anvertrauende.

§ 301.

Wer in gewinnsüchtiger Absicht und unter Benutzung des Leichtsinns oder der Unerfahrenheit eines Minderjährigen[1] sich von demselben Schuldscheine, Wechsel, Empfangsbekenntnisse, Bürgschaftsinstrumente oder eine andere eine Verpflichtung enthaltende Urkunde ausstellen oder auch nur mündlich ein Zahlungsversprechen erteilen läßt, wird mit Gefängnis bis zu sechs Monaten oder mit Geldstrafe bestraft.

Die Verfolgung tritt nur auf Antrag ein.

1. Vgl. §§ 2, 187 Abs. 2 BGB.

§ 302.

Wer in gewinnsüchtiger Absicht und unter Benutzung des Leichtsinns oder der Unerfahrenheit eines Minderjährigen sich von demselben unter Verpfändung der Ehre, auf Ehrenwort, eidlich oder unter ähnlichen Versicherungen oder Beteuerungen die Zahlung einer Geldsumme oder die Erfüllung einer anderen auf Gewährung geldwerter Sachen gerichteten Verpflichtung aus einem Rechtsgeschäfte versprechen läßt, wird mit Gefängnis bis zu einem Jahre oder mit Geldstrafe bestraft.

Neben der Gefängnisstrafe kann auf Verlust der bürgerlichen Ehrenrechte erkannt werden.

Dieselbe Strafe trifft denjenigen, welcher sich eine Forderung, von der er weiß, daß deren Berichtigung ein Minderjähriger in der vorbezeichneten Weise versprochen hat, abtreten läßt.

Die Verfolgung tritt nur auf Antrag ein.

§ 302 a.

Wer unter Ausbeutung der Notlage[1], des Leichtsinns oder der Unerfahrenheit eines anderen mit Bezug auf ein Darlehen oder auf die Stundung einer Geldforderung oder auf ein anderes zweiseitiges Rechtsgeschäft, welches denselben wirtschaftlichen Zwecken dienen soll, sich oder einem Dritten Vermögensvorteile[2] versprechen[3] oder gewähren läßt, welche den üblichen Zinsfuß dergestalt überschreiten, daß nach den Umständen des Falles die Vermögensvorteile in auffälligem Mißverhältnis zu der Leistung stehen, wird wegen Wuchers mit Gefängnis bis zu sechs Monaten und zugleich mit Geldstrafe bestraft. Auch kann auf Verlust der bürgerlichen Ehrenrechte erkannt werden.

1. Drängende Not, welche die wirtschaftliche Existenz bedroht.

2. Vgl. Anm. 4 zu § 263.

3. Vgl. § 138 BGB.

§ 302 b.

Wer sich oder einem Dritten die wucherlichen Vermögensvorteile (§ 302a) verschleiert[1] oder wechselmäßig oder unter Verpfändung der Ehre, auf Ehrenwort, eidlich oder unter ähnlichen Versicherungen oder Beteuerungen versprechen läßt, wird mit Gefängnis bis zu einem Jahre und zugleich mit Geldstrafe bestraft. Auch kann auf Verlust der bürgerlichen Ehrenrechte erkannt werden.

1. Das ist der Fall, wenn Maßnahmen getroffen sind, daß die wucherischen Vorteile nicht oder nur schwer als solche erkennbar sind. Daß der Schuldner getäuscht worden sei, ist nicht erforderlich.

§ 302 c.

Dieselben Strafen (§§ 302a, 302b) treffen denjenigen, welcher mit Kenntnis des Sachverhaltes eine Forderung der vorbezeichneten Art erwirbt[1] und entweder dieselbe weiterveräußert oder die wucherlichen Vermögensvorteile geltend macht.

1. Auch Erwerb von Todes wegen.

§ 302 d.

Wer den Wucher (§§ 302a bis 302c) gewerbs-[1] oder gewohnheitsmäßig[2] betreibt, wird mit Gefängnis nicht unter drei Monaten und zugleich mit Geldstrafe bestraft. Auch ist auf Verlust der bürgerlichen Ehrenrechte zu erkennen.

1. Vgl. Anm. 3 zu § 218.
2. Vgl. Anm. 1 zu § 180.

§ 302 e.

Dieselbe Strafe (§ 302d) trifft denjenigen, welcher mit Bezug auf ein Rechtsgeschäft anderer als der im § 302a bezeichneten Art gewerbs- oder gewohnheitsmäßig unter Ausbeutung der Notlage, des Leichtsinns oder der Unerfahrenheit eines anderen sich oder einem Dritten Vermögensvorteile versprechen oder gewähren läßt, welche den Wert der Leistung dergestalt überschreiten, daß nach den Umständen des Falles die Vermögensvorteile in auffälligem Mißverhältnis zu der Leistung stehen.

Sechsundzwanzigster Abschnitt.

Sachbeschädigung.

§ 303 [1].

Wer vorsätzlich und rechtswidrig [2] eine fremde [3] Sache [4] beschädigt oder zerstört [5], wird mit Geldstrafe oder mit Gefängnis bis zu drei Jahren bestraft.

Der Versuch ist strafbar.

Die Verfolgung tritt nur auf Antrag ein [6].

Ist das Vergehen gegen einen Angehörigen verübt, so ist die Zurücknahme des Antrages zulässig.

1. Einfache Sachbeschädigung.
2. Vorsätzliche Handlung mit dem Bewußtsein der Rechtswidrigkeit. Durch Einwilligung des Eigentümers wird letztere ausgeschlossen (RGSt. 27 S. 420). Widerrechtlichkeit wird auch gemäß § 229 BGB. ausgeschlossen, wenn zum Zwecke der Selbsthilfe gehandelt wird. Entsprechend für §§ 859, 904 BGB. — Fremde wildernde Hunde darf der Jagdberechtigte lediglich auf

Grund von Sondergesetzen töten, vgl. § 51 des pr. Jagdgesetzes v. 18. 1. 1934 (GS. S. 13). Auch das Recht, fremde Tauben zu töten, die an bestellten Feldern Schaden anrichten, ist in besonderen (landesgesetzlichen) Bestimmungen geregelt (für Preußen vgl. VO. v. 4. 3. 1933, GS. S. 64). Bezüglich anderweiter Beschädigungen vgl. §§ 103a, 135, 311, 315ff., 321, 322.

3. An eigner Sache kann Beschädigung nicht begangen werden; auch nicht, wenn anderen Realrechte daran zustehen (GA. 38 S. 216).

4. Vgl. § 90 BGB. Körperliche Sache wird vorausgesetzt. — Am menschlichen Leichnam ist Eigentum der Angehörigen nicht begründet (RGSt. 64 S. 313).

5. Beschädigung liegt vor, wenn die körperliche Unversehrtheit der Sache aufgehoben und deren Brauchbarkeit für ihre Zweckbestimmung herabgemindert ist oder ihre stoffliche Zusammensetzung verändert ist (RGSt. 33 S. 177, 37 S. 412, 13 S. 27). — Werfen von Schmutz in einen Brunnen oder Verunreinigung von Trinkwasser kann Sachbeschädigung sein (RGSt. 9 S. 171; DRZ. 23 Nr. 208). — Bloßes Einwirken auf eine Sache ohne Verletzung oder Veränderung der Substanz genügt nicht, z. B. Fliegenlassen eines Vogels.

6. Jeder, der ein dingliches oder persönliches Recht an der Sache hat, ist ebenso wie der Eigentümer antragsberechtigt (RGSt. 7 S. 306); ferner auch, wer die Verantwortung für die Sache trägt (RGSt. 63 S. 76; 65 S. 354); aber nicht der Versicherer (GA. 50 S. 287).

§ 304.

Wer vorsätzlich und rechtswidrig Gegenstände[1] der Verehrung einer im Staate bestehenden Religionsgesellschaft, oder Sachen, die dem Gottesdienste gewidmet sind, oder Grabmäler[2], öffentliche Denkmäler[3], Gegenstände der Kunst, der Wissenschaft oder des Gewerbes, welche in öffentlichen Sammlungen aufbewahrt werden oder öffentlich aufgestellt sind, oder Gegenstände, welche zum öffentlichen Nutzen oder zur Verschönerung öffentlicher Wege, Plätze oder Anlagen dienen[4], beschädigt[5] oder zerstört, wird mit Gefängnis bis zu drei Jahren oder mit Geldstrafe bestraft.

Neben der Gefängnisstrafe kann auf Verlust der bürgerlichen Ehrenrechte erkannt werden.

Der Versuch ist strafbar.

1. Gemeinschädliche Sachbeschädigung. — Eine fremde Sache braucht hier nicht vorzuliegen (GA. 60 S. 69).

2. Schutz der Grabmäler dauert auch nach Ablauf der Verwesungsfrist fort (RGSt. 42 S. 116). — Bezüglich Grabschändung vgl. § 168.

3. Es ist Zweckbestimmung nötig, daß das Denkmal der Öffentlichkeit gewidmet erscheint (RGSt. 43 S. 240); dabei sind nicht nur Erinnerungszeichen gemeint, sondern auch Werke als kennzeichnende Reste eines früheren Kulturabschnittes, sofern die Zweckbestimmung gegeben ist.

4. Gewisse Dauer braucht der Zustand nicht zu haben (RGSt. 64 S. 250). Der Nutzen muß für das Publikum ein unmittelbarer sein (RGSt. 58 S. 346), z. B. ein hergestellter Weg (RGSt. 28 S. 117); Wahlurnen (RGSt. 55 S. 60); mit Plombe gesicherter Feuermelder (Tateinheit mit § 136, RGSt. 65 S. 133); Postbriefkasten (JW. 60 S. 1620); Anschlagsäulen (RGSt. 66 S. 203); nicht dagegen die Einrichtungen der Gefängniszellen (Recht 20 Nr. 1420; JurR. Nr. 2309; RGSt. 31 S. 143).

5. Die Beschädigung i. S. des § 304 liegt nur vor, wenn die besondere Zweckbestimmung der Sache beeinträchtigt wird; andere Beschädigungen sind nur nach § 303 strafbar (RGSt. 43, 32).

§ 305.

Wer vorsätzlich und rechtswidrig ein Gebäude[1], ein Schiff, eine Brücke[2], einen Damm, eine gebaute Straße, eine Eisenbahn oder ein anderes Bauwerk, welche fremdes Eigentum sind, ganz oder teilweise zerstört[3], wird mit Gefängnis nicht unter einem Monat bestraft.

Der Versuch ist strafbar.

1. Vgl. Anm. 1 zu § 243.

2. Hierunter ist nicht jeder einfache Übergang, sondern nur ein Bauwerk von einiger Erheblichkeit zu verstehen (RGSt. 24 S. 26; 33 S. 391). Zerstörung ist schon gegeben, wenn durch Fortnahme eines Teils (Brett, Platte usw.) die Gangbarkeit aufgehoben wird (RGSt. 20 S. 353; Recht 10 S. 870).

3. Teilweise Zerstörung, wenn die ganze Sache für einzelne ihrer Zweckbestimmungen unbrauchbar gemacht wird, z. B. teilweise Wegnahme eines Geländers bei einer Brücke, Trennung oder Lockerung von Eisenbahnschienen (RGSt. 55 S. 169).

Siebenundzwanzigster Abschnitt.

Gemeingefährliche Verbrechen und Vergehen[1].

§ 306[1].

Wegen Brandstiftung wird mit Zuchthaus bestraft, wer vorsätzlich[2] in Brand setzt[3]:

1. ein zu gottesdienstlichen Versammlungen bestimmtes Gebäude[4],
2. ein Gebäude, ein Schiff oder eine Hütte, welche zur Wohnung von Menschen dienen[5], oder
3. eine Räumlichkeit[6], welche zeitweise zum Aufenthalt von Menschen dient, und zwar zu einer Zeit, während welcher Menschen in derselben sich aufzuhalten pflegen[7].

1. Ergänzend sind zu berücksichtigen § 5 der VO. zum Schutze von Volk und Staat v. 28. 2. 1933 (RGBl. I S. 83) und § 1 Ziff. 2 des Ges. zur Abwehr politischer Gewalttaten v. 4. 4. 1933 (RGBl. I S. 162), abgedr. S. 300 und 303. Sie geben strafschärfende Bestimmungen (Todesstrafe). Strafaufhebungsgrund s. § 310.

2. Auch durch Unterlassung ist vorsätzliche Brandstiftung möglich (RGSt. 60 S. 77).

3. Bloßes Ankohlen ist noch kein Inbrandsetzen; es muß so gebrannt haben, daß das Feuer sich selbständig weiterverbreiten konnte (RGSt. 7 S. 131; 25 S. 326). Flammenausbruch ist nicht erforderlich; Fortpflanzung des Feuers durch Glimmen genügt (RGSt. 18 S. 362).

4. Vgl. Anm. 1 zu § 243.

5. Tatsächliches Bewohnen ist nicht erforderlich. — Auch wenn nur ein Teil des Gebäudes bewohnt wird, dient das ganze Gebäude zur Wohnung von Menschen. — Tod des einzigen Bewohners nimmt dem Haus seine Eigenschaft als Wohngebäude (Recht 31 Nr. 203).

6. Jeder unbewegliche oder bewegliche Raum, der zum dauernden oder vorübergehenden Aufenthalt von Menschen bestimmt und geeignet ist, auch Künstlerwagen, Schäferkarren, Eisenbahnwagen.

7. Die tatsächliche Anwesenheit von Menschen ist nicht erforderlich.

§ 307[1].

Die Brandstiftung (§ 306) wird mit Zuchthaus nicht unter zehn Jahren oder mit lebenslänglichem Zuchthaus bestraft, wenn

1. der Brand den Tod eines Menschen dadurch verursacht hat[2], daß dieser zur Zeit der Tat in einer der in Brand gesetzten Räumlichkeiten sich befand,
2. die Brandstiftung in der Absicht begangen worden ist, um unter Begünstigung derselben Mord oder Raub zu begehen oder einen Aufruhr zu erregen, oder
3. der Brandstifter, um das Löschen des Feuers zu verhindern oder zu erschweren, Löschgerätschaften entfernt oder unbrauchbar gemacht hat.

1. Straferhöhende Umstände zu § 306. — Strafverschärfung vgl. Anm. 1 zu § 306.

2. Der Tod ist durch den Brand verursacht, wenn ein unmittel-

barer Zusammenhang zwischen Brand und Tod besteht; dies ist auch der Fall bei Herzschlag infolge des Schrecks.

§ 308[1].

Wegen Brandstiftung wird mit Zuchthaus bis zu zehn Jahren bestraft, wer vorsätzlich Gebäude, Schiffe Hütten, Bergwerke, Magazine, Warenvorräte, welche auf dazu bestimmten öffentlichen Plätzen lagern, Vorräte von landwirtschaftlichen Erzeugnissen[2] oder von Bau- oder Brennmaterialien[3], Früchte auf dem Felde[4], Waldungen oder Torfmoore in Brand setzt, wenn diese Gegenstände entweder fremdes Eigentum sind[5] oder zwar dem Brandstifter eigentümlich gehören, jedoch ihrer Beschaffenheit und Lage nach geeignet sind, das Feuer einer der im § 306 Nr. 1 bis 3 bezeichneten Räumlichkeiten oder einem der vorstehend bezeichneten fremden Gegenstände mitzuteilen.

Sind mildernde Umstände vorhanden, so tritt Gefängnisstrafe nicht unter sechs Monaten ein.

1. Strafverschärfung durch Ges. v. 4. 4. 1933, vgl. Anm. 1 zu § 306. — Strafaufhebungsgrund s. § 310.

2. Rohprodukte, bei deren Gewinnung die Substanz des Bodens unberührt bleibt.

3. Dazu kann ein Kohlenmeiler gehören (RGSt. 62 S. 28).

4. Die Bestimmungen des BGB. sind hier nicht maßgebend (Recht 9 S. 318). Verbundenheit mit dem Boden ist nicht erforderlich.

5. D. h. nach den Vorschriften des bürgerlichen Rechts nicht dem Täter gehören. Auch herrenlose Gegenstände fallen hierunter (JW. 59 S. 924).

§ 309[1].

Wer durch Fahrlässigkeit einen Brand der in den §§ 306 und 308 bezeichneten Art herbeiführt, wird mit Gefängnis bis zu einem Jahre oder mit Geldstrafe und, wenn durch den Brand der Tod eines Menschen verursacht worden ist[2], mit Gefängnis von einem Monat bis zu drei Jahren bestraft.

1. Strafaufhebungsgrund vgl. § 310.

2. Vgl. Anm. 2 zu § 307. — Bestrafung wegen fahrlässiger Tötung wird durch § 309 nicht ausgeschlossen (JW. 34 S. 755).

§ 310[1].

Hat der Täter den Brand, bevor derselbe entdeckt und ein weiterer als der durch die bloße Inbrandsetzung bewirkte Schaden entstanden war, wieder gelöscht[2], so tritt Straflosigkeit[3] ein.

1. Strafaufhebungsgrund zu §§ 306—309, nicht zu §§ 311 u. 265.

2. Mithilfe anderer bei Brandlöschung schließt die Folge des § 310 nicht aus. Herbeirufen der Feuerwehr kann eigne Löschungstätigkeit im Sinne dieses Paragraphen sein.

3. Ist Strafe ausgeschlossen, kann auch nicht Strafe wegen Sachbeschädigung in Frage kommen (RGSt. 57 S. 294; a. M. LeipzKomm. Anm. 4). Dagegen ist Bestrafung aus § 265 möglich.

§ 311[1].

Die gänzliche oder teilweise Zerstörung einer Sache durch Gebrauch von Pulver oder anderen explodierenden Stoffen[2] ist der Inbrandsetzung der Sache gleich zu achten.

1. Strafverschärfung durch VO. v. 28. 2. 1933 und Ges. v. 4. 4. 1933; vgl. Anm. 1 zu § 306. — Vgl. ferner SprengstoffGes. v. 9. 6. 1884, abgedr. S. 283.

2. Nur Stoffe, die ihre Daseinsform verändern, nicht Wasserdampf.

§ 312[1].

Wer mit gemeiner Gefahr für Menschenleben vorsätzlich[2] eine Überschwemmung herbeiführt, wird mit

Zuchthaus nicht unter drei Jahren und, wenn durch die Überschwemmung der Tod eines Menschen verursacht worden ist, mit Zuchthaus nicht unter zehn Jahren oder mit lebenslänglichem Zuchthaus bestraft.

1. Strafverschärfung durch die VO. zum Schutze von Volk und Staat v. 28. 2. 1933 (RGBl. I S. 83) § 5 Abs. 1 und Ges. zur Abwehr politischer Gewalttaten v. 4. 4. 1933 (RGBl. I S. 162) § 1 Ziff. 3 und § 2; abgedruckt S. 300 bzw. S. 303.

2. Vorsatz muß das Bewußtsein der gemeinen Gefahr umfassen; nicht bestimmbare Anzahl von Personen und Sachen muß gefährdet sein.

§ 313.

Wer mit gemeiner Gefahr für das Eigentum[1] vorsätzlich eine Überschwemmung herbeiführt, wird mit Zuchthaus bestraft.

Ist jedoch die Absicht des Täters nur auf Schutz seines Eigentums gerichtet gewesen, so ist auf Gefängnis nicht unter einem Jahre zu erkennen.

1. Die gefährdeten Sachen müssen verschiedenen Personen gehören (str.).

§ 314.

Wer eine Überschwemmung mit gemeiner Gefahr für Leben oder Eigentum durch Fahrlässigkeit herbeiführt, wird mit Gefängnis bis zu einem Jahre und, wenn durch die Überschwemmung der Tod eines Menschen verursacht worden ist[1], mit Gefängnis von einem Monat bis zu drei Jahren bestraft.

1. Vgl. Anm. 2 zu § 307. Tateinheit mit fahrlässiger Tötung ist möglich.

§ 315[1].

Wer vorsätzlich[2] Eisenbahnanlagen[3], Beförderungsmittel oder sonstiges Zubehör derselben dergestalt beschädigt, oder auf der Fahrbahn durch falsche Zeichen oder Signale oder auf andere Weise[4] solche Hindernisse bereitet, daß dadurch der Transport[5] in Gefahr gesetzt wird[6], wird mit Zuchthaus bis zu zehn Jahren bestraft.

Ist durch die Handlung eine schwere Körperverletzung[7] verursacht[8] worden, so tritt Zuchthausstrafe nicht unter fünf Jahren und, wenn der Tod eines Menschen verursacht worden ist, Zuchthausstrafe nicht unter zehn Jahren oder lebenslängliche Zuchthausstrafe ein.

1. Strafverschärfung zu Abs. 2 durch die VO. zum Schutze von Volk und Staat v. 28. 2. 1933 (RGBl. I S. 83) § 5 Abs. 1 und Ges. zur Abwehr politischer Gewalttaten v. 4. 4. 1933 (RG.-Bl. I S. 162) § 1 Nr. 3 und § 2, abgedruckt S. 300 bzw. S. 303.

2. Bewußtsein der Gefährdung genügt.

3. Pferdebahnen gehören nicht hierher. Straßenbahnen mit Lokomotivbetrieb fallen hierunter (RGSt. 11 S. 33); ebenso Bergbahnen und elektr. Eisenbahnen (RGSt. 12 S. 371).

4. Z. B. Aufdrehen einer Bremse beim stehenden Eisenbahnwagen, Bewerfen des Personals eines fahrenden Zuges mit Steinen.

5. Nicht ein bestimmter Zug, sondern der Eisenbahnbetrieb als solcher.

6. Gefahr besteht nur dann, wenn Eintritt des Unglücks wahrscheinlich war und nur Zufälligkeiten es abgewendet haben (RGSt. 10 S. 173; 61 S. 362). Wenn Tatbestand nicht verwirklicht, kann grober Unfug oder Übertretung des § 80 der Eisenbahnbau- u. -betriebsordnung v. 17. 7. 1928 (RGBl. II S. 541) vorliegen.

7. § 224.

8. Verschulden nicht erforderlich. Der Verletzte oder Getötete braucht sich nicht in dem Zuge befunden zu haben.

§ 316.

Wer fahrlässigerweise[1] durch eine der vorbezeichneten Handlungen den Transport auf einer Eisenbahn in Gefahr setzt, wird mit Gefängnis bis zu einem Jahre oder mit Geldstrafe und, wenn durch die Handlung der Tod eines Menschen verursacht[2] worden ist, mit Gefängnis von einem Monat bis zu drei Jahren bestraft.

Gleiche Strafe trifft die zur Leitung der Eisenbahnfahrten und zur Aufsicht über die Bahn und den Beförderungsbetrieb angestellten Personen, wenn sie durch Vernachlässigung der ihnen obliegenden Pflichten einen Transport in Gefahr setzen[3].

1. Fahrlässige Eisenbahntransportgefährdung. Der äußere Tatbestand ist derselbe wie in § 315. Das Verschulden besteht in Fahrlässigkeit hinsichtlich der Transportgefährdung; gleichgültig ist dabei, ob die Hindernisse vorsätzlich oder fahrlässig bereitet sind. Die Gefährdung des Transportes muß als mögliche Folge des Verhaltens der Täter vorhersehbar sein.

2. Mitverschulden des Getöteten ist unerheblich.

3. Eisenbahntransportgefährdung durch Bahnangestellte; Vorhersehbarkeit der Gefährdung ist in diesem Falle nicht erforderlich (RGSt. 53 S. 134); ebenso nicht, daß die Transportgefährdung dem Täter zur Fahrlässigkeit zuzurechnen ist (a. a. O.). Aber die bloße für eine Transportgefährdung ursächliche Zuwiderhandlung gegen die Dienstvorschriften genügt nur, wenn sie dem Täter zum Verschulden zuzurechnen ist (RGSt. 22 S. 163). Die Vernachlässigung der Pflichten als solche kann vorsätzlich oder fahrlässig erfolgen. Mit den §§ 222 und 230 können die §§ 315 wie 316 in Idealkonkurrenz stehen.

§ 317.

Wer vorsätzlich[1] und rechtswidrig den Betrieb einer zu öffentlichen Zwecken[2] dienenden Telegraphenanlage dadurch verhindert oder gefährdet, daß er Teile oder Zubehörungen derselben beschädigt oder Veränderungen daran vornimmt, wird mit Gefängnis von einem Monat bis zu drei Jahren bestraft[3].

1. Vorsätzliche Gefährdung des Telegraphenbetriebes; neugefaßt durch das Ges. v. 15. 5. 1891. — Dolus eventualis genügt (RGSt. 22 S. 393). Wegen fahrlässiger Begehung vgl. § 318.

2. Das Eigentumsverhältnis ist unerheblich; es kommt nur auf die Zweckbestimmung an.

3. Bezüglich Telephon und Rohrpost vgl. § 318a. Wegen der Verhinderung oder Störung des Betriebs von Funkanlagen durch Verwendung oder Entziehung elektrischer Arbeit vgl. § 19 des Ges. über die Fernmeldeanlagen v. 14. 1. 1928 (RGBl. I S. 8). Störung von Funkanlagen durch Rückkoppeln wird nicht von diesem Paragraphen getroffen, sondern von § 360 Ziff. 11. — Durch § 317 wird § 304 ausgeschlossen, da § 317 Spezialbestimmung.

§ 318.

Wer fahrlässigerweise[1] durch eine der vorbezeichneten Handlungen den Betrieb einer zu öffentlichen Zwecken dienenden Telegraphenanlage verhindert oder gefährdet, wird mit Gefängnis bis zu einem Jahre oder mit Geldstrafe bestraft[2].

Gleiche Strafe trifft die zur Beaufsichtigung und Bedienung der Telegraphenanlagen und ihrer Zubehörungen angestellten Personen, wenn sie durch Vernachlässigung der ihnen obliegenden Pflichten den Betrieb verhindern oder gefährden.

1. Die verursachende Handlung kann vorsätzlich oder fahrlässig begangen sein; die Fahrlässigkeit muß sich auf die Verhinderung oder Gefährdung beziehen.

2. Idealkonkurrenz mit § 303 (nicht § 304) ist möglich.

§ 318 a.

Die Vorschriften in den §§ 317 und 318 finden gleichmäßig Anwendung auf die Verhinderung oder

Gefährdung des Betriebes der zu öffentlichen Zwecken dienenden Rohrpostanlagen.

Unter Telegraphenanlagen im Sinne der §§ 317 und 318 sind Fernsprechanlagen mitbegriffen.

§ 319.

Wird einer der in den §§ 316 und 318 erwähnten Angestellten wegen einer der in den §§ 315 bis 318 bezeichneten Handlungen verurteilt, so kann derselbe zugleich für unfähig zu einer Beschäftigung im Eisenbahn- oder Telegraphendienste oder in bestimmten Zweigen dieser Dienste erklärt werden.

§ 320.

Die Vorsteher einer Eisenbahngesellschaft[1] sowie die Vorsteher einer zu öffentlichen Zwecken dienenden Telegraphenanstalt, welche nicht sofort nach Mitteilung des rechtskräftigen Erkenntnisses die Entfernung des Verurteilten bewirken, werden mit Geldstrafe oder mit Gefängnis bis zu drei Monaten bestraft.

Gleiche Strafe trifft denjenigen, welcher für unfähig zum Eisenbahn- oder Telegraphendienste erklärt worden ist, wenn er sich nachher bei einer Eisenbahn oder Telegraphenanstalt wieder anstellen läßt, sowie diejenigen, welche ihn wieder angestellt haben, obgleich ihnen die erfolgte Unfähigkeitserklärung bekannt war.

1. Findet nur bei Privatbahnen Anwendung.

§ 321.

Wer vorsätzlich Wasserleitungen, Schleusen, Wehre, Deiche, Dämme oder andere Wasserbauten, oder

Brücken, Fähren, Wege[1] oder Schutzwehre, oder dem Bergwerksbetriebe dienende Vorrichtungen zur Wasserhaltung, zur Wetterführung oder zum Ein- oder Ausfahren der Arbeiter zerstört oder beschädigt, oder in schiffbaren Strömen, Flüssen oder Kanälen das Fahrwasser stört[2] und durch eine dieser Handlungen Gefahr für das Leben oder die Gesundheit anderer[3] herbeiführt, wird mit Gefängnis nicht unter drei Monaten bestraft.

Ist durch eine dieser Handlungen eine schwere Körperverletzung[4] verursacht[5] worden, so tritt Zuchthausstrafe bis zu fünf Jahren und, wenn der Tod eines Menschen verursacht worden ist, Zuchthausstrafe nicht unter fünf Jahren ein.

1. Auch Notwege fallen hierunter.
2. Falsches Fahren ist kein Stören im Sinne dieser Bestimmung.
3. Gefährdung einer einzigen Person genügt.
4. § 224.
5. Verschulden nicht erforderlich.

§ 322.

Wer vorsätzlich ein zur Sicherung der Schiffahrt[1] bestimmtes Feuerzeichen oder ein anderes zu diesem Zwecke aufgestelltes Zeichen zerstört, wegschafft oder unbrauchbar macht, oder ein solches Feuerzeichen auslöscht oder seiner Dienstpflicht zuwider nicht aufstellt, oder ein falsches Zeichen, welches geeignet ist, die Schiffahrt unsicher zu machen, aufstellt, insbesondere zur Nachtzeit auf der Strandhöhe Feuer anzündet, welches die Schiffahrt zu gefährden geeignet ist, wird mit Zuchthaus bis zu zehn Jahren bestraft.

Ist durch die Handlung die Strandung eines

Schiffes verursacht worden, so tritt Zuchthausstrafe nicht unter fünf Jahren und, wenn der Tod eines Menschen verursacht worden ist, Zuchthausstrafe nicht unter zehn Jahren oder lebenslängliche Zuchthausstrafe ein.

1. Auch Flußschiffahrt.

§ 323.

Wer vorsätzlich[1] die Strandung oder das Sinken eines Schiffes[2] bewirkt und dadurch Gefahr für das Leben eines anderen herbeiführt, wird mit Zuchthaus nicht unter fünf Jahren und, wenn durch die Handlung der Tod eines Menschen verursacht worden ist, mit Zuchthaus nicht unter zehn Jahren oder mit lebenslänglichem Zuchthaus bestraft[3].

1. Konkretes Gefährdungsdelikt. Vorsatz muß Bewußtsein der Gefährdung mitumfassen; dolus eventualis genügt aber. Wegen fahrlässiger Begehung vgl. § 326.

2. See- und Flußschiffe ohne Rücksicht auf die Größe (auch Boote und Kähne).

3. Idealkonkurrenz mit § 265 ist möglich.

§ 324.

Wer vorsätzlich Brunnen- oder Wasserbehälter, welche zum Gebrauche anderer dienen, oder Gegenstände, welche zum öffentlichen Verkaufe oder Verbrauche bestimmt sind, vergiftet oder denselben Stoffe beimischt, von denen ihm bekannt ist, daß sie die menschliche Gesundheit zu zerstören geeignet sind, ingleichen wer solche vergiftete oder mit gefährlichen Stoffen vermischte Sachen wissentlich und mit Verschweigung dieser Eigenschaft verkauft, feilhält oder sonst in Verkehr bringt[1], wird mit Zuchthaus bis zu zehn Jahren und, wenn durch die Handlung der Tod eines Menschen verursacht werden ist, mit Zuchthaus nicht unter zehn Jahren oder mit lebenslänglichem Zuchthaus bestraft[2].

1. Vgl. dazu aus dem Lebensmittelges. v. 5. 7. 1927 (RGBl. I S. 134):

„§ 3. Es ist verboten

1. a) Lebensmittel für andere derart zu gewinnen, herzustellen, zuzubereiten, zu verpacken, aufzubewahren oder zu befördern, daß ihr Genuß die menschliche Gesundheit zu schädigen geeignet ist;
   b) Gegenstände, deren Genuß die menschliche Gesundheit zu schädigen geeignet ist, als Lebensmittel anzubieten, zum Verkaufe vorrätig zu halten, feilzuhalten, zu verkaufen oder sonst in den Verkehr zu bringen.
2. a) Bedarfsgegenstände der im § 2 Nr. 1 bis 4, 6 bezeichneten Art so herzustellen oder zu verpacken, daß sie bei bestimmungsgemäßem oder vorauszusehendem Gebrauche die menschliche Gesundheit durch ihre Bestandteile oder Verunreinigungen zu schädigen geeignet sind;
   b) so hergestellte oder verpackte Bedarfsgegenstände dieser Art anzubieten, zum Verkaufe vorrätig zu halten, feilzuhalten, zu verkaufen oder sonst in den Verkehr zu bringen.

§ 12. Wer vorsätzlich einem der Verbote des § 3 oder einer nach § 5 Nr. 1 erlassenen Vorschrift zuwiderhandelt, wird mit Gefängnis und mit Geldstrafe oder mit einer dieser Strafen bestraft.

Der Versuch ist strafbar.

Ist durch die Tat eine schwere Körperverletzung oder der Tod eines Menschen verursacht worden, so tritt an Stelle des Gefängnisses Zuchthaus bis zu zehn Jahren.

Neben der Freiheitsstrafe kann auf Verlust der bürgerlichen Ehrenrechte, neben Zuchthaus auch auf Zulässigkeit von Polizeiaufsicht erkannt werden.

Ist die Zuwiderhandlung fahrlässig begangen, so tritt Geldstrafe und Gefängnis oder eine dieser Strafen ein."

Ergänzende Vorschriften in anderen Spezialgesetzen.

2. Wegen Polizeiaufsicht vgl. § 325, wegen fahrlässiger Begehung vgl. § 326. — Strafverschärfungen durch VO. zum Schutz von Volk und Staat v. 28. 2. 1933 (RGBl. I S. 83) § 5 Abs. 1, abgedruckt Anhang S. 300 und Ges. zur Abwehr politischer Gewalttaten v. 4. 4. 1933 (RGBl. I S. 162) § 1 Ziff. 3, § 2, abgedruckt Anhang S. 303.

§ 325.

Neben der nach den Vorschriften der §§ 306 bis 308, 311 bis 313, 315, 321 bis 324 erkannten Zuchthausstrafe kann auf Zulässigkeit von Polizeiaufsicht erkannt werden.

§ 326.

Ist eine der in den §§ 321 bis 324 bezeichneten Handlungen aus Fahrlässigkeit begangen worden, so ist, wenn durch die Handlung ein Schaden[1] verursacht worden ist, auf Gefängnis bis zu einem Jahre und, wenn der Tod eines Menschen verursacht worden ist, auf Gefängnis von einem Monat bis zu drei Jahren zu erkennen.

1. Es braucht kein Schaden an Leben oder Gesundheit eines Menschen zu sein (str.).

§ 327.

Wer die Absperrungs- oder Aufsichtsmaßregeln[1] oder Einfuhrverbote, welche von der zuständigen[2] Behörde zur Verhütung des Einführens oder Verbreitens einer ansteckenden[3] Krankheit angeordnet worden sind, wissentlich[4] verletzt, wird mit Gefängnis bis zu zwei Jahren oder mit Geldstrafe bestraft.

Ist infolge dieser Verletzung ein Mensch von der ansteckenden Krankheit ergriffen worden, so tritt Gefängnisstrafe von drei Manaten bis zu drei Jahren ein.

1. Sanitätspolizeiliche Vorschriften sind gemeint, deren Zweckmäßigkeit der Richter nicht nachzuprüfen hat.

2. Auch der Gesetzgeber gehört zu den „zuständigen Behörden". In Preußen sind die Ortspolizeibehörden auf dem Gebiet der Gesundheitspolizei zuständig (§ 12 des Ges. v. 28. 8. 1905 in der Fassung des Ges. v. 23. 6. 1924, GS. S. 566).

3. Ansteckend für Menschen. Vgl. auch Seuchenges. v. 30. 6.

1900, für das § 327 Strafschutz gibt (mit Ausnahme der §§ 44, 45 dieses Ges., die § 327 ausschließen). Keine Anwendbarkeit der § 327 dagegen für das FleischbeschauGes. v. 3. 6. 1900, das lex specialis ist.

4. Vorsätzlich. Bedingter Vorsatz genügt. Zum Vorsatz gehört Kenntnis der Anordnung.

§ 328[1].

Wer die Absperrungs- oder Aufsichtsmaßregeln oder Einfuhrverbote, welche von der zuständigen Behörde zur Verhütung des Einführens oder Verbreitens von Viehseuchen[2] angeordnet worden sind, wissentlich verletzt[3], wird mit Gefängnis bis zu einem Jahre oder mit Geldstrafe bestraft.

Ist infolge dieser Verletzung Vieh von der Seuche ergriffen worden, so tritt Gefängnisstrafe von einem Monat bis zu zwei Jahren ein.

1. Der Paragraph ist in seiner Bedeutung sehr zurückgegangen. Er gilt im wesentlichen nur noch für wissentliche Zuwiderhandlungen gegen die Reichsgesetze v. 7. 4. 1869 (BGBl. S. 105) betr. die Rinderpest, und v. 25. 2. 1876 (RGBl. S. 163) betr. Ansteckungsstoffe für Viehbeförderung, soweit darin nicht eigene Strafbestimmungen enthalten sind. Im übrigen sind Verstöße gegen Maßregeln zur Bekämpfung der im § 1 des Viehseuchen-Ges. v. 26. 6. 1909 aufgeführten Viehseuchen in den §§ 74 ff. dieses Gesetzes nebst Ausführungs- und Ergänzungsvorschriften und Zuwiderhandlungen gegen die Beschränkung der Einfuhr lebender Wiederkäuer zwecks Verhütung der Rinderpest in dem Ges. v. 21. 5. 1878 (RGBl. S. 95) unter Spezialstrafbestimmungen bei Ausschluß des § 328 gestellt.

2. Vgl. § 10 des Viehseuchengesetzes.

3. Vgl. Anm. 4 zu § 327.

§ 329.

(Nichterfüllung von Lieferungsverträgen.)

Gestrichen durch das Ges. v. 24. 4. 1934 (RGBl. I S. 341) und ersetzt durch § 92a StGB.

§ 330.

Wer bei der Leitung[1] oder Ausführung eines Baues[2] wider die allgemein anerkannten Regeln[3] der Baukunst dergestalt handelt[4], daß hieraus für andere Gefahr[5] entsteht, wird mit Geldstrafe oder mit Gefängnis bis zu einem Jahre bestraft.

1. Bauleiter ist der, dessen Anordnungen die Ausführung des gesamten Bauwerkes, nicht einzelner nebensächlicher Arbeiten, untersteht. — Ein Irrtum über den Begriff Bauleiter ist belangloser Strafrechtsirrtum (RGSt. 57 S. 205).

2. Auch Bauten für vorübergehende Zwecke gehören hierher; ebenso die Nebenarbeiten, z. B. Baugerüsterrichtung.

3. Nicht nur von der Wissenschaft, auch in der Praxis müssen sie allgemein anerkannt sein (vgl. RGSt. 44 S. 75, 56 S. 343); baupolizeiliche Vorschrift noch nicht ohne weiteres anerkannte Regel der Baukunst (RGSt. 56 S. 346).

4. Fahrlässigkeit genügt.

5. Konkretes Gefährdungsdelikt (ernste und naheliegende Besorgnis eines Schadens).

§ 330a[1].

Wer sich vorsätzlich oder fahrlässig durch den Genuß geistiger Getränke oder durch andere berauschende Mittel[2] in einen die Zurechnungsfähigkeit (§ 51 Abs. 1) ausschließenden Rausch versetzt, wird mit Gefängnis bis zu zwei Jahren oder mit Geldstrafe bestraft, wenn er in diesem Zustand eine mit Strafe bedrohte Handlung[3] begeht.

Die Strafe darf jedoch nach Art und Maß nicht schwerer sein, als die für die vorsätzliche Begehung der Handlung angedrohte Strafe[4].

Die Verfolgung tritt nur auf Antrag ein, wenn die begangene Handlung nur auf Antrag verfolgt wird.

1. Dieser Paragraph, der die Volltrunkenheit behandelt, ist durch Art. 3 Ziff. 17 des Ges. v. 24. 11. 1933 (RGBl. I S. 995) eingefügt worden.

War ein Täter zur Zeit der Tat so berauscht, daß er die Fähigkeit, das Unrechtmäßige der Tat einzusehen oder nach dieser Einsicht zu handeln, völlig verloren hatte, so war er bisher wegen Zurechnungsunfähigkeit nicht strafbar. Er konnte nur dann bestraft werden, wenn er sich schuldhaft in den Zustand der Zurechnungsunfähigkeit versetzt hatte, obwohl er damit gerechnet hatte, daß er in diesem Zustand die strafbare Handlung begehen würde (sog. actio libera in causa). Das Verhalten des Täters ist aber auch in anderen Fällen strafwürdig, wenn er seinen Rauschzustand schuldhaft herbeigeführt hat. Diese Lücke des bisherigen Rechts hat § 330a ausgefüllt.

2. Z. B. Opium, Haschisch, Kokain, Morphium u. dergl.

3. Eine Unterscheidung ob Verbrechen, Vergehen oder Übertretungen, ist nicht vorgesehen. Vgl. jedoch Abs. 2, 3.

4. Daneben Unterbringung in Trinkerheilanstalt, vgl. § 42c.

§ 330b[1].

Wer wissentlich[2] einer Person, die in einer Trinkerheilanstalt oder einer Entziehungsanstalt untergebracht[3] ist, ohne Erlaubnis des Leiters der Anstalt geistige Getränke oder andere berauschende Mittel verschafft, wird mit Gefängnis bis zu drei Monaten oder mit Geldstrafe bestraft.

1. Eingefügt durch Art. 3 Ziff. 17 des Ges. v. 24. 11. 1933 (RGBl. I S. 995).

2. Dolus eventualis genügt nicht. Kenntnis von der Unterbringung ist erforderlich.

3. § 330b gilt auch für solche Pfleglinge, die nicht auf Grund strafgerichtlicher Anordnung (§ 42c), sondern auf Grund anderweitiger behördlicher Anordnung, etwa durch vormundschaft-

gerichtliche Verfügung, in der Anstalt untergebracht sind, findet jedoch keine Anwendung, wenn der Pflegling sich ohne behördliche Anordnung in der Anstalt aufhält, da er dann in der Anstalt nicht „untergebracht" ist.

Achtundzwanzigster Abschnitt.

Verbrechen und Vergehen im Amte.

§ 331.

Ein Beamter[1], welcher für[2] eine in sein Amt einschlagende[3], an sich nicht pflichtwidrige[4] Handlung[5] Geschenke[6] oder andere Vorteile[7] annimmt[8], fordert oder sich versprechen[8] läßt, wird mit Geldstrafe oder mit Gefängnis bis zu sechs Monaten bestraft.

1. Über den Begriff „Beamter" s. Anm. 1 zu § 359. — Vgl. auch die Bek. v. 3. 5. 1917 (RGBl. S. 393) und VO. v. 12. 2. 1920 (RGBl. S. 230) wegen Amtspflichtverletzung nichtbeamteter Personen bei Behörden oder kriegswirtschaftlicher Organisationen. — Soldaten unterliegen den §§ 331 ff. nur, sofern die Voraussetzungen des § 145 MStG. gegeben sind (RGSt. 60 S. 94).

2. Es muß ein ausdrücklicher Zusammenhang zwischen der Annahme des Vorteils und der Amtshandlung bestehen, dergestalt, daß die Zuwendung die Gegenleistung für die Handlung darstellt.

3. Daß die Handlung gerade zur Zuständigkeit und Amtsaufgabe des Beamten gehört, ist nicht erforderlich (JW. 58 S. 1802).

4. Bei Pflichtwidrigkeit s. § 332.

5. Auch frühere, ohne Erwartung eines Geschenkes vorgenommene Handlungen fallen hierunter (RGSt. 63 S. 367). — Unterlassung steht der Handlung gleich. Es muß beim Geber wie beim Beamten das Bewußtsein bestehen, daß das Geschenk für einen amtlichen Akt gegeben wird; deshalb entfällt § 331, sofern ohne Rücksicht auf eine bestimmte Tätigkeit das Geschenk gegeben wird.

6. Freiwillige unentgeltliche Zuwendungen von Vermögenswert aus dem Vermögen des Gebers.

7. Unentgeltliche freiwillige Zuwendungen, auch wenn sie keinen Vermögenswert haben, z. B. Gewährung des Geschlechtsverkehrs (RGSt. 64 S. 291). Bloße Vermeidung eines angedrohten Übels ist kein Vorteil (RGSt. 64 S. 374).

8. Bedingtes Versprechen wie bedingte Annahme genügen (RGSt. 57, 28). Der Versprechende oder Gebende ist straffrei.

§ 332[1].

Ein Beamter[2], welcher für eine Handlung[3], die eine Verletzung einer Amts- oder Dienstpflicht[4] enthält, Geschenke oder andere Vorteile annimmt[5], fordert oder sich versprechen läßt, wird wegen Bestechung mit Zuchthaus bis zu fünf Jahren bestraft[6].

Sind mildernde Umstände vorhanden, so tritt Gefängnisstrafe ein.

1. Von § 331 unterscheidet sich dieser Paragraph dadurch, daß die Handlung, für die ein Geschenk angenommen ist, die Verletzung einer Dienst- oder Amtspflicht enthält; deshalb Verbrechen und Strafbarkeit des Versuches.

2. Vgl. § 140 MilStGB.

3. Auch hier muß die Handlung eine in das Amt einschlagende sein (vgl. Anm. 3 zu § 331). Es muß Einverständnis zwischen Geschenkgeber und dem Beamten bestehen, daß das Geschenk oder der Vorteil als Gegenleistung für eine bestimmte Handlung gegeben wird (RGSt. 65 S. 52). Die Reihenfolge von Handlung und Geschenkhingabe ist gleichgültig.

4. Nur eine durch Amtspflicht gebotene Handlung kann verletzt oder unterlassen werden. Auch Verletzung der Pflicht zur Amtsverschwiegenheit kann darunterfallen (RGSt. 24 S. 424).

5. Bez. der Strafe für den Geschenkgeber s. § 333.

6. § 332 schließt den § 12 Abs. 2 UnlWettbGes. aus (RGSt. 58 S. 185).

§ 333.

Wer einem Beamten[1] oder einem Mitglied der bewaffneten Macht Geschenke oder andere Vorteile anbietet[2], verspricht oder gewährt, um ihn zu einer Handlung[3], die eine Verletzung einer Amts- oder Dienstpflicht enthält, zu bestimmen[4], wird wegen Bestechung mit Gefängnis bestraft; auch kann auf Verlust der bürgerlichen Ehrenrechte erkannt werden[5].

Sind mildernde Umstände vorhanden, so kann auf Geldstrafe erkannt werden.

1. Auch einem Angehörigen des Beamten, wovon dieser aber Kenntnis haben muß.

2. Voraussetzung ist, daß die, denen die Angebote gemacht werden, sich bei der Pflichtverletzung auch strafbar machen würden (RGSt. 54 S. 310).

3. Vgl. Anm. 3 zu § 332.

4. Darauf, daß die Amtspflichtverletzung wirklich begangen ist, kommt es nicht an (RGSt. 37 S. 171).

5. Idealkonkurrenz zwischen § 333 und § 49a möglich (str.).

§ 334.

Ein Richter[1], Schiedsrichter[2], Beisitzer einer Arbeitsgerichtsbehörde, Geschworener oder Schöffe, welcher Geschenke oder andere Vorteile fordert, annimmt oder sich versprechen läßt, um eine Rechtssache[3], deren Leitung oder Entscheidung ihm obliegt, zugunsten oder zum Nachteile eines Beteiligten zu leiten oder zu entscheiden, wird mit Zuchthaus bestraft.

Derjenige, welcher einem Richter, Schiedsrichter, Beisitzer einer Arbeitsgerichtsbehörde, Geschworenen oder Schöffen zu dem vorbezeichneten Zwecke Geschenke oder andere Vorteile anbietet, verspricht oder gewährt, wird mit Zuchthaus bestraft. Sind mildernde Umstände vorhanden, so tritt Gefängnisstrafe ein.

1. Nur beamtete Richter ohne Rücksicht darauf, ob Berufs- oder Laienrichter (daher auch die Handelsrichter).

2. §§ 1025ff. ZPO.

3. Rechtsangelegenheit, an der mindestens zwei Parteien beteiligt sind, die widerstreitende Interessen haben können und deren Streit nach Rechtsgrundsätzen erledigt wird (bürgerl. Rechtsstreitigkeiten, Strafsachen, Dienststraf- und Verwaltungsstreitsachen. Ob auch Angelegenheiten der freiw. Gerichtsbarkeit, ist str.).

§ 335.

In den Fällen der §§ 331 bis 334 ist im Urteile das Empfangene oder der Wert desselben für dem Staate verfallen zu erklären[1].

1. Besondere Art der Einziehung unter Verschärfung des im § 40 enthaltenen Grundsatzes. § 42 ist ausgeschlossen. — Das bloß Versprochene ist nicht einziehbar (RGSt. 15 S. 348). — Nicht nur körperliche Sachen, auch andere Leistungen gehören zum „Empfangenen". Verfallserklärung kann nur gegen den Beteiligten ergehen, dem der Bestechungsgegenstand oder sein Wert zugeflossen ist, ohne Rücksicht darauf, ob er ihn noch in seinem Vermögen besitzt (RGSt. 54 S. 215; 67, 29).

§ 336.

Ein Beamter[1] oder Schiedsrichter[2], welcher sich bei der Leitung oder Entscheidung einer Rechtssache[3] vorsätzlich zugunsten oder zum Nachteile einer Partei einer Beugung des Rechtes[4] schuldig macht, wird mit Zuchthaus bis zu fünf Jahren bestraft.

1. Nicht Schöffen, Geschworene und sonstige Laienrichter, die nicht Beamte sind.

2. Anm. 2 zu § 334.

3. Vgl. Anm. 3 zu § 334. Auch das polizeiliche Strafverfügungsverfahren gehört hierher.

4. Verletzung materieller oder prozessualer Bestimmungen. — Unabhängig von der Entscheidung kann schon allein bei der Leitung der Rechtssache eine Rechtsbeugung begangen werden (RGSt. 57 S. 31).

§ 337[1].

— — — — — — — — — — — — — — — —

1. Aufgehoben, jetzt § 67 des Personenstandsgesetzes vom 6. Februar 1875 (RGBl. S. 23) in der Fassung von Art. 46 III des Einführungsgesetzes zum Bürgerlichen Gesetzbuch:

Ein Geistlicher oder anderer Religionsdiener, welcher zu den religiösen Feierlichkeiten einer Eheschließung schreitet, bevor ihm nachgewiesen worden ist, daß die Ehe vor dem Standesbeamten geschlossen sei, wird mit Geldstrafe oder mit Gefängnis bis zu drei Monaten bestraft.

Eine strafbare Handlung ist nicht vorhanden, wenn der Geistliche oder Religionsdiener im Falle einer lebensgefährlichen, einen Aufschub nicht gestattenden Erkrankung eines der Verlobten zu den religiösen Feierlichkeiten der Eheschließung schreitet.

§ 338.

Ein Religionsdiener oder Personenstandsbeamter, welcher, wissend, daß eine Person verheiratet ist, eine neue Ehe derselben schließt, wird mit Zuchthaus bis zu fünf Jahren bestraft[1].

1. Bigamie s. § 171. — Vgl. §§ 67, 69, 75 PersStGes.

§ 339.

Ein Beamter, welcher durch Mißbrauch seiner Amtsgewalt[1] oder durch Androhung eines bestimmten Mißbrauchs derselben jemand zu einer Handlung, Duldung oder Unterlassung widerrechtlich[2] nötigt, wird mit Gefängnis bestraft.

Der Versuch ist strafbar.

In den Fällen der §§ 106, 107, 167 und 253 tritt die daselbst angedrohte Strafe ein, wenn die Handlung von einem Beamten, wenn auch ohne Gewalt oder Drohung, aber durch Mißbrauch seiner Amtsgewalt oder Androhung eines bestimmten Mißbrauchs derselben begangen ist.

1. Inbegriff der mit einem Amt verbundenen Befugnisse.

Zwangsbefugnisse brauchen dem Täter nicht zuzustehen. Auch Unterlassung kann Amtsmißbrauch sein.

2. Widerrechtlich, wenn Benutzung der Amtsgewalt als Zwangsmittel zu erstrebtem Zweck nicht statthaft (RGSt. 60 S. 3).

§ 340.

Ein Beamter, welcher in Ausübung oder in Veranlassung der Ausübung seines Amtes vorsätzlich eine Körperverletzung begeht[1] oder begehen läßt[2], wird mit Gefängnis nicht unter drei Monaten bestraft. Sind mildernde Umstände vorhanden, so kann die Strafe bis auf einen Tag Gefängnis ermäßigt oder auf Geldstrafe erkannt werden[3].

Ist die Körperverletzung eine schwere[4], so ist auf Zuchthaus nicht unter zwei Jahren zu erkennen. Sind mildernde Umstände vorhanden, so tritt Gefängnisstrafe nicht unter drei Monaten ein.

1. Auch Überschreitungen des Züchtigungsrechtes.

2. Mitwirkung durch Anstiftung oder Beihilfe wird vorausgesetzt. Bloßes Geschehenlassen genügt nur, wenn eine aus den amtlichen Aufgaben des Beamten sich ergebende Pflicht zur Hinderung besteht (RGSt. 59 S. 86). — Beim Begehenlassen nicht nur Fall der Ausführung durch Untergebene und gleichgültig, ob auch der andere selbst strafbar tätig (RGSt. 66 S. 59).

3. Weder Antragsdelikt (nach § 232) noch kompensationsfähig (§ 233). Gesetzeskonkurrenz mit §§ 223I, 224. Mit § 223a Idealkonkurrenz möglich, nicht dagegen mit § 227. Buße (§ 231) möglich.

4. § 224.

§ 341.

Ein Beamter[1], welcher vorsätzlich, ohne hierzu berechtigt zu sein, eine Verhaftung oder vorläufige Ergreifung und Festnahme oder Zwangsgestellung vornimmt[2] oder vornehmen läßt[3], oder die Dauer einer

Freiheitsentziehung verlängert, wird nach Vorschrift des § 239, jedoch mindestens mit Gefängnis von drei Monaten bestraft.

1. Genügt, daß Täter überhaupt Beamter ist und in dieser Eigenschaft handelte.

2. Wille, aus eignem Antrieb zur Wache mitzukommen, schließt zwangsweise Verbringung dorthin nicht ohne weiteres aus (RGSt. 61 S. 239).

3. Vgl. Anm. 2 zu § 340.

§ 342.

Ein Beamter[1], der in der Ausübung oder in Veranlassung der Ausübung seines Amtes einen Hausfriedensbruch (§ 123) begeht, wird mit Gefängnis bis zu einem Jahre oder mit Geldstrafe bestraft.

1. Auch hier Bewußtsein, daß in Ausübung oder Veranlassung der Ausübung des Amtes widerrechtlich gehandelt wird, nötig.

§ 343.

Ein Beamter[1], welcher in einer Untersuchung[2] Zwangsmittel anwendet oder anwenden läßt[3], um Geständnisse oder Aussagen zu erpressen, wird mit Zuchthaus bis zu fünf Jahren bestraft.

1. Der amtlich bei der Untersuchung mitwirkt.

2. Nicht nur strafgerichtliche Untersuchung.

3. Vgl. Anm. 2 zu § 340.

§ 344.

Ein Beamter, welcher vorsätzlich zum Nachteile einer Person, deren Unschuld ihm bekannt ist, die Eröffnung oder Fortsetzung einer Untersuchung beantragt oder beschließt, wird mit Zuchthaus bestraft.

§ 345[1].

Ein Beamter, der vorsätzlich eine Strafe[2] oder eine Maßregel der Sicherung und Besserung vollstreckt[3], die nicht zu vollstrecken ist, wird mit Zuchthaus bestraft.

Ist die Handlung aus Fahrlässigkeit begangen, so tritt Gefängnisstrafe oder Festungshaft bis zu einem Jahre oder Geldstrafe ein.

1. Abs. 1 in der neuen Fassung von Art. 3 Ziff. 18 des Ges. v. 24. 11. 1933 (RGBl. I S. 995).

Durch die neue Fassung wird der Beamte, der eine Maßregel der Sicherung und Besserung (§ 42a) vollstreckt, die nicht vollstreckt werden darf, mit derselben Strafe bedroht, die für die unzulässige Strafvollstreckung vorgesehen ist. Der Text des § 345 Abs. 1 ist einfacher gestaltet, ohne daß dadurch die Bestimmung, soweit sie sich auf die Strafvollstreckung bezieht, inhaltlich geändert worden wäre.

2. Nicht nur strafgerichtliche Strafen.

3. Das Vollstreckenlassen, das nach der bisherigen Fassung miterfaßt wurde, ist jetzt Anstiftung oder Beihilfe bzw. besonderes Delikt nach § 357. — Bei Freiheitsstrafen fällt außer dem Vollzug der Strafe auch dessen Herbeiführung durch Vorführung, Verhaftung u. dgl. unter die Strafvollstreckung im Sinne dieses Paragraphen.

§ 346[1].

Ein Beamter[2], der vermöge seines Amtes zur Mitwirkung bei einem Strafverfahren[3] oder bei der Vollstreckung einer Strafe[4] oder einer Maßregel der Sicherung und Besserung berufen ist und wissentlich[5] jemand der im Gesetz vorgesehenen Strafe oder Maßregel entzieht,[6] wird mit Zuchthaus bis zu fünf Jahren bestraft.

Sind mildernde Umstände vorhanden, so tritt Gefängnisstrafe nicht unter einem Monat ein.

1. Abs. 1 in der neuen Fassung von Art. 3 Ziff. 19 des Ges. v. 24. 11. 1933 (RGBl. I S. 995).

Die Einführung der Maßregeln der Sicherung und Besserung machte auch eine Ergänzung des § 346 Abs. 1 notwendig. Der Beamte, der vermöge seines Amtes zur Mitwirkung bei einem Strafverfahren oder bei der Vollstreckung einer Strafe oder einer Maßregel der Sicherung und Besserung berufen ist, ist zu bestrafen, wenn er wissentlich den Täter der im Gesetz vorgesehenen Strafe oder Maßregel entzieht. Der Ausdruck „wissentlich" schließt dabei den Eventualdolus aus. Das bisherige Recht forderte zur Bestrafung lediglich die Absicht, jemand der gesetzlichen Strafe rechtswidrig zu entziehen, und ließ es bei einer Handlung oder Unterlassung genügen, welche geeignet war, diesen Erfolg herbeizuführen. Zur Vereinfachung des gesetzlichen Tatbestandes ist für die vollendete Tat nunmehr nötig, daß der Beamte wirklich jemand der im Gesetz vorgesehenen Strafe oder Maßregel entzogen hat. Eine Abschwächung des bisherigen Rechts ist damit nicht verbunden, da auch der Versuch strafbar ist.

2. Auch die Polizeibeamten (§ 163 StPO.) einschl. der Bahnpolizeibeamten und der Beamten der Finanzverwaltung fallen hierunter.

3. Nicht: Dienststrafverfahren.

4. Nur kriminelle Strafen gehören hierher.

5. Vgl. Anm. 1.

6. Durch Nichtverfolgung oder durch Nichtvollstreckung der erkannten Strafe oder durch eine Handlung, die bewirkt, daß der Täter keine oder eine geringere als die durch seine Tat verwirkte Strafe erhält.

§ 347[1].

Ein Beamter, welcher einen Gefangenen[2], dessen Beaufsichtigung, Begleitung oder Bewachung ihm anvertraut ist[3], vorsätzlich entweichen läßt[4] oder dessen Befreiung vorsätzlich bewirkt oder befördert, wird mit Zuchthaus bis zu fünf Jahren bestraft. Sind mildernde Umstände vorhanden, so tritt Gefängnisstrafe nicht unter einem Monat ein.

Ist die Entweichung durch Fahrlässigkeit befördert

oder erleichtert worden, so tritt Gefängnisstrafe bis zu sechs Monaten oder Geldstrafe ein.

Einem Gefangenen steht gleich, wer in Sicherungsverwahrung oder in einem Arbeitshaus untergebracht ist[5].

1. § 359.
2. Vgl. Anm. 1 zu § 120.
3. Besondere Übergabe nicht erforderlich. Anvertraut kann auf Grund dienstlicher Anweisung wie aus eigenem Handeln (z. B. Polizeibeamter nimmt fest) sein.
4. Das bloße Hervorrufen des Entweichungswillens ist selbst bei dessen Verwirklichung nicht strafbar (RGSt. 54 S. 259).
5. Abs. 3 eingefügt durch Art. 3 Ziff. 20 des Ges. v. 24. 11. 1933 (RGBl. I S. 995). Vgl. dazu Anm. 2—4 zu § 122a.

§ 348.

Ein Beamter[1], welcher, zur Aufnahme öffentlicher Urkunden[2] befugt, innerhalb seiner Zuständigkeit[3] vorsätzlich[4] eine rechtlich erhebliche Tatsache falsch beurkundet[5] oder in öffentliche Register oder Bücher[6] falsch einträgt, wird mit Gefängnis nicht unter einem Monat bestraft.

Dieselbe Strafe[7] trifft einen Beamten[8], welcher eine ihm amtlich anvertraute[9] oder zugängliche[10] Urkunde[11] vorsätzlich vernichtet, beiseiteschafft, beschädigt[12] oder verfälscht.

1. Alle Beamten, die nach den gesetzlichen Vorschriften zu amtlichen Beurkundungen zuständig sind. So der Notar, Urkundsbeamte der Geschäftsstelle, Gemeindevorsteher, Postboten, Standesbeamte, Gerichtsvollzieher, Schiedsmänner u. a. Z. B. auch ein Postbeamter, der wissentlich einen falschen Aufgabestempel auf eine Zahlkarte setzt (RGSt. 67 S. 90), ein Fleischbeschauer, der mit dem Tauglichkeitsstempel zu Unrecht beurkundet, daß er selbst das Tier untersucht hat (RGSt. 63 S. 290),

ein Polizeibeamter, der eine mündliche Strafanzeige gemäß § 156 Abs. 1 StPO. beurkundet (RGSt. 57 S. 60).

2. Vgl. Anm. 2 Abs. 2 zu § 267.

3. Örtliche und sachliche Zuständigkeit.

4. Dolus eventualis genügt. Rechtswidrige Absicht im Sinne des § 267 ist nicht erforderlich.

5. Alle Formerfordernisse müssen erfüllt sein. Erklärungen nur zur Kontrolle im inneren Dienstverkehr fallen nicht hierunter, z. B. nicht Entwertungsvermerke auf Kostenmarken (JW. 58 S. 1147), nicht Tabaksteuerbanderolen (RGSt. 62 S. 203). Wohl aber Ausgangsbescheinigungen auf Tabakbegleitscheinen (RGSt. 63 S. 402), Strafprozeßregister (RGSt. 38 S. 46), das Annahmebuch der Landbesteller (RGSt. 67, 271).

6. Vgl. Anm. 4 zu § 271.

7. § 348 Abs. 2 ist lex specialis gegenüber § 133 Nr. 1; Idealkonkurrenz deshalb ausgeschlossen, aber mit § 274 Nr. 1 und §§ 267, 268 ebenso wie mit §§ 350, 351 möglich (RGSt. 57 S. 174 und 65 S. 102).

8. Hier auch Beamte, die nicht zur Aufnahme öffentlicher Urkunden befugt sind.

9. Anvertraut ist eine Urkunde, wenn dem Beamten die Verfügungsgewalt darüber eingeräumt ist und er für ihre unversehrte Erhaltung zu sorgen hat. Von dem Beamten selbst hergestellte Urkunden können ihm auch amtlich anvertraut sein.

10. Amtlich zugänglich, wenn der Beamte auf Grund seiner amtlichen Eigenschaft die tatsächliche Möglichkeit hat, zu der Urkunde zu gelangen.

11. Öffentliche oder private Urkunden; auch solche, die nur für den inneren Dienst bestimmt sind; selbst nicht zum Beweis von Rechten erhebliche; sie müssen nur geeignet und bestimmt sein, unter Bezeichnung des Ausstellers eine Tatsache zu beweisen (RGSt. 61 S. 161).

12. Nicht lediglich unbefugtes Öffnen eines Briefumschlages (RGSt. 67, 231); wohl aber Beschädigung einer Briefanschrift.

§ 349.

Wird eine der im § 348 bezeichneten Handlungen in der Absicht begangen, sich oder einem anderen einen Vermögensvorteil zu verschaffen oder einem anderen Schaden zuzufügen, so ist auf Zuchthaus bis zu zehn Jahren und zugleich auf Geldstrafe zu erkennen.

Vgl. Anm. 1 bis 3 zu § 268.

§ 350.

Ein Beamter, welcher Gelder oder andere Sachen, die er in amtlicher Eigenschaft[1] empfangen oder in Gewahrsam[2] hat, unterschlägt[3], wird mit Gefängnis nicht unter drei Monaten bestraft; auch kann auf Verlust der bürgerlichen Ehrenrechte erkannt werden.

Der Versuch ist strafbar.

1. Zuständigkeit des Beamten zur Empfangnahme ist nicht erforderlich; es genügt, daß der Zahlende den Beamten oder dieser sich selbst zur Empfangnahme für berechtigt oder für verpflichtet hält. Der geheime Vorbehalt, die Gelder für sich selbst empfangen zu wollen, schließt die Anwendung des § 350 nicht aus (RGSt. 67, 179). Bei Gelegenheit der Ausübung eines Amtes erfolgte Zahlung genügt nicht; ebenso nicht, wenn es sich nur um eine private Vermittlertätigkeit handelt, wie z. B. bei Posthilfsstelleninhaber zwecks Weitergabe an den Landbesteller (RGSt. 65 S. 38). Ein im Dienststrafverfahren seines Amtes vorläufig enthobener Beamter kann während der Dauer der Amtsenthebung keine Amtsunterschlagung begehen (RGSt. 63 S. 431). Dagegen liegt § 350 (nicht § 266) vor, wenn ein Gemeindebeamter, dem vom Jugendamt vormundschaftliche Obliegenheiten übertragen sind, rechtswidrig über das Mündelvermögen verfügt (RGSt. 60 S. 311); ebenso wenn ein Beamter fremde Sachen, die er im Dienst unbewußt mitgenommen hat, nach Entdeckung für sich behält (RGSt. 57 S. 320).

2. Mitgewahrsam genügt nicht; es muß ausschließliche Verfügungsgewalt vorliegen.

3. Es sind dieselben Tatbestandsmerkmale wie bei der einfachen Unterschlagung erforderlich; Erschwerungsgrund gegenüber § 246 nur, daß der Täter Beamter sein muß und das Objekt in amtlicher Eigenschaft empfangen oder in Gewahrsam hat.

Deshalb ist Zueignung erforderlich, d. h. der Täter muß die Sache selbst oder doch den in ihr verkörperten Sachwert dem eignen Vermögen einverleiben (RGSt. 67, 335); es genügt nicht schon Zurückhalten fremden Geldes, etwa um bei einer Revision einen Fehlbetrag zwischenzeitlich gedeckt erscheinen zu lassen; anders wenn der Beamte aus eigenem Vermögen das Defizit decken will und zu diesem Zweck sich das fremde Geld aneignet (RGSt. 64 S. 414). Ersatzfähigkeit des Beamten schließt die Unterschlagung nicht aus. Annahme der Billigung der Handlung durch den Vorgesetzten kann Bewußtsein der Rechtswidrigkeit ausschließen; nicht jedoch, wenn der Glaube hieran nicht näher begründet ist (RGSt. 61 S. 207). — §§ 248a und 370 Ziff. 5 finden in den Fällen des § 350 keine Anwendung. Mit § 348 Abs. 2 und § 354 ist Idealkonkurrenz möglich. Qualifizierung vgl. § 351.

§ 351.

Hat der Beamte[1] in Beziehung auf die Unterschlagung[2] die zur Eintragung oder Kontrolle der Einnahmen oder Ausgaben bestimmten Rechnungen, Register oder Bücher[3] unrichtig geführt[4], verfälscht[5] oder unterdrückt[6], oder unrichtige Abschlüsse oder Auszüge aus diesen Rechnungen, Registern oder Büchern oder unrichtige Belege[7] zu denselben vorgelegt[8], oder ist in Beziehung auf die Unterschlagung auf Fässern, Beuteln oder Paketen der Geldinhalt fälschlich bezeichnet, so ist auf Zuchthaus bis zu zehn Jahren zu erkennen.

Sind mildernde Umstände vorhanden, so tritt Gefängnisstrafe nicht unter sechs Monaten ein.

1. § 351 gilt nur für Beamte, die das Register oder Buch selbst geführt haben.

2. § 351 nur straferhöhender Umstand des § 350. Strafandrohung des § 350 geht in der des § 351 auf, Gesetzeskonkurrenz (RGSt. 67 S. 175).

3. Sowohl öffentliche Bücher und Register wie solche, die nur für den inneren Dienst bestimmt sind.

4. Die Führung muß auf amtlicher Anordnung beruhen (RGSt. 44 S. 207). — Vorsätzliches Unterlassen einer Berichtigung ist ebenfalls unrichtiges Führen (RGSt. 60 S. 11).

5. Vgl. Anm. 4 zu § 267.

6. Vgl. Anm. 3 zu § 274.

7. Auch echte Belege, die inhaltlich unrichtig sind oder zu anderen als den fraglichen Ausgaben als Nachweis dienen, können unrichtige Belege sein (RGSt. 60 S. 65).

8. Die Vorlegung braucht nicht gerade an den Kontrollbeamten erfolgt zu sein (RGSt. 58 S. 236); ebenso braucht derjenige, der die Belege über die Ausführung eigner Dienstgeschäfte vorlegt und der, der die Bücher führt, zu denen die Belege zu nehmen sind, nicht identisch zu sein (RGSt. 67 S. 195). Pflichtwidrige Unterlassung steht Vorlegung unrichtiger Belege nicht gleich (RG. a. a. O.).

§ 352.

Ein Beamter, Advokat, Anwalt oder sonstiger Rechtsbeistand[1], welcher Gebühren[2] oder andere Vergütungen[2] für amtliche Verrichtungen zu seinem Vorteile zu erheben hat, wird, wenn er Gebühren oder Vergütungen erhebt, von denen er weiß[3], daß der Zahlende sie überhaupt nicht oder nur in geringerem Betrage verschuldet, mit Geldstrafe oder mit Gefängnis bis zu einem Jahre bestraft.

Der Versuch[4] ist strafbar.

1. Advokaten, Anwälte und sonstige Rechtsbeistände sind hier den Beamten, die Gebühren zu erheben, gleichgestellt.

2. Ersatz für Mühewaltung. Auslagen, die nur tatsächliche Aufwendungen abzugelten bestimmt sind, fallen nicht darunter. Ein Rechtsanwalt kann sich nur der eigenen Partei, nicht dem in die Kosten verurteilten Gegner gegenüber nach § 352 strafbar machen.

3. Betrügerische Absicht ist nicht erforderlich; Bewußtsein, daß die Gebühren nicht zustehen, genügt.

4. Kann schon durch erfolglose Aufforderung zur Zahlung nicht verschuldeter Gebühren gegeben sein.

§ 353.

Ein Beamter, welcher Steuern, Gebühren[1] oder andere Abgaben für eine öffentliche Kasse zu erheben hat, wird, wenn er Abgaben, von denen er weiß, daß der Zahlende sie überhaupt nicht oder nur in geringerem Betrage verschuldet, erhebt, und das rechtswidrig Erhobene ganz oder zum Teil nicht zur Kasse bringt[2], mit Gefängnis nicht unter drei Monaten bestraft.

Gleiche Strafe trifft den Beamten, welcher bei amtlichen Ausgaben an Geld oder Naturalien dem Empfänger vorsätzlich und rechtswidrig Abzüge macht und die Ausgaben als vollständig geleistet in Rechnung stellt.

1. Gebühren i. S. des § 353 sind öffentlich-rechtliche Abgaben, nicht fiskalische Forderungen aus privatrechtlichem Titel. Darunter fallen auch Postportobeträge und Gebühren der Gerichtsvollzieher.

2. Spiegelt der Beamte dem Zahlenden (Abs. 1) oder Empfänger (Abs. 2) falsche Tatsachen vor, so ist Tateinheit zwischen § 263 und § 353 möglich.

§ 353 a[1].

Ein Beamter im Dienste des Auswärtigen Amtes des Deutschen Reichs, welcher die Amtsverschwiegenheit[2] dadurch verletzt, daß er ihm amtlich anvertraute[3] oder zugängliche[4] Schriftstücke oder eine ihm von seinem Vorgesetzten erteilte Anweisung oder deren Inhalt anderen widerrechtlich mitteilt, wird, sofern nicht nach anderen Bestimmungen eine schwerere Strafe verwirkt ist, mit Gefängnis oder mit Geldstrafe bestraft.

Gleiche Strafe trifft einen mit einer auswärtigen Mission betrauten oder bei einer solchen beschäftigten Beamten, welcher den ihm durch seinen Vorgesetzten amtlich erteilten Anweisungen vorsätzlich zuwiderhandelt, oder welcher in der Absicht, seinen Vorgesetzten in dessen amtlichen Handlungen irrezuleiten, demselben erdichtete oder entstellte Tatsachen berichtet.

1. Sog. Arnim-Paragraph. Die Tat kann nur begangen werden, solange sich der Beamte im Dienst des Auswärtigen Amtes befindet.
2. Vgl. § 11 des Reichsbeamtengesetzes.
3. Vgl. Anm. 9 zu § 348.
4. Vgl. Anm. 10 zu § 348.

§ 354.

Ein Postbeamter[1], welcher die der Post anvertrauten Briefe[2] oder Pakete in anderen als den im Gesetze vorgesehenen Fällen eröffnet[3] oder unterdrückt[4], oder einem anderen wissentlich eine solche Handlung gestattet[5], oder ihm dabei wissentlich Hilfe leistet, wird mit Gefängnis nicht unter drei Monaten bestraft[6,7].

1. Auch Posthilfsstelleninhaber (RGSt. 65 S. 85).
2. Jede Mitteilung von Person zu Person, also auch Postkarten, auch Ansichtskarten mit gedanklichen Mitteilungen, Postpaketadressen, Zahlkarten, ein Fangbrief, der zur Entlarvung eines verdächtigen Beamten aufgegeben ist (RGSt. 65 S. 145), ein offener eine Drucksache, allerdings nicht Zeitung, enthaltender Umschlag (RGSt. 36 S. 267, 33 S. 276).
3. Ob Verschluß mangelhaft, ist unerheblich. — Vollständige und dauernde Öffnung ist nicht erforderlich.
4. Dauerndes oder vorübergehendes Entziehen aus dem ordnungsmäßigen Postverkehr (RGSt. 28 S. 100, 58 S. 248). Wegnahme eines Teiles des Inhaltes bei ordnungsmäßiger Beför-

derung ist kein Unterdrücken im Sinne dieses Paragraphen (RGSt. 57 S. 8).

5. Bloßes Dulden genügt.

6. Bewußtsein der Beamteneigenschaft ist nicht erforderlich, wohl aber der Pflicht zu einem besonderen Verhalten, aus der heraus diese Tat untersagt ist (RGSt. 53 S. 131).

7. Idealkonkurrenz mit §§ 133 Abs. 2, 243 Abs. 1 Nr. 4, 348 und 350 ist möglich (RGSt. 67, 230), nicht aber mit § 299.

§ 355.

Telegraphenbeamte oder andere mit der Beaufsichtigung und Bedienung einer zu öffentlichen Zwecken dienenden Telegraphenanstalt betraute Personen[1], welche die einer Telegraphenanstalt anvertrauten Depeschen verfälschen[2] oder in anderen als in den im Gesetze vorgesehenen Fällen eröffnen[3] oder unterdrücken[4], oder von ihrem Inhalt Dritte rechtswidrig benachrichtigen, oder einem anderen wissentlich eine solche Handlung gestatten oder ihm dabei wissentlich Hilfe leisten, werden mit Gefängnis bestraft.

Den einer Telegraphenanstalt anvertrauten Depeschen werden Nachrichten gleichgeachtet, die durch eine zu öffentlichen Zwecken dienende Fernsprechanlage vermittelt werden[5].

1. Also auch Personen, die mit der Beaufsichtigung oder Bedienung betraut sind, ohne Beamte zu sein.

2. Vgl. Anm. 4 zu § 267.

3. Vgl. Anm. 3 zu § 354.

4. Vgl. Anm. 4 zu § 354.

5. Vgl. FernmeldeAnlGes. §§ 10, 11, 16.

§ 356.

Ein Advokat, Anwalt oder ein anderer Rechtsbeistand[1], welcher bei den ihm vermöge seiner amtlichen Eigenschaft[2] anvertrauten[3] Angelegenheiten in derselben Rechtssache[4] beiden Parteien durch Rat oder Beistand pflichtwidrig dient[5], wird mit Gefängnis nicht unter drei Monaten bestraft.

Handelt derselbe im Einverständnisse mit der Gegenpartei zum Nachteile seiner Partei, so tritt Zuchthausstrafe bis zu fünf Jahren ein.

1. Nicht Privatpersonen, die fremde Rechtsangelegenheiten gewerbsmäßig betreiben (RGSt. 51 S. 220), wohl aber Referendare.

2. D. h., er muß kraft seines Amtes als Rechtsanwalt angegangen sein (RGSt. 62 S. 289).

3. Mitteilung des Sachverhalts zu dem Zwecke, die eigenen Interessen wahrnehmen zu lassen.

4. Das sind alle Rechtsangelegenheiten, bei denen zwei Parteien mit gegensätzlichem Interesse möglich sind (RGSt. 23 S. 60, 60 S. 298). Auch Angelegenheiten der freiwilligen Gerichtsbarkeit, Verwaltungsrechtssachen, Strafsachen usw. fallen hierunter. Rein tatsächliches Interesse an einem bestimmten Verlauf der Sache macht noch nicht zur Partei (RGSt. 66. S. 316). Dieselbe Rechtssache liegt aber nicht vor, wenn ein Anwalt für einen Konkursschuldner Vergleichsangebote macht und nach Scheitern des Vergleichs die Forderung eines Gläubigers gegen den Konkursschuldner einklagt (RGSt. 66 S. 103).

5. Keine Pflichtwidrigkeit, wenn der Anwalt im Einverständnis beider Parteien handelt. Zum Bewußtsein der Pflichtwidrigkeit, das nachgewiesen werden muß, genügt Kenntnis der sie begründenden Umstände (RGSt. 58 S. 247). Irrt der Täter über die obliegende Pflicht, betrifft der Irrtum einen außerstrafrechtlichen Umstand im Sinne des § 59, irrt er dagegen über den Begriff „dieselbe Rechtssache", irrt er über einen strafrechtlichen Rechtsbegriff (RGSt. 60 S. 298, 62 S. 156, 289).

§ 357.

Ein Amtsvorgesetzter, welcher seine Untergebenen zu einer strafbaren Handlung im Amte vorsätzlich verleitet oder zu verleiten unternimmt, oder eine solche strafbare Handlung seiner Untergebenen wissentlich geschehen läßt, hat die auf diese strafbare Handlung angedrohte Strafe verwirkt.

Dieselbe Bestimmung findet auf einen Beamten Anwendung, welchem eine Aufsicht oder Kontrolle über die Amtsgeschäfte eines anderen Beamten übertragen ist, sofern die von diesem letzteren Beamten begangene strafbare Handlung die zur Aufsicht oder Kontrolle gehörenden Geschäfte betrifft.

§ 358.

Neben der nach Vorschrift der §§ 331, 339 bis 341, 352 bis 355 und 357 erkannten Gefängnisstrafe kann auf Verlust der Fähigkeit zur Bekleidung öffentlicher Ämter auf die Dauer von einem bis zu fünf Jahren erkannt werden[1].

1. Entgegen § 32 auch bei Strafen unter 3 Monaten Gefängnis.

§ 359.

Unter Beamten[1,2] im Sinne dieses Strafgesetzes sind zu verstehen alle im Dienste des Reichs oder in unmittelbarem oder mittelbarem Dienste eines deutschen Landes auf Lebenszeit, auf Zeit oder nur vorläufig angestellte Personen, ohne Unterschied, ob sie einen Diensteid geleistet haben oder nicht, ingleichen Notare, nicht aber Advokaten und Anwälte.

1. Hierunter fallen nicht nur die Beamten im staatsrechtlichen Sinne, d. h. Personen, die in einem öffentlich-rechtlichen Dienstgewaltverhältnisse stehen, sondern alle, die von zuständiger Stelle durch öffentlich-rechtlichen Akt die Aufgabe übertragen erhalten haben, dem Staatszweck mittelbar oder unmittelbar durch Ver-

richtungen öffentlich-rechtlicher Art, wie sie sich aus der Staatsgewalt ergeben, zu dienen (RGSt. 30 S. 29, 39 S. 232, 51 S. 348, 52 S. 309, 60 S. 139, 62 S. 338, 67 S. 299). Ein nichtbeamteter Funktionär, wie er z. B. im § 355 miterfaßt wird, fällt dagegen nicht hierunter. Die Beamteneigenschaft kann durch die Übertragung von Diensten zunächst auch stillschweigend verliehen werden. Ob die Anstellung dauernd oder nur zeitweilig ist, ist unerheblich; ebenso ob Beeidigung stattgefunden hat, ob festes Gehalt bezogen wird oder nicht und wie die betr. Behörde das Verhältnis auffaßt. Die Tätigkeit muß eine nicht ganz untergeordnete sein, braucht aber keine selbständig entscheidende zu sein (JW. 57 S. 3251; RGSt. 62 S. 337). Desgl. braucht die Amtstätigkeit nicht den wesentlichen Lebensberuf auszumachen und ebenso ist es unerheblich, ob tatsächlich gerade ein Amt bekleidet wird, da auch der z. D. gestellte oder in der Ausbildung befindliche Beamte im Sinne des § 359 Beamter ist. Ebenso ist es ohne Belang, wenn ein Beamter (im staatsrechtlichen Sinn) auf Anweisung seiner Behörde in einem gewerblichen Unternehmen verwendet wird, sofern nur der Beamte während dieser Dienstleistung eine Aufgabe erfüllt, die nicht völlig außerhalb des Wirkungskreises der anweisenden Behörde liegt (RGSt. 67, 299).

So sind z. B. Beamte: Die Diener der Dorfgemeinden (RGSt. 14 S. 350); Hundefänger, die mit Genehmigung der Staatsbehörde tätig sind (RGSt. 30 S. 29); Rendant einer Schulkasse oder ev. Kirchengemeinde (JW. 58 S. 3386; RGSt. 4 S. 379, 62 S. 308); mit staatl. Genehmigung angestellte Nachtwächter (RGSt. 22 S. 39); Inhaber einer Posthilfsstelle (JW. 60 S. 2814); Schleusenmeister (RGSt. 14 S. 345); Leiter oder Angestellter eines städt. Wohnungsamts (RGSt. 57 S. 366); ein weiter beschäftigter gewählter ehrenamtlicher Beamter, auch wenn er noch nicht wiedergewählt ist (RGSt. 64 S. 262); die bayer. Notariatsgehilfen; für die Finanzverwaltung ehrenamtlich tätige Personen sowie Sachverständige u. a. bei den Finanzämtern sowie Finanzgerichten gemäß § 10 RAO. (DRZ. 1933 S. 695); die Reichsbahnbeamten, vgl. ReichsbahnGes. v. 30. 8. 1924 (RGSt. 60 S. 2, 139); berufsmäßige Personen des Soldatenstandes, soweit die Voraussetzungen des § 145 MStGB. vorliegen; geistliche und kirchliche Beamte, soweit sie besondere staatliche Aufgaben zu erfüllen haben, sonst grundsätzlich nicht (RGSt. 47 S. 49; 57 S. 23).

Keine Beamten z. B. sind: Angestellte der Ortskrankenkassen, soweit sie nicht Vollzugsbeamte sind (RGSt. 62 S. 24); Krankenwärter provinzialer Heilanstalten (RGSt. 31 S. 250); ausländische Beamte.

2. Vgl. auch Anm. 6 zu § 354.

Neunundzwanzigster Abschnitt.

Übertretungen[1].

§ 360.

Mit Geldstrafe bis zu einhundertfünfzig Reichsmark oder mit Haft wird bestraft:

1. (aufgehoben durch § 19 des Ges. gegen den Verrat militärischer Geheimnisse vom 3. Juni 1914);
2. wer außerhalb seines Gewerbebetriebes heimlich oder wider das Verbot[2] der Behörde Vorräte von Waffen[3] oder Schießbedarf aufsammelt;
3. [4].
4. wer ohne schriftlichen Auftrag einer Behörde Stempel, Siegel, Stiche, Platten oder andere Formen, welche zur Anfertigung von Metall- oder Papiergeld, oder von solchen Papieren, welche nach § 149 dem Papiergelde gleichgeachtet werden, oder von Stempelpapier, Stempelmarken, Stempelblanketten, Stempelabdrücken, Post- oder Telegraphenwertzeichen, öffentlichen Bescheinigungen oder Beglaubigungen dienen können, anfertigt oder an einen anderen als die Behörde verabfolgt[5];
5. wer ohne schriftlichen Auftrag einer Behörde den Abdruck der in Nr. 4 genannten Stempel, Siegel, Stiche, Platten oder Formen, oder einen

Druck von Formularen zu den daselbst bezeichneten öffentlichen Papieren, Beglaubigungen oder Bescheinigungen unternimmt[5a], oder Abdrücke an einen anderen als die Behörde verabfolgt;

6. wer Warenempfehlungskarten, Ankündigungen oder andere Drucksachen oder Abbildungen, welche in der Form oder Verzierung dem Papiergelde oder den dem Papiergelde nach § 149 gleichgeachteten Papieren ähnlich sind, anfertigt oder verbreitet[6], oder wer Stempel, Stiche, Platten oder anderen Formen, welche zur Anfertigung von solchen Drucksachen oder Abbildungen dienen können, anfertigt;

7. *wer ohne ausdrückliche Ermächtigung der zuständigen Behörde das Wappen des Reichs oder eines Landes oder den Reichsadler oder den entsprechenden Teil eines Landeswappens führt oder gebraucht, oder wer unbefugt eine Dienstflagge des Reichs oder eines Landes gebraucht; den Wappen, Wappenteilen und Flaggen stehen solche gleich, die ihnen zum Verwechseln ähnlich sind*[7]);

8. wer unbefugt[8] eine Uniform[9], eine Amtskleidung, ein Amtszeichen, [einen Orden oder ein Ehrenzeichen] trägt, oder [Titel[10], Würden[9a]] oder Adelsprädikate annimmt[11], ingleichen wer sich eines ihm nicht zukommenden Namens[12] einem zuständigen Beamten[12a] gegenüber bedient;

9. wer gesetzlichen Bestimmungen zuwider ohne Genehmigung der Staatsbehörde Aussteuer-, Sterbe- oder Witwenkassen, Versicherungsan-

stalten[13] oder andere dergleichen Gesellschaften oder Anstalten errichtet, welche bestimmt sind, gegen Zahlung eines Einkaufsgeldes oder gegen Leistung von Geldbeiträgen beim Eintritte gewisser Bedingungen oder Fristen, Zahlungen an Kapital oder Rente zu leisten;

10. wer bei Unglücksfällen oder gemeiner Gefahr oder Not von der Polizeibehörde oder deren Stellvertreter zur Hilfe aufgefordert, keine Folge leistet, obgleich er der Aufforderung ohne erhebliche eigene Gefahr genügen konnte[14];

11. wer ungebührlicherweise[15] ruhestörenden Lärm[16] erregt oder wer groben Unfug verübt[17];

12. wer als Pfandleiher oder Rückkaufshändler bei Ausübung seines Gewerbes den darüber erlassenen Anordnungen zuwiderhandelt, insbesondere den durch Landesgesetz oder Anordnung der zuständigen Behörde bestimmten Zinsfuß überschreitet;

13.[18];

14. (aufgehoben durch Art. I Nr. 2 des Ges. gegen das Glücksspiel vom 23. 12. 1919 — RGBl. S. 2145 —).

In den Fällen der Nummern 2, 4, 5, 6 kann neben der Geldstrafe oder der Haft auf Einziehung der Vorräte von Waffen oder Schießbedarf, der Stempel, Siegel, Stiche, Platten oder anderen Formen, der Abdrücke oder Abbildungen erkannt werden, ohne Unterschied, ob sie dem Verurteilten gehören oder nicht.

1. Vorbemerkung. Auch Übertretungen sind, wie sich aus § 59 StGB. ergibt, nur strafbar, wenn sie schuldhaft begangen

sind. Fraglich ist aber, welche Schuldform erforderlich ist, wenn das Gesetz diese nicht ausdrücklich bezeichnet. Nach überwiegender Auffassung, die auch in der Rechtsprechung des RG. zum Ausdruck kommt, genügt bei Polizeiübertretungen im Zweifel Fahrlässigkeit. Dabei sind als Polizeidelikte alle diejenigen Übertretungen anzusehen, die zur Abwehr einer Störung der guten Ordnung des Gemeinwesens unter Strafe gestellt sind. Im übrigen ist für die Übertretung als Besonderheit zu merken: Der Versuch wie die Beihilfe ist immer straflos. Anstiftung ist nur bei vorsätzlichen Übertretungen denkbar. Begünstigung ist nach § 257 straflos, § 259 (Hehlerei) dagegen findet Anwendung. Der Grundsatz des § 74 ist ausgeschlossen. Auf Einziehung darf nur in den besonders vorgesehenen Fällen erkannt werden.

2. Auch Fahrlässigkeit genügt.

3. Vgl. § 23 des Ges. über Schußwaffen und Munition (s. S. 286) durch die die vorliegende Vorschrift überholt ist, soweit es sich um Schußwaffen und Munition handelt, ferner § 2 des Ges. über Kriegsgerät v. 27. 6. 1927 (RGBl. I S. 239), § 3 VO. über die Zurückführung von Waffen und Heeresgut v. 14. 12. 1918 (RGBl. S. 1425), VO. v. 12. 6. 1933 (RGBl. I S. 367).

4. Durch Aufhebung der Wehrpflicht gegenstandslos geworden.

5. Daneben Spezialvorschriften, z. B. RVO. § 1499, Versicherungsges. f. Angestellte § 357. Vgl. ferner Art. 3 des Ges. über die Weltpostvereinsverträge und den strafrechtl. Schutz von Freistempelabdrücken v. 23. 11. 1921 (RGBl. S. 1375).

5a. Vgl. § 87.

6. Vgl. ferner Ges. v. 26. 5. 1885 und v. 2. 1. 1911 (RGBl. S. 165 bzw. 25) betr. Schutz des zur Anfertigung von Reichskassenscheinen und Reichsbanknoten verwandten Papiers.

7. In der Fassung von Art. I Ziff. 19 des Ges. v. 26. 5. 1933 (RGBl. I S. 295).

8. Fahrlässigkeit genügt nicht; es ist Vorsatz, d. h. Bewußtsein des Mangels der Befugnis erforderlich.

9. Völlige Gleichheit mit der staatl. Uniform braucht nicht zu bestehen, es genügt, daß sie zum Verwechseln ähnlich ist. Vgl. wegen der Uniformen der nat. Verbände die VO. zur Abwehr heimtückischer Angriffe v. 21. 3. 1933 (RGBl. I S. 135), s. S. 302.

9a. § 360 Ziff. 8 hat durch § 6 des Ges. v. 7. 4. 1933 i. d.

F. v. 15. 5. 1934 — RGBl. I S. 379 — (abgedr. S. 317) seine Bedeutung insoweit verloren, als er sich auf das Tragen von Orden und Ehrenzeichen und das Annehmen von Titeln und Würden bezieht.

10. Ehrentitel, die zur Auszeichnung verliehen werden und Amtstitel, die durch Übertragung eines öffentlichen Amtes verliehen werden. Dem Amtstitel stehen die Berufstitel gleich, z. B. Rechtsanwalt, Prozeßagent. Titel sind auch die akademischen Grade. Vgl. Anm. 3 zu § 33.

11. Es wird eine eigene Tätigkeit vorausgesetzt, bloßes Dulden der Anrede genügt nicht.

12. Künstlern steht gewohnheitsrechtlich die Führung eines angenommenen Namens zu.

12a. Zuständig ist nur ein Beamter, dem ein Recht auf die Erforschung des Namens zusteht. Vgl. auch § 92e.

13. Vgl. § 140 Abs. 3 des Ges. über die privaten Versicherungsunternehmungen vom 12. 5. 1901 (RGBl. S. 139) in d. Fass. v. 6. 6. 1931 (RGBl. I S. 315), wodurch § 360 Ziff. 9 für alle unter das gen. Ges. fallenden Anstalten keine Anwendung mehr findet. Wegen der Zwecksparunternehmungen vgl. § 19 Nr. 1 des Ges. v. 17. 5. 1933 (RGBl. I S. 629).

14. Schon vorübergehende Versagung der Hilfeleistung genügt (GA. 37 S. 449).

15. D. h. ohne gerechtfertigte Veranlassung.

16. Keine allgemeine Strafandrohung gegen jede Störung der öffentlichen Ordnung, wohl aber gegen jede die öffentliche Ordnung unmittelbar verletzende Ungebührlichkeit, durch die mehr als ein individuell begrenzter Personenkreis, das Publikum schlechthin, belästigt wird (RGSt. 19 S. 294, 53 S. 257). Ruhestörung in einem Hause oder abgeschlossenen Raum kann indes auch darunter fallen, wenn von dort aus die Allgemeinheit belästigt wird oder werden kann. Ob Ruhestörung vorliegt, ist nach dem Empfinden des Durchschnittsmenschen zu bestimmen. Der Lärm kann auch durch Unterlassung, z. B. durch Dulden des Bellens eines Hundes erregt werden. Gleichgültig, ob der Lärm zur Tages- oder Nachtzeit verübt wird.

17. Die Handlung muß den äußeren Bestand der öffentlichen Ordnung stören oder gefährden und geeignet sein, das Publikum unmittelbar erheblich zu belästigen (RGSt. 31 S. 185, 32 S. 100, 34 S. 425). Es handelt sich um ein Gefährdungsdelikt.

Als grober Unfug ist anzusehen z. B. herausfordernde, gegen Sitte und Anstand verstoßende Rufe, schwindelhafte Reklame, unanständiges Verhalten auf offener Straße, religionsfeindliche Kundgebungen, Belästigung von Feuerwehr und Sanitätswachen durch Mißbrauch von Notzeichen und dergleichen.

18. Die durch Art. I Ziff. 19 des Ges. v. 26. 5. 1933 (RGBl. I S. 295) neugefaßte Ziffer 13 ist durch § 15 des Tierschutzgesetzes v. 24. 11. 1933 (RGBl. I S. 987) seit dem 1. 2. 1934 aufgehoben, s. S. 309.

§ 361.

Mit Haft wird bestraft:

1. wer, nachdem er unter Polizeiaufsicht gestellt worden ist, den infolge derselben ihm auferlegten Beschränkungen zuwiderhandelt[1];
2. [wer, nachdem er des Bundesgebietes oder des Gebietes eines Bundesstaates verwiesen ist, ohne Erlaubnis zurückkehrt[2];]
3. wer als Landstreicher umherzieht[3];
4. wer bettelt[4] oder Kinder zum Betteln anleitet oder ausschickt, oder Personen, welche seiner Gewalt[5] und Aufsicht untergeben sind und zu seiner Hausgenossenschaft gehören[6], vom Betteln abzuhalten unterläßt;
5. wer sich dem Spiel, Trunk oder Müßiggang dergestalt hingibt, daß er in einen Zustand gerät, in welchem zu seinem Unterhalte oder zum Unterhalte derjenigen, zu deren Ernährung er verpflichtet ist, durch Vermittlung der Behörde fremde Hilfe in Anspruch genommen werden muß[7];
6. [8] *wer*[9] *öffentlich in auffälliger Weise oder in einer Weise, die geeignet ist, einzelne oder die Allgemeinheit zu belästigen, zur Unzucht*[10] *auffordert oder sich dazu anbietet;*

6a. *wer gewohnheitsmäßig*[11] *zum Erwerbe Unzucht treibt und diesem Erwerbe in der Nähe von Kirchen oder in einer Wohnung*[12] *nachgeht, in der Kinder oder jugendliche Personen zwischen drei und achtzehn Jahren wohnen;*

6b. *wer gewohnheitsmäßig*[11] *zum Erwerbe Unzucht treibt und diesem Erwerbe in der Nähe von Schulen*[13] *oder anderen zum Besuch durch Kinder oder Jugendliche bestimmten Örtlichkeiten oder in einem Hause, in dem Kinder oder jugendliche Personen zwischen drei und achtzehn Jahren wohnen, in einer diese Minderjährigen sittlich gefährdenden Weise nachgeht;*

6c. *wer gewohnheitsmäßig zum Erwerbe Unzucht treibt und diesem Erwerbe in einer Gemeinde mit weniger als zwanzigtausend Einwohnern nachgeht, in der die Ausübung der Unzucht zum Gewerbe durch eine zum Schutz der Jugend oder des öffentlichen Anstandes erlassenen Anordnung der obersten Landesbehörde verboten ist;*

7. wer, wenn er aus öffentlichen Armenmitteln eine Unterstützung empfängt, sich aus Arbeitsscheu weigert, die ihm von der Behörde angewiesene, seinen Kräften angemessene Arbeit zu verrichten[14];

8. wer nach Verlust seines bisherigen Unterkommens binnen der ihm von der zuständigen Behörde bestimmten Frist sich kein anderweitiges Unterkommen verschafft hat und auch nicht nachweisen kann, daß er solches der von ihm ange-

wandten Bemühungen ungeachtet nicht vermocht habe;

9. wer Kinder oder andere unter seiner Gewalt[5] stehende Personen, welche seiner Aufsicht untergeben sind und zu seiner Hausgenossenschaft gehören[6], von der Begehung von Diebstählen sowie von der Begehung strafbarer Verletzungen der Zoll- oder Steuergesetze, oder der Gesetze zum Schutze der Forsten, der Feldfrüchte, der Jagd oder der Fischerei abzuhalten unterläßt. Die Vorschriften dieser Gesetze über die Haftbarkeit für die den Täter treffenden Geldstrafen oder anderen Geldleistungen werden hierdurch nicht berührt;

10. wer, obschon er in der Lage[15] ist, diejenigen, zu deren Ernährung er verpflichtet ist, zu unterhalten, sich der Unterhaltspflicht[16] trotz der Aufforderung[17] der zuständigen Behörde[18] derart entzieht[19], daß durch Vermittlung der Behörde fremde Hilfe[20] in Anspruch genommen werden muß.

In den Fällen der Nr. 9 und 10 kann statt der Haft auf Geldstrafe bis zu einhundertfünfzig Reichsmark erkannt werden.

1. Zweck ist Sicherung der Durchführung des § 39 Ziff. 1.

2. Ziff. 2 ist mit Wirkung vom 1. 6. 1934 gestrichen und ersetzt durch § 5 des Ges. über Reichsverweisungen v. 23. 3. 1934 (RGBl. I S. 213), abgedr. S. 314.

3. Landstreichen ist mittel-, zweck- und erwerbsloses Umherziehen. Wechselndes Nachtquartier und Fehlen der zum Unterhalt erforderlichen Mittel ist wesentlich. Vorsatz ist erforderlich. — Ob gebettelt wird, ist unerheblich. — Wegen Unterbringung im Arbeitshaus s. § 42d.

4. Betteln heißt fremde Personen um Gaben zum Lebensunterhalt aus wirklicher oder vorgespiegelter Bedürftigkeit heraus

angehen. Auch schriftliches Betteln möglich. — Unterbringung im Arbeitshaus s. § 42d.

5. Rein tatsächliches Gewaltverhältnis reicht nicht aus, vielmehr ist ein Rechtsverhältnis erforderlich, kraft dessen der andere Anweisungen des Täters nachzukommen hat.

6. Vgl. Anm. 3 zu § 223b.

7. Wegen Unterbringung im Arbeitshaus s. § 42d.

8. Die Ziffern 6, 6a—6c beruhen auf der Fassung des Ges. v. 26. 5. 1933 (RGBl. I S. 295) Art. I Ziff. 2. — Wegen Unterbringung in einem Arbeitshaus s. § 42d.

9. Ohne Unterschied des Geschlechts.

10. Vgl. Anm. 3 zu § 180. Ob die Unzucht gewerbsmäßig, gewohnheitsmäßig oder nur gelegentlich betrieben wird, ist unerheblich, ebenso ob Anstoß genommen oder Ärgernis erregt wird.

11. Vgl. Anm. 1 zu § 180. Das Erfordernis der Gewohnheitsmäßigkeit bezieht sich nur auf die Worte „zum Erwerbe Unzucht treibt".

12. Nicht das ganze Haus ist gemeint, nur die eigene Wohnung der Dirne (vgl. aber Ziff. 6b).

13. Es kommt auf die räumliche Beziehung an. Ob gerade Schulzeit ist, ist unerheblich.

14. Z. B. Straßenreinigung, Nachtwächterdienste u. dgl.

15. Tatsächliche Leistungsfähigkeit ist gemeint; hierüber befindet der Strafrichter. Dabei ist davon auszugehen, daß der Unterhaltspflichtige jede Arbeit übernehmen muß, die ihm Verdienst bringt. Auch ausreichend, wenn Unterhaltspflichtiger zur teilweisen Leistung in der Lage ist.

16. Gesetzliche Unterhaltspflicht, vgl. §§ 1601 ff., 1708 ff. BGB.

17. Allgemein gehaltene Aufforderung genügt.

18. Das sind die Fürsorgebehörden.

19. Es ist Vorsatz erforderlich, d. h. Bewußtsein der Verpflichtung zur Unterhaltsleistung wie der Notwendigkeit, fremde Hilfe in Anspruch zu nehmen. Zivilrechtliche Inverzugsetzung ist nicht Voraussetzung (GA. 47 S. 469).

20. Materielle Hilfe, die dem Bedürftigen nicht von den Unterstützungspflichtigen zukommt.

§ 362.

Die nach Vorschrift des § 361 Nr. 3 bis 8 Verurteilten können zu Arbeiten, welche ihren Fähigkeiten und

Verhältnissen angemessen sind, innerhalb und, sofern sie von anderen freien Arbeitern getrennt gehalten werden, auch außerhalb der Strafanstalt angehalten werden[1].

1. Die Absätze 2 bis 4 sind durch Art. 3 Ziff. 21 des Ges. gegen gefährliche Gewohnheitsverbrecher und über Maßregeln der Sicherung und Besserung v. 24. 11. 1933 (RGBl. I S. 995) gestrichen. Die Streichung war notwendig, weil die Überweisung an die Landespolizeibehörde durch die Maßregel der Unterbringung in einem Arbeitshaus ersetzt ist. An ihre Stelle sind die §§ 42d und 42m getreten.

§ 363[1].

Wer, um Behörden oder Privatpersonen zum Zwecke seines besseren Fortkommens[2] oder des besseren Fortkommens eines anderen zu täuschen, Pässe, Militärabschiede, Wanderbücher oder sonstige Legitimationspapiere, Dienst- oder Arbeitsbücher oder sonstige auf Grund besonderer Vorschriften auszustellende Zeugnisse[3] sowie Führungs- oder Fähigkeitszeugnisse falsch anfertigt oder verfälscht, oder wissentlich von einer solchen falschen oder gefälschten Urkunde Gebrauch macht, wird mit Haft oder mit Geldstrafe bis zu einhundertfünfzig Reichsmark bestraft[4].

Gleiche Strafe trifft denjenigen, welcher zu demselben Zwecke von solchen für einen anderen ausgestellten echten Urkunden, als ob sie für ihn ausgestellt seien, Gebrauch macht, oder welche solche für ihn ausgestellte Urkunden einem anderen zu dem gedachten Zwecke überläßt.

1. Spezialdelikt gegenüber den §§ 267, 268, 270. Idealkonkurrenz deshalb nicht möglich. Unterschied im Tatbestand zu § 267, daß beim fälschlichen Anfertigen oder Fälschen das

Gebrauchmachen nicht zum Tatbestand gehört. Beim Gebrauchmachen entspricht der Tatbestand dem des § 270.

2. D. h. die Tat muß begangen werden, um die allgemeinen Bedingungen für die äußere Lebenslage günstiger zu gestalten; dagegen ist § 363 unanwendbar, wenn die Absicht auf die Verletzung eines konkreten Rechts oder auf die Erlangung eines Vorteils, auf den bei Echtheit der Urkunde ein Rechtsanspruch besteht, oder auf die Erlangung eines sonstigen bestimmten Vorteils gerichtet war (z. B. Erlangung einer bestimmten Arbeitsstelle in einem bestimmten Werk).

3. Dazu gehören nicht Zeugnisse, deren Besitz die Voraussetzung für die Ausübung von Rechten ist, wie z. B. Reifezeugnisse.

4. Idealkonkurrenz mit Betrug ist möglich (E. 23 S. 43). — Hinsichtlich der Quittungskarten und -marken gibt die Reichsversicherungsordnung v. 19. 7. 1911 in d. Fass. v. 15. 12. 1924 (RGBl. I S. 779) und das Angestelltenversicherungsges. v. 20. 12. 1911 in d. Fass. v. 28. 5. 1924 (RGBl. I S. 563) Sonderbestimmungen, §§ 1495—1498 RVO. und §§ 343—344, 350, 351, 356 AVG. — Bez. der Pässe vgl. die VO. über die Bestrafung von Zuwiderhandlungen gegen die Paßvorschriften v. 6. 4. 1923 (RGBl. I S. 249), § 1 Nr. 6 und § 7.

§ 364.

Mit Geldstrafe bis zu einhundertfünfzig Reichsmark wird bestraft, wer wissentlich schon einmal verwendetes Stempelpapier nach gänzlicher oder teilweiser Entfernung der darauf gesetzten Schriftzeichen, oder schon einmal verwendete Stempelmarken, Stempelblankette oder ausgeschnittene oder sonst abgetrennte Stempelabdrücke der im § 276 bezeichneten Art veräußert oder feilhält[1].

Gleiche Strafe trifft denjenigen, welcher wissentlich schon einmal verwendete Post- oder Telegraphenwertzeichen nach gänzlicher oder teilweiser Entfernung des Entwertungszeichens veräußert oder feilhält.

1. Vgl. §§ 275, 276.

§ 365.

(Aufgehoben durch § 33 Ziff. 1 des Gaststättengesetzes vom 28. April 1930, RGBl. I S. 146.)

§ 366.

Mit Geldstrafe bis zu einhundertfünfzig Reichsmark oder mit Haft bis zu vierzehn Tagen wird bestraft:

1. wer den gegen die Störung der Feier der Sonn- und Festtage erlassenen Anordnungen zuwiderhandelt[1];
2. wer in Städten oder Dörfern übermäßig schnell fährt[2] oder reitet, oder auf öffentlichen Straßen oder Plätzen der Städte oder Dörfer mit gemeiner Gefahr Pferde einfährt oder zureitet[3];
3. wer auf öffentlichen Wegen, Straßen, Plätzen oder Wasserstraßen das Vorbeifahren anderer mutwillig[4] verhindert;
4. wer in Städten mit Schlitten ohne feste Deichsel oder ohne Geläute oder Schelle fährt;
5. wer Tiere in Städten oder Dörfern, auf öffentlichen Wegen, Straßen oder Plätzen, oder an anderen Orten[5], wo sie durch Ausreißen, Schlagen oder auf andere Weise Schaden anrichten können, mit Vernachlässigung der erforderlichen Sicherheitsmaßregeln stehenläßt oder führt;
6. wer Hunde auf Menschen hetzt[6];
7. wer Steine oder andere harte Körper oder Unrat auf Menschen, auf Pferde, oder andere Zug- oder Lasttiere, gegen fremde Häuser, Gebäude oder Einschließungen, oder in Gärten oder eingeschlossene Räume wirft[7];

8. wer nach einer öffentlichen Straße oder Wasserstraße, oder nach Orten hinaus, wo Menschen zu verkehren pflegen, Sachen, durch deren Umstürzen oder Herabfallen jemand beschädigt werden kann, ohne gehörige Befestigung aufstellt oder aufhängt, oder Sachen auf eine Weise ausgießt oder auswirft, daß dadurch jemand beschädigt oder verunreinigt werden kann;
9. wer auf öffentlichen Wegen, Straßen, Plätzen oder Wasserstraßen Gegenstände, durch welche der freie Verkehr gehindert wird, aufstellt, hinlegt oder liegenläßt;
10. wer die zur Erhaltung der Sicherheit, Bequemlichkeit, Reinlichkeit und Ruhe auf den öffentlichen Wegen, Straßen, Plätzen oder Wasserstraßen erlassenen Polizeiverordnungen[8] übertritt[9].

1. Vgl. dazu Ges. über die Feiertage v. 27. 2. 1934 (RGBl. I S. 129) und VO. über den Schutz der Sonn- und Feiertage v. 16. 3. 1934 (RGBl. I S. 199), sowie VO. zur Durchführung des Feiertagsges. v. 18. 5. 1934 (RGBl. I S. 394).

2. Für Kraftfahrzeuge gelten die Vorschriften des Kraftfahrzeugges. (§ 21) in Verbindung mit der VO. über Kraftfahrzeugverkehr.

3. Es genügt jedes Verschulden.

4. D. h. aus Freude an der Verhinderung. Neben Mutwilligkeit darf kein anderer Beweggrund vorhanden sein.

5. Auch Privatwege fallen hierunter.

6. Vorsatz erforderlich.

7. Vorsatz ist notwendig. — Daß Menschen usw. getroffen werden, ist nicht nötig; dann würden in der Regel auch die §§ 223ff. Anwendung finden, ebenso bei Beschädigung von Häusern die §§ 303ff.

8. = allgemein verbindliche polizeiliche Bestimmungen, deren Gültigkeit sich einstweilen noch nach Landesrecht bestimmt.

Auch Landesgesetze gelten im Sinne dieser Bestimmung als PolVO.

9. Fahrlässigkeit genügt.

§ 366a.

Wer die zum Schutze der Dünen und der Fluß- und Meeresufer sowie der auf denselben vorhandenen Anpflanzungen und Anlagen erlassenen Polizeiverordnungen übertritt, wird mit Geldstrafe bis zu einhundertfünfzig Reichsmark oder mit Haft bestraft.

§ 367.

Mit Geldstrafe bis zu einhundertfünfzig Reichsmark oder mit Haft wird bestraft:

1. wer ohne Vorwissen der Behörde einen Leichnam beerdigt oder beiseiteschafft[1], oder wer unbefugt einen Teil einer Leiche aus dem Gewahrsam der dazu berechtigten Personen wegnimmt[2];
2. wer den polizeilichen Anordnungen über vorzeitige Beerdigungen entgegenhandelt[3];
3. wer ohne polizeiliche Erlaubnis Gift[4] oder Arzneien[5], soweit der Handel mit denselben nicht freigegeben ist[6], zubereitet, feilhält, verkauft oder sonst an andere überläßt[7];
4. wer ohne die vorgeschriebene Erlaubnis Schießpulver oder andere explodierende Stoffe oder Feuerwerke zubereitet[8];
5. wer bei der Aufbewahrung oder bei der Beförderung von Giftwaren[4], Schießpulver oder Feuerwerken, oder bei der Aufbewahrung, Beförderung, Verausgabung oder Verwendung von

Sprengstoffen[9] oder anderen explodierenden Stoffen, oder bei Ausübung der Befugnis zur Zubereitung oder Feilhaltung dieser Gegenstände sowie der Arzneien[5] die deshalb ergangenen Verordnungen nicht befolgt;

5a. wer bei Versendung oder Beförderung von leicht entzündlichen oder ätzenden Gegenständen durch die Post die deshalb ergangenen Verordnungen nicht befolgt[10];

6. wer Waren, Materialien oder andere Vorräte, welche sich leicht von selbst entzünden oder leicht Feuer fangen, an Orten oder in Behältnissen aufbewahrt, wo ihre Entzündung gefährlich werden kann, oder Stoffe, die nicht ohne Gefahr einer Entzündung beieinander liegen können, ohne Absonderung aufbewahrt;

7. (aufgehoben durch § 24 des Lebensmittelges. v. 5. 7. 1927, RGBl. I S. 134);

8. wer ohne polizeiliche Erlaubnis an bewohnten oder von Menschen besuchten Orten Selbstgeschosse, Schlageisen oder Fußangeln legt, oder an solchen Orten mit Feuergewehr oder anderem Schießwerkzeuge schießt oder Feuerwerkskörper abbrennt;

9. wer einem gesetzlichen Verbot zuwider Stoß-, Hieb- [oder Schuß]-waffen, welche in Stöcken oder Röhren oder in ähnlicher Weise verborgen sind, feilhält oder mit sich führt[11];

10. wer bei einer Schlägerei, in welche er nicht ohne sein Verschulden hineingezogen worden ist, oder bei einem Angriff[12] sich einer Waffe, insbesondere

eines Messers oder eines anderen gefährlichen Werkzeuges[13] bedient[14];

11. wer ohne polizeiliche Erlaubnis gefährliche wilde Tiere hält, oder wilde oder bösartige Tiere frei umherlaufen läßt, oder in Ansehung ihrer die erforderlichen Vorsichtsmaßregeln zur Verhütung von Beschädigungen unterläßt[15];

12. wer auf öffentlichen Straßen, Wegen oder Plätzen, auf Höfen, in Häusern und überhaupt an Orten, an welchen Menschen verkehren, Brunnen, Keller, Gruben, Öffnungen oder Abhänge dergestalt unverdeckt oder unverwahrt läßt, daß daraus Gefahr für andere entstehen kann[16];

13. wer trotz der polizeilichen Aufforderung es unterläßt, Gebäude[17], welche dem Einsturz drohen[18], auszubessern oder niederzureißen;

14. wer Bauten oder Ausbesserungen von Gebäuden, Brunnen, Brücken, Schleusen oder anderen Bauwerken vornimmt, ohne die von der Polizei angeordneten oder sonst erforderlichen Sicherungsmaßregeln zu treffen[19,20];

15. wer als Bauherr, Baumeister oder Bauhandwerker einen Bau oder eine Ausbesserung, wozu die polizeiliche Genehmigung erforderlich ist, ohne diese Genehmigung oder mit eigenmächtiger Abweichung von dem durch die Behörde genehmigten Bauplane ausführt oder ausführen läßt[21];

16. wer den über das Abhalten von öffentlichen Versteigerungen und über das Verabfolgen geistiger Getränke vor und bei öffentlichen Versteigerun-

gen erlassenen polizeilichen Anordnungen zuwiderhandelt.

In den Fällen der Nr. 8 bis 9 kann neben der Geldstrafe oder der Haft auf die Einziehung ... der Selbstgeschosse, Schlageisen oder Fußangeln sowie der verbotenen Waffen erkannt werden, ohne Unterschied, ob sie dem Verurteilten gehören oder nicht.

1. Vgl. PersStG. § 60, wonach eine Beerdigung vor Eintragung des Sterbefalles in das Sterberegister nur mit Genehmigung der Ortspolizeibehörde stattfinden darf, und § 30 des Jugendwohlfahrtsgesetzes (Beerdigung von Pflegekindern und unehelichen Kindern ohne Anzeige an das Jugendamt). — Vorsatz erforderlich. — Unbefugt: Bewußtsein der Rechtswidrigkeit erforderlich.

2. Vgl. § 168.

3. Vgl. für Preußen § 1 der MinPVO. über das Leichenwesen v. 18. 4. 1933 (GS. S. 149).

4. Die Worte „soweit der Handel mit denselben nicht freigegeben ist", beziehen sich auch auf Gifte. Inwieweit der Gifthandel einer Konzession bedarf, ist im wesentlichen landesrechtlich geregelt (für Preußen vgl. MPVO. v. 22. 2. 1906 — VMBl. S. 42 —).

5. Welche Stoffe und Zubereitungen als Arzneien anzusehen sind, ergibt sich aus der VO. über den Verkehr mit Arzneimitteln v. 22. 10. 1901 (RGBl. S 380) i. d. Fass. v. 9. 12. 1924 (RGBl. S. 772), zul. geändert durch VO. v. 4. 10. 1933 (RGBl. I S. 721). Vgl. ferner Opiumgesetz v. 10. 12. 1929 (RGBl. I S. 215); VO. v. 19. 12. 1929 (RGBl. I S. 225) dazu; VO. über Zulassung zum Verkehr mit Betäubungsmitteln v. 1. 4. 1930 (RGBl. I S. 313) und VO. über Ankündigung u. Beschriftung v. Betäubungsmittel enthaltenden Arzneien v. 14. 4. 1930 (RGBl. I S. 144). Gleichgültig, ob das Heilmittel für Menschen oder Tiere bestimmt ist.

6. Freigegeben ist der Handel, soweit er nicht nach der VO. v. 22. 10. 1901 nur durch Apotheken erfolgen darf.

7. Vorsatz oder Fahrlässigkeit; Bewußtsein der Rechtswidrigkeit nicht notwendig.

8. Vgl. dazu Schußwaffengesetz v. 12. 4. 1928 (RGBl. I S. 143), § 25; ferner SprengstoffGes. v. 9. 6. 1884, §§ 1, 9 und GewO. §§ 16, 147.

9. Für Preußen vgl. SprengstofflagerVO. v. 17. 11. 1932 (GS. S. 362).

10. Vgl. PostO. v. 30. 1. 1929 (RGBl. I S. 33) § 4.

11. Gültig nur noch für Hieb- und Stoßwaffen, sonst § 24 Schußwaffenges. v. 12. 4. 1928 (RGBl. I S. 143).

12. Vgl. § 227, bei dem jedoch — anders als hier — ein Erfolg der Schlägerei sowie ein Angriff von mehreren Personen vorausgesetzt wird.

13. Vgl. Anm. 1 zu § 223a.

14. Verwendung der Waffe zum Drohen oder Schrecken genügt.

15. Fahrlässigkeit reicht aus.

16. Mit § 222 ist Idealkonkurrenz möglich.

17. = Bauwerke.

18. Dies hat der Strafrichter nachzuprüfen.

19. Vgl. auch § 330.

20. Unter Sicherungsmaßregeln sind bes. auch die Unfallverhütungsvorschriften der betr. Berufsgenossenschaft zu verstehen.

21. Fahrlässigkeit genügt. Bauherr, Baumeister und Bauhandwerker sind selbständig nebeneinander verantwortlich. — Nicht jede Abweichung vom Bauplan ist strafbar; nur solche, die der Genehmigung bedurft hätte.

§ 368.

Mit Geldstrafe bis zu einhundertfünfzig Reichsmark oder mit Haft bis zu vierzehn Tagen wird bestraft:

1. wer den polizeilichen Anordnungen[1] über die Schließung der Weinberge zuwiderhandelt;
2. wer das durch gesetzliche oder polizeiliche Anordnungen gebotene Raupen unterläßt;

3. wer ohne polizeiliche Erlaubnis eine neue Feuerstätte errichtet oder eine bereits vorhandene an einen anderen Ort verlegt;
4. wer es unterläßt, dafür zu sorgen, daß die Feuerstätten in seinem Hause in baulichem und brandsicherem Zustande unterhalten, oder daß die Schornsteine zur rechten Zeit gereinigt werden;
5. wer Scheunen, Ställe, Böden oder andere Räume, welche zur Aufbewahrung feuerfangender Sachen dienen, mit unverwahrtem Feuer oder Licht betritt, oder sich denselben mit unverwahrtem Feuer oder Licht nähert;
6. wer an gefährlichen Stellen in Wäldern oder Heiden[2], oder in gefährlicher Nähe von Gebäuden oder feuerfangenden Sachen Feuer anzündet;
7. wer in gefährlicher Nähe von Gebäuden oder feuerfangenden Sachen mit Feuergewehr schießt oder Feuerwerke abbrennt[3];
8. wer die polizeilich vorgeschriebenen Feuerlöschgerätschaften überhaupt nicht oder nicht in brauchbarem Zustande hält[4] oder andere feuerpolizeiliche Anordnungen[5] nicht befolgt;
9. wer unbefugt über Gärten oder Weinberge, oder vor beendeter Ernte über Wiesen oder bestellte Äcker, oder über solche Äcker, Wiesen, Weiden oder Schonungen, welche mit einer Einfriedigung versehen sind, oder deren Betreten durch Warnungszeichen untersagt ist, oder auf einem durch Warnungszeichen geschlossenen Privatwege[6] geht, fährt, reitet oder Vieh treibt;
10. wer ohne Genehmigung der Jagdberechtigten oder ohne sonstige Befugnis auf einem fremden

Jagdgebiete außerhalb des öffentlichen, zum gemeinen Gebrauche bestimmten Weges, wenn auch nicht jagend, doch zur Jagd ausgerüstet[7], betroffen wird[8];

11. wer unbefugt[9] Eier oder Junge von jagdbarem Federwild[10] oder von Singvögeln[11] ausnimmt[7].

1. Auch landesgesetzliche Anordnungen.

2. Daneben ergänzende landesrechtliche Bestimmungen; für Preußen vgl. §§ 28, 40 Feld- u. ForstPG.

3. Jagdberechtigung des Täters ist unerheblich. — Schießen mit nicht feuergefährlichen Schießwerkzeugen fällt unter § 367 Nr. 8.

4. Für Preußen vgl. Feuerlöschgesetz v. 15. 12. 1933 (GS. S. 484) nebst Ausführungs- und Durchführungsbestimmungen.

5. Allgemeine Anordnungen im Gegensatz zu § 360 Nr. 10, der sich auf individuelle Anordnungen an bestimmte Personen bezieht (KG. GA. 37 S. 308).

6. Auch Privatwege in Wäldern. — Fahrlässigkeit genügt nicht.

7. D. h. mit Sachen, die zur Jagd auf jagdbare Tiere geeignet sind, derart ausgestattet ist, daß er sie alsbald zum Jagen benutzen kann.

8. D. h.: fremdes Jagdgebiet betreten hat. Nicht nötig, daß er dort von jemandem angetroffen worden ist. Fahrlässigkeit genügt. Keine Idealkonk. mit §§ 292ff., da § 368 Nr. 10 nur eingreift, wenn kein Jagdvergehen vorliegt.

9. Auch der Jagdberechtigte, der entgegen den Vorschriften der Jagdgesetze Eier oder Junge von jagdbarem Federwild ausnimmt, fällt unter die Strafvorschrift (für Preußen vgl. § 3 Abs. 1 c bis e des Jagdges. v. 18. 1. 1934, GS. S. 13).

10. Für Preußen vgl. § 1 Abs. 1b des Jagdges.

11. Der Schutz von Singvögeln ist durch das Vogelschutzgesetz v. 30. 5. 1908 besonders geregelt; vgl. insbesondere daselbst §§ 1, 6, 8.

§ 369.

Mit Geldstrafe bis zu einhundertfünfzig Reichsmark oder mit Haft bis zu vier Wochen werden bestraft:

1. Personen, welche ohne obrigkeitliche Anweisung oder ohne Genehmigung des Inhabers einer Wohnung Schlüssel zu Zimmern oder Behältnissen in der letzteren anfertigen oder Schlösser an denselben öffnen, ohne Genehmigung des Hausbesitzers oder seines Stellvertreters einen Hausschlüssel anfertigen, oder ohne Erlaubnis der Polizeibehörde Nachschlüssel oder Dietriche verabfolgen;
2. (aufgehoben durch § 23 Abs. 3 der Maß- und Gewichtsordnung vom 30. Mai 1908, RGBl. S. 349)[1];
3. Gewerbetreibende, welche in Feuer arbeiten, wenn sie die Vorschriften nicht befolgen, welche von der Polizeibehörde wegen Anlegung und Verwahrung ihrer Feuerstätten sowie wegen der Art und der Zeit, sich des Feuers zu bedienen, erlassen sind.

1. Jetzt §§ 6 und 22 der Maß- und Gewichtsordnung.

§ 370.

Mit Geldstrafe bis zu einhundertfünfzig Reichsmark oder mit Haft wird bestraft:

1. wer unbefugt ein fremdes Grundstück, einen öffentlichen oder Privatweg oder einen Grenzrain durch Abgraben oder Abpflügen verringert[1];
2. wer unbefugt von öffentlichen oder Privatwegen Erde, Steine[2] oder Rasen, oder aus Grundstücken, welche einem anderen gehören, Erde, Lehm, Sand, Grand oder Mergel gräbt[3], Plaggen oder Bülten haut, Rasen, Steine[3], Mineralien, zu deren Gewinnung es einer Erlaubnis

der Behörde nicht bedarf, oder ähnliche Gegenstände[4] wegnimmt[5];

3. wer von einem zum Dienststande gehörenden Unteroffizier oder Gemeinen des Heeres oder der Marine ohne die schriftliche Erlaubnis des vorgesetzten Kommandeurs Montierungs- oder Armaturstücke kauft oder zum Pfande nimmt;
4. wer unberechtigt fischt[6] oder krebst;
5.[6a] wer Nahrungs-[7] oder Genußmittel[8] oder andere Gegenstände des hauswirtschaftlichen Verbrauchs[9] in geringer Menge oder von unbedeutendem Werte zum alsbaldigen Verbrauch[10] entwendet oder unterschlägt[11].

   Wer die Tat gegen einen Verwandten[12] absteigender Linie oder gegen Ehegatten begeht, bleibt straflos;
6. wer Getreide oder andere zur Fütterung des Viehes bestimmte oder geeignete Gegenstände wider Willen des Eigentümers wegnimmt, um dessen Vieh[13] damit zu füttern.

In den Fällen der Nr. 5 und 6 tritt die Verfolgung nur auf Antrag ein. Die Zurücknahme des Antrags ist zulässig[14].

1. Idealkonkurrenz mit § 274 Ziff. 2 ist möglich. Vorsatz ist erforderlich.

2. Verbindung mit Grund und Boden nicht notwendig.

3. Hier müssen die Steine bis zur Wegnahme Bestandteil des Bodens gewesen sein. Waren sie vom Eigentümer ausgegraben, liegt Diebstahl vor (RGSt. 9 S. 313).

4. Z. B. ungestochener Torf (RGSt. 21 S. 27), Eis, Schlamm usw.

5. Fahrlässigkeit genügt nicht, vorsätzliches Handeln Erfordernis. Zueignungsabsicht wird nicht verlangt.

6. Alle Handlungen, welche auf die Erlegung oder Besitzergreifung der dem Fischereirecht unterliegenden Tiere gerichtet sind. Vgl. §§ 296, 296a. — Bewußtsein der Rechtswidrigkeit ist erforderlich.

6a. Sog. Mundraub. Sondertatbestand gegenüber §§ 242 bis 248a; deshalb §§ 243, 244 nicht anwendbar. Ausgeschlossen, wenn selbständige Straftaten anderer Art vorliegen (§§ 249, 252, 350).

7. Stoffe, die der Ernährung des menschlichen Körpers dienen, ohne Rücksicht darauf, ob sie vor dem Verbrauch einer besonderen Zubereitung bedürfen.

8. Stoffe, die zur Befriedigung anderer menschlicher Bedürfnisse als der Ernährung dienen und die durch Aufnahme in den Körper verbraucht werden, z. B. Tabak.

9. Gegenstände, die gewöhnlich in der Haushaltung verbraucht werden und die bei bestimmungsgemäßer Verwendung untergehen oder aufgezehrt werden, z. B. Heizungs- und Beleuchtungsmaterial, Viehfutter, nicht aber Kleidungsstücke, Haushaltungsgerät.

10. Der alsbaldige Verbrauch muß Zweck der Tat sein; ob diese Absicht später verwirklicht wird, ist ohne Bedeutung. Ein sofortiger Verbrauch ist nicht erforderlich; notwendig ist nur, daß der Täter durch ein gegenwärtiges, augenblickliches Bedürfnis, den Gegenstand in der Hauswirtschaft (nicht für andere, z. B. gewerbliche Zwecke) zu verwenden, zu der Tat bestimmt worden ist. Handelt der Täter in der Absicht, das Entwendete zu verschenken oder zu verkaufen, so ist § 370[5] unanwendbar.

11. Der äußere und innere Tatbestand des Diebstahls oder der Unterschlagung muß vollständig erfüllt sein. Daß der Täter aus Not gehandelt hätte, ist nicht erforderlich.

12. § 62.

13. Dazu gehören auch Hunde und Katzen.

14. §§ 61 ff.

Anhang.

1. Gesetz über die Presse

vom 7. Mai 1874 (RGBl. S. 75)[1].

II. Ordnung der Presse.

§ 6. Auf jeder im Geltungsbereich dieses Gesetzes erscheinenden Druckschrift muß der Name und Wohnort des Druckers und, wenn sie für den Buchhandel, oder sonst zur Verbreitung bestimmt ist, der Name und Wohnort des Verlegers oder — beim Selbstvertriebe der Druckschrift — des Verfassers oder Herausgebers genannt sein. An Stelle des Namens des Druckers oder Verlegers genügt die Angabe der in das Handelsregister eingetragenen Firma.

Ausgenommen von dieser Vorschrift sind nur die zu den Zwecken des Gewerbes und Verkehrs, des häuslichen und geselligen Lebens dienenden Druckschriften, als: Formulare, Preiszettel, Visitenkarten und dergleichen, sowie Stimmzettel für öffentliche Wahlen, sofern sie nichts weiter als Zweck, Zeit und Ort der Wahl und die Bezeichnung der zu wählenden Personen enthalten.

§ 7[2]). Zeitungen und Zeitschriften, welche in monatlichen oder kürzeren, wenn auch unregelmäßigen Fristen erscheinen (periodische Druckschriften im Sinne dieses Gesetzes), müssen außerdem auf jeder Nummer, jedem Stücke oder Hefte den Namen und Wohnort des verantwortlichen Redakteurs enthalten.

Die Benennung mehrerer Personen als verantwortliche Redakteure ist nur dann zulässig, wenn aus Form und Inhalt der Benennung mit Bestimmtheit zu ersehen ist, für welchen Teil der Druckschrift jede der benannten Personen die Redaktion besorgt.

§ 8[2]). Verantwortliche Redakteure periodischer Druckschriften

---

[1]) Vgl. Schriftleitergesetz §§ 36 ff. (Anhang Nr. 18).

[2]) Vgl. dazu § 45 Abs. 1 des Schriftleitergesetzes (Anhang Nr. 18).

dürfen nur Personen sein, welche verfügungsfähig, im Besitze der bürgerlichen Ehrenrechte sind und im Deutschen Reiche ihren Wohnsitz oder gewöhnlichen Aufenthalt haben.

§ 9. Von jeder Nummer (Heft, Stück) einer periodischen Druckschrift muß der Verleger, sobald die Austeilung oder Versendung beginnt, ein Exemplar gegen eine ihm sofort zu erteilende Bescheinigung an die Polizeibehörde des Ausgabeorts unentgeltlich abliefern.

Diese Vorschrift findet keine Anwendung auf Druckschriften, welche ausschließlich Zwecken der Wissenschaft, der Kunst, des Gewerbes oder der Industrie dienen.

§ 10. Der verantwortliche Redakteur einer periodischen Druckschrift, welche Anzeigen aufnimmt, ist verpflichtet, die ihm von öffentlichen Behörden mitgeteilten amtlichen Bekanntmachungen auf deren Verlangen gegen Zahlung der üblichen Einrückungsgebühren in eine der beiden nächsten Nummern des Blattes aufzunehmen.

§ 11. Der verantwortliche Redakteur einer periodischen Druckschrift ist verpflichtet, eine Berichtigung der in letzterer mitgeteilten Tatsachen auf Verlangen einer beteiligten öffentlichen Behörde oder Privatperson ohne Einschaltungen oder Weglassungen aufzunehmen, sofern die Berichtigung von dem Einsender unterzeichnet ist, keinen strafbaren Inhalt hat und sich auf tatsächliche Angaben beschränkt.

Der Abdruck muß in der nach Empfang der Einsendung nächstfolgenden, für den Druck nicht bereits abgeschlossenen Nummer, und zwar in demselben Teile der Druckschrift und mit derselben Schrift, wie der Abdruck des zu berichtigenden Artikels geschehen.

Die Aufnahme erfolgt kostenfrei, soweit nicht die Entgegnung den Raum der zu berichtigenden Mitteilung überschreitet; für die über dieses Maß hinausgehenden Zeilen sind die üblichen Einrückungsgebühren zu entrichten.

§ 12. Auf die von den deutschen Reichs-, Staats- und Gemeindebehörden, von dem Reichstage [oder von der Landesvertretung eines deutschen Bundesstaats] ausgehenden Druckschriften, finden, soweit sich ihr Inhalt auf amtliche Mitteilungen beschränkt, die Vorschriften der §§ 6 bis 11 keine Anwendung.

§ 13. Die auf mechanischem oder chemischem Wege vervielfältigten periodischen Mitteilungen (lithographierte, autographierte, metallographierte, durchschriebene Korrespondenzen) unterliegen, sofern sie ausschließlich an Redaktionen verbreitet werden, den in diesem Gesetze für periodische Druckschriften getroffenen Bestimmungen nicht.

§ 14. Ist gegen eine Nummer (Stück, Heft) einer im Auslande erscheinenden periodischen Druckschrift binnen Jahresfrist zweimal eine Verurteilung auf Grund der §§ 41 und 42 des Strafgesetzbuchs erfolgt, so kann der Reichskanzler innerhalb zwei Monaten nach Eintritt der Rechtskraft des letzten Erkenntnisses das Verbot der ferneren Verbreitung dieser Druckschrift bis auf zwei Jahre durch öffentliche Bekanntmachung aussprechen.

Die in den einzelnen Bundesstaaten auf Grund der Landesgesetzgebung bisher erlassenen Verbote ausländischer periodischer Druckschriften treten außer Wirksamkeit.

§ 15[1]).

§ 16. Öffentliche Aufforderungen mittels der Presse zur Aufbringung der wegen einer strafbaren Handlung erkannten Geldstrafen und Kosten, sowie öffentliche Bescheinigungen mittels der Presse über den Empfang der zu solchen Zwecken gezahlten Beiträge sind verboten.

Das zufolge solcher Aufforderungen Empfangene oder der Wert desselben ist der Armenkasse des Orts der Sammlung für verfallen zu erklären.

§ 17. Die Anklageschrift oder andere amtliche Schriftstücke eines Strafprozesses dürfen durch die Presse nicht eher veröffentlicht werden, als bis dieselben in öffentlicher Verhandlung kundgegeben worden sind, oder das Verfahren sein Ende erreicht hat.

§ 18. Mit Geldstrafe oder mit Haft oder mit Gefängnis bis zu sechs Monaten werden bestraft:

1. Zuwiderhandlungen gegen die in den §§ 14, 16 und 17 enthaltenen Verbote;
2. Zuwiderhandlungen gegen die Bestimmungen der §§ 6, 7 und 8, welche durch falsche Angaben mit Kenntnis der Unrichtigkeit begangen werden.

Dieselbe Strafe trifft den Verleger einer periodischen Druckschrift auch dann, wenn er wissentlich geschehen läßt, daß auf derselben eine Person fälschlich als Redakteur benannt wird.

---

[1]) Aufgehoben durch § 19 des Gesetzes gegen den Verrat militärischer Geheimnisse vom 3. Juni 1914.

§ 19. Mit Geldstrafe bis zu einhundertfünfzig Reichsmark oder mit Haft werden bestraft:

1. Zuwiderhandlungen gegen die §§ 6, 7 und 8, welche nicht durch § 18 Ziff. 2 getroffen sind;
2. Zuwiderhandlungen gegen den § 9;
3. Zuwiderhandlungen gegen die §§ 10 und 11.

In den Fällen der Ziff. 3 tritt die Verfolgung nur auf Antrag ein und hat das Strafurteil zugleich die Aufnahme des eingesandten Artikels in die nächstfolgende Nummer anzuordnen. Ist die unberechtigte Verweigerung im guten Glauben geschehen, so ist unter Freisprechung von Strafe und Kosten lediglich die nachträgliche Aufnahme anzuordnen.

III. Verantwortlichkeit für die durch die Presse begangenen strafbaren Handlungen.

§ 20[1]). Die Verantwortlichkeit für Handlungen, deren Strafbarkeit durch den Inhalt einer Druckschrift begründet wird, bestimmt sich nach den bestehenden allgemeinen Strafgesetzen.

Ist die Druckschrift eine periodische, so ist der verantwortliche Redakteur als Täter zu bestrafen, wenn nicht durch besondere Umstände die Annahme seiner Täterschaft ausgeschlossen wird.

§ 21[1]). Begründet der Inhalt einer Druckschrift den Tatbestand einer strafbaren Handlung, so sind

der verantwortliche Redakteur,
der Verleger,
der Drucker,
derjenige, welcher die Druckschrift gewerbsmäßig vertrieben oder sonst öffentlich verbreitet hat (Verbreiter),

soweit sie nicht nach § 20 als Täter oder Teilnehmer zu bestrafen sind, wegen Fahrlässigkeit mit Geldstrafe oder mit Haft oder mit Festungshaft oder Gefängnis bis zu einem Jahre zu belegen, wenn sie nicht die Anwendung der pflichtgemäßen Sorgfalt oder Umstände nachweisen, welche diese Anwendung unmöglich gemacht haben.

Die Bestrafung bleibt jedoch für jede der benannten Personen ausgeschlossen, wenn sie als den Verfasser oder den Einsender, mit dessen Einwilligung die Veröffentlichung geschehen ist, oder,

---

[1]) Vgl. dazu § 45 Abs. 2 des Schriftleitergesetzes (Anhang Nr. 18).

wenn es sich um eine nichtperiodische Druckschrift handelt, als den Herausgeber derselben, oder als einen der in obiger Reihenfolge vor ihr Benannten eine Person bis zur Verkündigung des ersten Urteils nachweist, welche in dem Bereich der richterlichen Gewalt eines deutschen Landes sich befindet, oder falls sie verstorben ist, sich zur Zeit der Veröffentlichung befunden hat; hinsichtlich des Verbreiters ausländischer Druckschriften außerdem, wenn ihm dieselben im Wege des Buchhandels zugekommen sind.

IV. Verjährung.

§ 22. Die Strafverfolgung derjenigen Verbrechen und Vergehen, welche durch die Verbreitung von Druckschriften strafbaren Inhalts begangen werden, sowie derjenigen sonstigen Vergehen, welche in diesem Gesetze mit Strafe bedroht sind, verjährt in sechs Monaten.

2. Gesetz über den Verkehr mit Kraftfahrzeugen vom 3. Mai 1909 (RGBl. S. 437).

§ 21. Wer den zur Erhaltung der Ordnung und Sicherheit auf den öffentlichen Wegen oder Plätzen erlassenen polizeilichen Anordnungen über den Verkehr mit Kraftfahrzeugen zuwiderhandelt, wird mit Geldstrafe bis zu einhundertfünfzig Reichsmark oder mit Haft bestraft.

§ 22. Der Führer eines Kraftfahrzeugs, der nach einem Unfalle (§ 7) es unternimmt, sich der Feststellung des Fahrzeugs und seiner Person durch die Flucht zu entziehen, wird mit Geldstrafe oder mit Gefängnis bis zu zwei Monaten bestraft. Er bleibt jedoch straflos, wenn er spätestens am nächstfolgenden Tage nach dem Unfall Anzeige bei einer inländischen Polizeibehörde erstattet und die Feststellung des Fahrzeugs und seiner Person bewirkt.

Verläßt der Führer des Kraftfahrzeugs eine bei dem Unfalle verletzte Person vorsätzlich in hilfloser Lage, so wird er mit Gefängnis bis zu sechs Monaten bestraft. Sin mildernde Umstände vorhanden, so kann auf Geldstrafe erkannt werden.

§ 23. Mit Geldstrafe oder mit Gefängnis bis zu zwei Monaten wird bestraft, wer auf öffentlichen Wegen oder Plätzen ein Kraftfahrzeug führt, das nicht von der zuständigen Behörde zum Verkehr zugelassen ist.

Die gleiche Strafe trifft den Halter eines nicht zum Verkehre zugelassenen Kraftfahrzeugs, wenn er vorsätzlich oder fahrlässig dessen Gebrauch auf öffentlichen Wegen oder Plätzen gestattet.

§ 24. Mit Geldstrafe oder mit Gefängnis bis zu zwei Monaten wird bestraft:

1. wer ein Kraftfahrzeug führt, ohne einen Führerschein zu besitzen;
2. wer ein Kraftfahrzeug führt, obwohl ihm die Fahrerlaubnis entzogen ist;
3. wer nicht seinen Führerschein der Behörde, die ihm die Fahrerlaubnis entzogen hat, auf ihr Verlangen abliefert.

Die gleiche Strafe trifft den Halter des Kraftfahrzeugs, wenn er vorsätzlich oder fahrlässig eine Person zur Führung des Fahrzeugs bestellt oder ermächtigt, die sich nicht durch einen Führerschein ausweisen kann, oder der die Fahrerlaubnis entzogen ist.

§ 25. Wer in rechtswidriger Absicht

1. ein Kraftfahrzeug, für welches von der Polizeibehörde ein Kennzeichen nicht ausgegeben oder zugelassen worden ist, mit einem Zeichen versieht, welches geeignet ist, den Anschein der polizeilich angeordneten oder zugelassenen Kennzeichnung hervorzurufen,
2. ein Kraftfahrzeug mit einer anderen als der polizeilich für das Fahrzeug ausgegebenen oder zugelassenen Kennzeichnung versieht,
3. das an einem Kraftfahrzeuge gemäß polizeilicher Anordnung angebrachte Kennzeichen verändert, beseitigt, verdeckt oder sonst in seiner Erkennbarkeit beeinträchtigt,

wird, sofern nicht nach den Vorschriften des Strafgesetzbuchs eine höhere Strafe verwirkt ist, mit Geldstrafe oder mit Gefängnis bis zu drei Monaten bestraft.

Die gleiche Strafe trifft Personen, welche auf öffentlichen Wegen oder Plätzen von einem Kraftfahrzeuge Gebrauch machen, von dem sie wissen, daß die Kennzeichnung in der im Abs. 1 unter Nr. 1 bis 3 bezeichneten Art gefälscht, verfälscht oder unterdrückt worden ist.

3. Verordnung über Kraftfahrzeugverkehr (Kraftfahrzeugverordnung)

vom 10. Mai 1932 (RGBl. I S. 201).

Dritter Abschnitt.

Strafvorschriften.

§ 50. (1) Wer den Vorschriften über den Verkehr mit Kleinkrafträdern zuwiderhandelt, wird mit Geldstrafe bis zu 150 Reichsmark oder mit Haft bestraft.

(2) Wer den sonstigen Vorschriften dieser Verordnung zuwiderhandelt, wird nach den Strafvorschriften des III. Abschnitts des Gesetzes über den Verkehr mit Kraftfahrzeugen bestraft.

4. Reichsgesetz für Jugendwohlfahrt

vom 9. Juli 1922 (RGBl. I S. 633) in der Fassung von Art. 4 des Ges. v. 24. Febr. 1933 (RGBl. I S. 1000)[1].

§ 76. Wer, abgesehen von den Fällen der §§ 120, 122b, 235 des Strafgesetzbuchs, einen Minderjährigen, bezüglich dessen das gerichtliche Verfahren auf Unterbringung zur Fürsorgeerziehung eingeleitet oder die Unterbringung zur Fürsorgeerziehung angeordnet ist, dem Verfahren oder der angeordneten Fürsorgeerziehung entzieht, oder ihn verleitet, sich dem Verfahren oder der Fürsorgeerziehung zu entziehen, oder wer ihm hierzu vorsätzlich behilflich ist, wird auf Antrag der Fürsorgeerziehungsbehörde mit Gefängnis bis zu zwei Jahren und mit Geldstrafe oder mit einer dieser Strafen bestraft. Die Zurücknahme des Antrags ist zulässig.

Der Versuch ist strafbar.

5. Börsengesetz

vom 27. Mai 1908 (RGBl. S. 215).

§ 94. Wer gewohnheitsmäßig in gewinnsüchtiger Absicht andere unter Ausbeutung ihrer Unerfahrenheit oder ihres Leichtsinns zu Börsenspekulationsgeschäften verleitet, welche nicht zu ihrem Gewerbebetriebe gehören, wird mit Gefängnis und zu-

---

[1]) Vgl. Anm. 2 zu § 122b.

gleich mit Geldstrafe bestraft. Auch kann auf Verlust der bürgerlichen Ehrenrechte erkannt werden.

§ 95. Ein Kommissionär, welcher, um sich oder einem Dritten einen Vermögensvorteil zu verschaffen,

1. das Vermögen des Kommittenten dadurch beschädigt, daß er hinsichtlich eines abzuschließenden Geschäfts wider besseres Wissen unrichtigen Rat oder unrichtige Auskunft erteilt, oder
2. bei der Ausführung eines Auftrags oder bei der Abwickelung eines Geschäfts absichtlich zum Nachteile des Kommittenten handelt,

wird mit Gefängnis bestraft. Neben der Gefängnisstrafe kann auf Geldstrafe sowie auf Verlust der bürgerlichen Ehrenrechte erkannt werden.

In besonders schweren Fällen tritt an die Stelle der Gefängnisstrafe Zuchthaus bis zu zehn Jahren; ein besonders schwerer Fall liegt insbesondere dann vor, wenn die Tat das Wohl des Volkes geschädigt oder einen anderen besonders großen Schaden zur Folge gehabt oder der Täter besonders arglistig gehandelt hat[1]).

Der Versuch ist strafbar in den Fällen der Ziffer 1.

6. Reichsversicherungsordnung

vom 19. Juli 1911 (RGBl. S. 509)

in der Fassung vom 15. Dezember 1924 (RGBl. I S. 779).

§ 533. Arbeitgeber werden mit Gefängnis bestraft, wenn sie Beitragsteile, die sie den Beschäftigten einbehalten oder von ihnen erhalten haben, der berechtigten Kasse vorsätzlich vorenthalten.

Daneben kann auf Geldstrafe und auf Verlust der bürgerlichen Ehrenrechte erkannt werden.

Bei mildernden Umständen kann ausschließlich auf Geldstrafe erkannt werden.

§ 1492. Arbeitgeber werden mit Gefängnis bestraft, wenn sie vorsätzlich Beitragsteile, die sie den Beschäftigten vom Lohn

---

[1]) Abs. 2 eingefügt durch die Strafgesetznovelle vom 26. Mai 1933 (RGBl. I S. 295).

abgezogen oder von ihnen erhalten haben, nicht für die Versicherung verwenden.

Daneben kann auf Geldstrafe und Verlust der bürgerlichen Ehrenrechte erkannt werden.

Bei mildernden Umständen kann ausschließlich auf Geldstrafe erkannt werden.

7. Gesetz über Arbeitsvermittlung und Arbeitslosenversicherung

vom 12. Oktober 1929 (RGBl. I S. 162)[1]).

§ 270. (1) Arbeitgeber werden mit Gefängnis bestraft, wenn sie Beitragsteile, die sie den Beschäftigten einbehalten oder von ihnen erhalten haben, der berechtigten Kasse vorsätzlich vorenthalten.

(2) Daneben kann auf Geldstrafe und auf Verlust der bürgerlichen Ehrenrechte erkannt werden.

(3) Bei mildernden Umständen kann ausschließlich auf Geldstrafe erkannt werden.

8. Gesetz über Mieterschutz und Mieteinigungsämter

vom 17. Februar 1928 (RGBl. I S. 25).

§ 49a. Wer für die mietweise oder auf Grund eines sonstigen Rechtsverhältnisses erfolgende Überlassung von Räumen oder im Zusammenhange damit für sich oder einen anderen einen Mietzins oder eine sonstige Vergütung fordert, annimmt oder sich versprechen läßt, die unter Berücksichtigung der gesamten Verhältnisse als unangemessen anzusehen sind, wird wegen Wuchers mit Räumen mit Geldstrafe oder mit Gefängnis bestraft. Ist die Tat fahrlässig begangen, so ist auf Geldstrafe oder Gefängnis bis zu einem Jahre zu erkennen.

Ebenso wird bestraft, wer für die Vermittlung eines Rechtsgeschäftes der im Abs. 1 Satz 1 bezeichneten Art eine Vergütung fordert, annimmt oder sich versprechen läßt, die unter Berück-

---

[1]) Hiermit gleichlautend: § 338 des Angestelltenversicherungsgesetzes i. d. F. v. 28. 5. 1924 (RGBl. I S. 563).

sichtigung der gesamten Verhältnisse als unangemessen anzusehen ist.

§ 49b. Die Vorschriften des 49a finden auch auf die von Behörden sowie von der Deutschen Reichsbahn-Gesellschaft überlassenen Räume Anwendung.

9. Gesetz gegen den verbrecherischen und gemeingefährlichen Gebrauch von Sprengstoffen

vom 9. Juni 1884 (RGBl. S. 61).

§ 1. Die Herstellung, der Vertrieb und der Besitz von Sprengstoffen sowie die Einführung derselben aus dem Auslande ist unbeschadet der bestehenden sonstigen Beschränkungen nur mit polizeilicher Genehmigung zulässig.

Wer sich mit der Herstellung oder dem Vertriebe von Sprengstoffen befaßt, hat ein Register zu führen, aus welchem die Mengen der hergestellten, aus dem Auslande eingeführten oder sonst zum Zweck des Vertriebes angeschafften Sprengstoffe, sowie die Bezugsquellen und der Verbleib derselben ersichtlich sein müssen. Dieses Register ist der zuständigen Behörde auf Erfordern jederzeit vorzulegen.

Auf Sprengstoffe, welche vorzugsweise als Schießmittel gebraucht werden, finden vorbehaltlich abweichender landesrechtlicher Vorschriften die Bestimmungen des ersten und des zweiten Absatzes keine Anwendung. Die Bezeichnung dieser Stoffe erfolgt durch Beschluß der Reichsregierung [mit Zustimmung des Reichsrats] [1]).

Insoweit Sprengstoffe zum eigenen Gebrauch durch Reichs- oder Landesbehörden von der zuständigen Verwaltung hergestellt, besessen, eingeführt oder vertrieben werden, bleiben die Vorschriften des ersten und zweiten Absatzes ebenfalls ausgeschlossen.

§ 2. Die Zentralbehörden der Länder erlassen die zur Ausführung der Vorschriften in dem § 1 Abs. 1 und 2, sowie in dem § 15 erforderlichen näheren Anordnungen und bestimmen die Behörden, welche über die Gesuche um Gestattung der Herstel-

---

[1]) Eine Zustimmung des Reichsrats kommt nach dessen Aufhebung — Ges. v. 14. 2. 1934, RGBl. I S. 89 — nicht mehr in Frage.

lung, des Vertriebes, des Besitzes und der Einführung von Sprengstoffen Entscheidung zu treffen haben.

§ 3. Gegen die versagende Verfügung ist nur die Beschwerde an die Aufsichtsbehörde innerhalb 14 Tagen zulässig. Dieselbe hat keine aufschiebende Wirkung.

§ 4. Die Erteilung der nach § 1 Abs. 1 erforderlichen Erlaubnis erfolgt in widerruflicher Weise. Wegen der Beschwerde gegen die Zurücknahme gilt die Vorschrift des § 3 des gegenwärtigen Gesetzes.

§ 5[1]). Wer vorsätzlich durch Anwendung von Sprengstoffen Gefahr für das Eigentum, die Gesundheit oder das Leben eines anderen herbeiführt, wird mit Zuchthaus bestraft.

Ist durch die Handlung eine schwere Körperverletzung verursacht worden, so tritt Zuchthausstrafe nicht unter fünf Jahren und, wenn der Tod eines Menschen verursacht worden ist, Zuchthausstrafe nicht unter zehn Jahren oder lebenslängliche Zuchthausstrafe ein.

Ist durch die Handlung der Tod eines Menschen herbeigeführt worden und hat der Täter einen solchen Erfolg voraussehen können, so ist auf Todesstrafe zu erkennen.

§ 6. Haben mehrere die Ausführung einer oder mehrerer nach § 5 zu ahnender strafbarer Handlungen verabredet oder sich zur fortgesetzten Begehung derartiger, wenn auch im einzelnen noch nicht bestimmter Handlungen verbunden, so werden dieselben, auch ohne daß der Entschluß der Verübung des Verbrechens durch Handlungen, welche einen Anfang der Ausführung enthalten, betätigt worden ist, mit Zuchthaus nicht unter fünf Jahren bestraft.

§ 7. Wer Sprengstoffe herstellt, anschafft, bestellt oder in seinem Besitze hat, in der Absicht, durch Anwendung derselben Gefahr für das Eigentum, die Gesundheit oder das Leben eines anderen entweder selbst herbeizuführen oder andere Personen zur Begehung dieses Verbrechens in den Stand zu setzen, wird mit Zuchthaus bis zu zehn Jahren bestraft.

Der gleichen Strafe verfällt, wer Sprengstoffe, wissend, daß dieselben zur Begehung eines in dem § 5 vorgesehenen Verbrechens bestimmt sind, an andere Personen überläßt.

§ 8. Wer Sprengstoffe herstellt, anschafft, bestellt, wissentlich in seinem Besitze hat oder an andere Personen überläßt unter Umständen, welche nicht erweisen, daß dies zu einem erlaubten

---

[1]) Vgl. Ges. v. 4. 4. 1933, Anhang Nr. 15.

Zweck geschieht, wird mit Zuchthausstrafe bis zu fünf Jahren oder mit Gefängnis nicht unter einem Jahr bestraft. Diese Bestimmung findet auf die gemäß § 1 Abs. 3 von der Reichsregierung [mit Zustimmung des Reichsrats][1]) bezeichneten Stoffe nicht Anwendung.

§ 9. Wer der Vorschrift in dem ersten Absatz des § 1 zuwider es unternimmt, ohne polizeiliche Ermächtigung Sprengstoffe herzustellen, vom Auslande einzuführen, feilzuhalten, zu verkaufen oder sonst an andere zu überlassen, oder wer im Besitze derartiger Stoffe betroffen wird, ohne polizeiliche Erlaubnis hierzu nachweisen zu können, ist mit Gefängnis von drei Monaten bis zu zwei Jahren zu bestrafen.

Gleicher Strafe verfällt, wer die Vorschriften des § 1 Abs. 2, die von den Zentralbehörden in Gemäßheit des § 2 getroffenen Anordnungen oder die bereits bestehenden oder noch zu erlassenden sonstigen polizeilichen Bestimmungen über den Verkehr mit Sprengstoffen, auf welche § 1 Abs. 1 Anwendung findet, übertritt.

§ 10. Wer öffentlich vor einer Menschenmenge oder wer durch Verbreitung oder öffentlichen Anschlag oder öffentliche Ausstellung von Schriften oder anderen Darstellungen zur Begehung einer der in den §§ 5 und 6 bezeichneten strafbaren Handlungen oder zur Teilnahme an denselben auffordert, wird mit Zuchthaus bestraft.

Gleiche Strafe trifft denjenigen, welcher auf die vorbezeichnete Weise zur Begehung der im Abs. 1 gedachten strafbaren Handlungen insbesondere dadurch anreizt oder verleitet, daß er dieselben anpreist oder als etwas Rühmliches darstellt.

§ 11. In den Fällen der §§ 5, 6, 7, 8 und 10 kann auf Zulässigkeit von Polizeiaufsicht erkannt werden. In den Fällen der §§ 5, 6, 7, 8 und in dem Falle einer Anwendung der Strafvorschriften des § 9 ist auf Einziehung der zur Zubereitung der Sprengstoffe gebrauchten oder bestimmten Gegenstände, sowie der im Besitze des Verurteilten vorgefundenen Vorräte von Sprengstoffen zu erkennen, ohne Unterschied, ob dieselben dem Verurteilten gehören oder nicht.

§ 12. Die Bestimmungen im § 4 Abs. 2 Nr. 1 des Strafgesetzbuchs für das Deutsche Reich finden auch auf die in den §§ 5, 6, 7, 8 und 10 dieses Gesetzes vorgesehenen Verbrechen Anwendung.

§ 13. Der in dem § 139 des Strafgesetzbuchs für das Deutsche

[1]) Vgl. Anm. S. 283.

Reich angedrohten Strafe verfällt, wer von dem Vorhaben eines im § 5 vorgesehenen Verbrechens oder von einer im § 6 vorgesehenen Verabredung oder von dem Tatbestande eines im § 7 des gegenwärtigen Gesetzes unter Strafe gestellten Verbrechens in glaubhafter Weise Kenntnis erhält und es unterläßt, der durch das Verbrechen bedrohten Person oder der Behörde rechtzeitig Anzeige zu machen.

§§ 14 und **15** (gegenstandslos).

10. Gesetz über Schußwaffen und Munition

vom 12. April 1928 (RGBl. I S. 143).

Abschnitt I.

Allgemeines.

§ 1. (1) Schußwaffen im Sinne dieses Gesetzes sind Waffen, bei denen ein Geschoß oder eine Schrotladung mittels Entwicklung von Explosivgasen oder Druckluft durch einen Lauf getrieben wird.

(2) Als Munition im Sinne dieses Gesetzes gilt fertige Munition zu Schußwaffen sowie Schießpulver jeder Art.

(3) Fertige oder vorgearbeitete wesentliche Teile von Schußwaffen oder Munition stehen fertigen Gegenständen dieser Art gleich.

Abschnitt II.

Die Herstellung von Schußwaffen und Munition.

§ 2. (1) Wer gewerbsmäßig Schußwaffen oder Munition herstellen, bearbeiten oder instandsetzen will, bedarf der Genehmigung. Als Herstellung von Munition gilt auch das Wiederladen von Patronen.

(2) Die Genehmigung oder ihre Rücknahme darf nicht von der Prüfung der Bedürfnisfrage abhängig gemacht werden.

(3) Für die Errichtung von Pulverfabriken oder sonstigen Anlagen zur Munitionsbereitung bleibt daneben die Genehmigung nach § 16 der Gewerbeordnung für das Deutsche Reich im bisherigen Umfang erforderlich.

§ 3. Die Verfügung, durch die die Genehmigung zum Gewerbebetriebe versagt oder zurückgenommen wird, kann nach den für das Rechtsmittelverfahren gegen polizeiliche Verfügungen geltenden Vorschriften der Landesgesetze angefochten werden.

Wo nach diesen ein verwaltungsgerichtliches Verfahren nicht besteht oder für Fälle dieser Art nicht zulässig ist, finden die Vorschriften der §§ 20 und 21 der Gewerbeordnung für das Deutsche Reich Anwendung.

§ 4. Ist die Genehmigung endgültig versagt oder zurückgenommen worden, so kann ein neuer Antrag auf Erteilung der Genehmigung erst gestellt werden, wenn seit der Zustellung der endgültigen Entscheidung mindestens drei Jahre verflossen sind.

Abschnitt III.

Der Handel mit Schußwaffen und Munition.

§ 5. (1) Wer gewerbsmäßig Schußwaffen oder Munition erwerben, feilhalten oder anderen überlassen oder wer gewerbsmäßig den Erwerb oder das Überlassen solcher Waren vermitteln oder sich gewerbsmäßig zum Erwerb oder Überlassen solcher Waren erbieten will, bedarf der Genehmigung.

(2) Die Vorschriften des § 2 Abs. 2 und der §§ 3, 4 gelten entsprechend.

§ 6. Die Genehmigung nach § 5 darf nicht erteilt werden

1. Trödlern,
2. den im § 16 Abs. 1 Satz 2 bezeichneten Personen; Ausnahmen sind in den Grenzen des § 16 Abs. 3 zulässig.

§ 7. (1) Verboten ist der Handel mit Schußwaffen oder Munition

1. im Umherziehen,
2. auf Jahrmärkten, Schützenfesten und Messen mit Ausnahme der Mustermessen.

(2) Nicht unter das Verbot des Abs. 1 Nr. 2 fällt das Feilhalten und Überlassen der auf den Schießständen benötigten Munition.

§ 8. Öffentlichen und privaten Pfandleihen ist das Beleihen von Schußwaffen und Munition verboten.

§ 9. (1) Vom Ablauf von sechs Monaten nach Inkrafttreten dieses Gesetzes ab dürfen im Inland nur solche Schußwaffen gewerbsmäßig feilgehalten oder anderen überlassen werden, die die Firma oder das eingetragene Warenzeichen des Herstellers oder des Händlers (§ 5) und eine fortlaufende Herstellungsnummer tragen.

(2) Schußwaffen, die nicht die Firma oder das eingetragene

Warenzeichen eines inländischen Herstellers tragen, müssen außer der Herstellungsnummer die Firma oder das eingetragene Warenzeichen eines im Inland wohnenden Händlers tragen.

Abschnitt IV.

Erwerb, Führen, Einfuhr und Besitz von Schußwaffen und Munition.

§ 10. (1) Schußwaffen oder Munition dürfen nur gegen Aushändigung eines behördlich ausgestellten Waffen- oder Munitionserwerbscheins überlassen oder erworben werden.

(2) Der Erwerbschein gilt für die Dauer eines Jahres vom Tage der Ausstellung ab gerechnet, soweit nicht eine kürzere Geltungsdauer auf ihm vermerkt ist.

(3) Abs. 1 gilt nicht für

1. die Überlassung von Schußwaffen oder Munition auf einem polizeilich genehmigten Schießstand zur Benutzung lediglich auf diesem Schießstand;
2. die Versendung von Schußwaffen oder Munition unmittelbar in das Ausland; dem Ausland im Sinne dieser Vorschrift stehen gleich:
   a) die Zollausschüsse, mit Ausnahme von Helgoland und der Badischen Zollausschüsse,
   b) die Freibezirke,
   c) die Freizone von Lübeck;
3. die Übermittlung von Schußwaffen und Munition durch Personen, die gewerbsmäßig Güterversendungen besorgen oder ausführen, insbesondere durch Spediteure, Frachtführer, Verfrachter eines Seeschiffes, die Post oder die Eisenbahn.

§ 11. Eines Waffen- oder Munitionserwerbscheins bedürfen nicht:

1. Behörden des Reichs oder der Länder sowie die Deutsche Reichsbahn-Gesellschaft,
2. Gemeindebehörden, denen die oberste Landesbehörde den Erwerb ohne Erwerbschein gestattet hat,
3. die im § 5 bezeichneten Gewerbetreibenden, die sich durch eine behördliche Bescheinigung ausweisen.

§ 12. Eines Waffenerwerbscheins bedürfen nicht Inhaber von Waffenscheinen in dem darin genehmigten Umfang.

§ 13. Eines Munitionserwerbscheins bedürfen nicht Inhaber eines Waffenerwerbscheins oder Waffenscheins zum Erwerbe der zu den betreffenden Waffen gehörigen Munition.

§ 14. Wer Schußwaffen oder Munition von Todes wegen erwirbt, hat dies unter Angabe der Art und Zahl, bei Schießpulver des Gewichts, der von ihm erworbenen Schußwaffen oder Munition binnen sechs Wochen nach dem Tage, an dem er von dem Erwerbe Kenntnis erlangt hat, der zuständigen Behörde anzuzeigen.

§ 15. (1) Wer außerhalb seiner Wohnung, seiner Geschäftsräume oder seines befriedeten Besitztums eine Schußwaffe führt, muß einen behördlich ausgestellten Erlaubnisschein (Waffenschein) bei sich tragen. Als Führen einer Schußwaffe gilt nicht ihr Gebrauch auf polizeilich genehmigten Schießständen.

(2) Der Waffenschein ist, sofern seine Geltung nicht ausdrücklich auf einen bestimmten engeren Bezirk beschränkt wird, für das ganze Reichsgebiet gültig. Im Scheine kann das Führen von Waffen auf bestimmte, ausdrücklich bezeichnete Gelegenheiten und Örtlichkeiten beschränkt werden.

(3) Der Waffenschein gilt für die Dauer eines Jahres vom Tage der Ausstellung ab gerechnet, soweit nicht eine kürzere Geltungsdauer auf ihm vermerkt ist.

§ 16. (1) Waffen-(Munitions-)Erwerbscheine oder Waffenscheine dürfen nur an Personen, gegen deren Zuverlässigkeit keine Bedenken bestehen, ausgestellt werden, Waffenscheine außerdem nur bei Nachweis eines Bedürfnisses. Die Ausstellung hat insbesondere zu unterbleiben

1. an Personen unter zwanzig Jahren;
2. an Entmündigte oder geistig Minderwertige;
3. an Zigeuner oder nach Zigeunerart umherziehende Personen;
4. an Personen, die wegen Zuwiderhandlungen gegen die §§ 81, 83 bis 90, 105, 106, 107, 107a, 110 bis 120, 122, 123 Abs. 2, §§ 124 bis 130, 181a, 211 bis 216, 223 bis 228, 240, 241, 243, 244, 249 bis 255, 292 bis 294, 296, 340, 361 Nr. 3, 4, 5 und 10 des Strafgesetzbuchs, gegen § 148 des Vereinszollgesetzes vom 1. Juli 1869 (BGBl. S. 317), gegen das Gesetz gegen den verbrecherischen und gemeingefährlichen Gebrauch von Sprengstoffen vom 9. Juni 1884 (RGBl. S. 61), gegen die Verordnung des Rates der Volksbeauf-

tragten über Waffenbesitz vom 13. Januar 1919 (RGBl. S. 31, 122), gegen das Gesetz über die Entwaffnung der Bevölkerung vom 7. August 1920 (RGBl. S. 1553), gegen die §§ 1, 2, 4 bis 7, 8 Nr. 3, § 19 des Gesetzes zum Schutze der Republik vom 21. Juli 1922 (RGBl. I S. 585) oder gegen die Vorschriften dieses Gesetzes zu einer Freiheitsstrafe von mehr als zwei Wochen rechtskräftig verurteilt worden sind, wenn seit der Verbüßung, der Verjährung oder dem Erlasse der Strafe noch nicht fünf Jahre verflossen sind; ist die Strafe nach einer Probezeit erlassen, so läuft die Frist von fünf Jahren von dem Beginne der Probezeit;

5. an Personen, gegen die auf Zulässigkeit von Polizeiaufsicht oder auf Verlust der bürgerlichen Ehrenrechte erkannt worden ist, für die Dauer der Zulässigkeit der Polizeiaufsicht oder des Verlustes der bürgerlichen Ehrenrechte.

(2) Die obersten Landesbehörden können durch Verordnungen bestimmen, daß Zuwiderhandlungen gegen landesrechtliche Strafvorschriften den Zuwiderhandlungen gegen die im Abs. 1 Nr. 4 bezeichneten reichsrechtlichen Bestimmungen gleichgestellt werden.

(3) Ausnahmen von Abs. 1 Nr. 1, 3 und 4 können auf Antrag von der zuständigen Behörde bewilligt werden.

§ 17. (1) Personen, denen nach § 16 Abs. 1 Nr. 1 bis 5 ein Waffen-(Munitions-)Erwerbschein oder ein Waffenschein nicht ausgestellt werden darf, sind, wenn nicht eine Ausnahme nach § 16 Abs. 3 bewilligt ist, auch zum Besitze von Schußwaffen oder Munition nicht berechtigt.

(2) Personen, die zum Besitze von Schußwaffen oder Munition nicht berechtigt sind, haben die in ihrem Besitze befindlichen Schußwaffen und Munition unverzüglich der zuständigen Behörde gegen Empfangsbescheinigung in Verwahrung zu geben. Haben sie einen gesetzlichen Vertreter, so liegt ihm diese Verpflichtung ob. Sofern diese Person oder ihre gesetzlichen Vertreter über die Schußwaffen oder Munition nicht binnen sechs Monaten zugunsten eines im Sinne dieses Gesetzes Berechtigten durch Abtretung des Herausgabeanspruchs verfügen, kann die zuständige Behörde die Übereignung der Schußwaffen an sich gegen Zahlung des gemeinen Wertes verlangen. Der Eigentumsübergang kommt durch Zustellung des entsprechenden Bescheids zustande. Gegen die Festsetzung des gemeinen Wertes ist unter Ausschluß

des Rechtswegs nur die Beschwerde im Aufsichtswege binnen zwei Wochen zulässig.

(3) Die zuständige Behörde kann ausnahmsweise dem zur Ablieferung Verpflichteten den weiteren Besitz der Schußwaffen und Munition auf jederzeitigen Widerruf gestatten, wenn nach Lage des Einzelfalls die Gewähr besteht, daß von den Gegenständen kein unzulässiger Gebrauch gemacht wird.

§ 18. (1) Der Waffen-(Munitions-)Erwerbschein oder der Waffenschein ist durch die zuständige Behörde zu widerrufen und einzuziehen, wenn die Voraussetzungen für die Erteilung des Scheins nicht gegeben waren oder nicht mehr vorliegen.

(2) Im Falle des Widerrufs kann die zuständige Behörde zugleich die Ablieferung der Schußwaffen und Munition verlangen. Die Vorschriften des § 17 Abs. 2 gelten entsprechend.

§ 19. (1) Eines Waffen (Munitions-)Erwerbscheins oder eines Waffenscheins bedürfen hinsichtlich der ihnen dienstlich gelieferten Schußwaffen oder Munition nicht

1. die Angehörigen der deutschen Wehrmacht, die Polizeibeamten des Reichs und der Länder sowie die Grenzaufsichts- und Zollfahndungsbeamten der Reichsfinanzverwaltung;
2. Beamte oder Angestellte, denen von der zuständigen Reichs- oder Landesbehörde das Recht zum Führen von Schußwaffen bei bestimmt zu bezeichnenden dienstlichen Anlässen verliehen ist oder auf Grund gesetzlicher Vorschriften zusteht. An Stelle des Waffenscheins tritt bei ihnen eine entsprechende Bescheinigung der vorgesetzten Dienst- oder der Aufsichtsbehörde.

(2) Werden den im Abs. 1 bezeichneten Personen Schußwaffen oder Munition dienstlich nicht geliefert, oder ist das Führen anderer als der dienstlich gelieferten Schußwaffen geboten, so ist die vorgesetzte Dienst- oder die Aufsichtsbehörde befugt, ihnen eine Bescheinigung auszustellen, aus der das Recht zum Erwerbe der Schußwaffen und der Munition oder zum Führen der Schußwaffen ersichtlich ist.

§ 20. (1) Ist nach der Landesgesetzgebung die Erhebung von Gebühren für die Ausstellung des Waffenerwerbscheins oder des Waffenscheins zulässig, so bestimmt sich die Festsetzung dieser Gebühren nach den durch die Reichsregierung mit Zustimmung des Reichsrats festgesetzten Grundsätzen.

(2) Für die Ausstellung eines Munitionserwerbscheins werden Gebühren nicht erhoben.

§ 21. (1) Der Jahresjagdschein eines deutschen Landes berechtigt im gesamten Reichsgebiete während der Dauer seiner Gültigkeit den Inhaber zum Erwerbe von Jagdwaffen und Faustfeuerwaffen in dem darin vermerkten Umfang und zum Erwerbe von Munition für Jagd- und Faustfeuerwaffen.

(2) Der Jagdschein eines deutschen Landes berechtigt im gesamten Reichsgebiet während der Dauer seiner Gültigkeit den Inhaber zum Führen von Jagdwaffen auf der Jagd, beim Jagdschutz und Übungsschießen sowie auf den dazu gehörigen Hin- und Rückwegen. In dem gleichen Umfang berechtigt der Jagdschein auch zum Führen einer Faustfeuerwaffe.

§ 22. (1) Die Einfuhr von Schußwaffen und Munition ist nur auf Grund eines Waffen-(Munitions-)Erwerbscheins (§ 10), eines Waffenscheins (§ 15) oder eines Jagdscheins (§ 21) in dem Umfang gestattet, in dem diese Scheine zum Erwerbe von Schußwaffen oder Munition berechtigen.

(2) Diese Vorschrift findet keine Anwendung auf die Einfuhr durch die im § 11 bezeichneten Behörden und Gewerbetreibenden.

§ 23. (1) Zum Besitz eines Waffen- oder Munitionslagers (Abs. 2), das nicht zu einem nach Maßgabe dieses Gesetzes genehmigten (§§ 2, 5) Gewerbebetriebe gehört oder sich nicht im Besitz einer der im § 11 Nr. 1 und 2 bezeichneten Behörden befindet, ist die Genehmigung der zuständigen Behörde erforderlich. Die Genehmigung darf nur Personen erteilt werden, gegen deren Zuverlässigkeit keine Bedenken bestehen. Auf die Erteilung der Genehmigung finden die Vorschriften des § 16 Abs. 1 Satz 2, Abs. 2, 3, auf ihren Widerruf die Vorschriften der §§ 17, 18 entsprechende Anwendung.

(2) Als Waffenlager gilt ein Bestand von mehr als fünf Schußwaffen der gleichen Art, als Munitionslager ein Bestand von mehr als hundert Patronen. Bei Jagdwaffen gilt als Waffenlager ein Bestand von mehr als zehn Jagdwaffen, als Munitionslager ein Bestand von mehr als tausend Jagdpatronen.

§ 24. (1) Die Herstellung, der Handel, die Einfuhr, das Führen sowie der Besitz von Schußwaffen, die zum schleunigen Zerlegen über den für Jagd- und Sportzwecke allgemein üblichen Umfang hinaus besonders eingerichtet oder in Stöcken, Schirmen, Röhren oder in ähnlicher Weise verborgen sind (sogenannte Wilddiebsgewehre), ist verboten.

(2) Verboten ist auch die Herstellung, der Handel, die Einfuhr, das Führen sowie der Besitz von Schußwaffen, die mit einer Vorrichtung zur Dämpfung des Schußknalls oder mit Gewehrscheinwerfer versehen sind. Das Verbot erstreckt sich auch auf die bezeichneten Vorrichtungen allein. Für die Herstellung solcher Waffen oder Vorrichtungen zur Ausfuhr können auf Antrag Ausnahmen bewilligt werden.

Abschnitt V.

Strafbestimmungen.

§ 25. (1) Mit Gefängnis bis zu drei Jahren und mit Geldstrafe oder mit einer dieser Strafen wird bestraft, wer vorsätzlich oder fahrlässig den Bestimmungen dieses Gesetzes zuwider

1. Schußwaffen, Munition oder die im § 24 Abs. 2 bezeichneten Vorrichtungen herstellt, bearbeitet, instandsetzt, beleiht, erwirbt, feilhält, anderen überläßt, den Erwerb oder das Überlassen vermittelt, sich zum Erwerb oder Überlassen erbietet, einführt oder besitzt,
2. Schußwaffen führt,
3. die ihm gemäß § 14 obliegende Anzeige nicht oder nicht rechtzeitig erstattet.

(2) Neben der Strafe können die Schußwaffen, die Munition oder die Vorrichtungen, auf die sich die strafbare Handlung bezieht, ohne Rücksicht darauf, ob sie dem Täter gehören, eingezogen werden. Ist die Verfolgung oder Verurteilung einer bestimmten Person nicht durchführbar, so kann auf die Einziehung der Schußwaffen, der Munition oder der Vorrichtungen selbständig erkannt werden.

§ 26. Wer es vorsätzlich oder fahrlässig unterläßt, zu verhindern, daß eine zu seiner Hausgemeinschaft gehörige und seiner Aufsicht oder Erziehung unterliegende Person unter zwanzig Jahren den Vorschriften dieses Gesetzes zuwider Schußwaffen, Munition oder die im § 24 Abs. 2 bezeichneten Vorrichtungen herstellt, bearbeitet, instandsetzt, beleiht, erwirbt, feilhält, anderen überläßt, den Erwerb oder das Überlassen vermittelt, sich zum Erwerb oder Überlassen erbietet, einführt, besitzt oder Schußwaffen führt, wird gemäß § 25 dieses Gesetzes bestraft.

§ 27. (1) Wer die zur Durchführung dieses Gesetzes von der Reichsregierung erlassenen Vorschriften (§ 28) vorsätzlich oder fahrlässig übertritt, wird mit Geldstrafe bis zu einhundertfünfzig Reichsmark oder mit Haft bestraft.

(2) Wer den im Abs. 1 bezeichneten Vorschriften vorsätzlich zuwiderhandelt, nachdem er wegen ihrer vorsätzlichen oder fahrlässigen Übertretung zweimal rechtskräftig verurteilt ist, wird mit Gefängnis bis zu einem Jahre und mit Geldstrafe oder mit einer dieser Strafen bestraft. Diese Vorschrift findet keine Anwendung, wenn seit der Rechtskraft der letzten Verurteilung bis zur Begehung der neuen Tat mehr als drei Jahre verflossen sind.

11. Gesetz gegen Waffenmißbrauch

vom 28. März 1931 (RGBl. I S. 77).

Abschnitt I.

§ 1. (1) Wer außerhalb seiner Wohnung, seiner Geschäftsräume oder seines befriedeten Besitztums eine Waffe führt, die ihrer Natur nach dazu bestimmt ist, durch Hieb, Stoß oder Stich Verletzungen beizubringen (Hieb- oder Stoßwaffe), wird mit Gefängnis bis zu einem Jahre und mit Geldstrafe oder mit einer dieser Strafen bestraft.

(2) Die Waffe kann eingezogen werden, auch wenn sie nicht dem Täter gehört. Kann keine bestimmte Person verfolgt oder verurteilt werden, so kann auf die Einziehung der Waffe selbständig erkannt werden, wenn im übrigen die Voraussetzungen hierfür vorliegen.

§ 2. § 1 findet keine Anwendung auf

1. Personen, die kraft ihres öffentlich-rechtlichen Dienstverhältnisses zum Führen von Hieb- oder Stoßwaffen berechtigt sind, innerhalb der Grenzen dieser Berechtigung;
2. Personen, die beruflich Hieb- oder Stoßwaffen zu führen pflegen, hinsichtlich dieser Hieb- oder Stoßwaffen bei Ausübung des Berufs und auf den dazugehörigen Hin- und Rückwegen;
3. Personen, die zum Führen von Hieb- und Stoßwaffen behördlich ermächtigt sind; die behördliche Ermächtigung wird von der zuständigen obersten Reichs- oder Landesbehörde oder der von ihr bestimmten Stelle mit Wirkung

für ihren Amtsbereich oder Teile davon allgemein oder für bestimmt zu bezeichnende Anlässe erteilt;

4. Inhaber von Waffenscheinen im Sinne des § 15 des Gesetzes über Schußwaffen und Munition vom 12. April 1928 (Reichsgesetzbl. I S. 143), soweit nicht im Waffenscheine das Führen von Hieb- oder Stoßwaffen ausgeschlossen oder beschränkt ist;

5. Inhaber von Jagdscheinen eines deutschen Landes auf der Jagd und beim Jagdschutz sowie auf den dazugehörigen Hin- und Rückwegen.

Abschnitt II.

§ 8. (1) Wer gemeinsam mit anderen zu politischen Zwecken an öffentlichen Orten erscheint und dabei bewaffnet ist, wird mit Gefängnis nicht unter drei Monaten bestraft.

(2) Die Waffe kann eingezogen werden, auch wenn sie nicht dem Täter gehört. Kann keine bestimmte Person verfolgt oder verurteilt werden, so kann auf die Einziehung der Waffe selbständig erkannt werden, wenn im übrigen die Voraussetzungen hierfür vorliegen.

(3) Die vorstehenden Bestimmungen finden keine Anwendung auf Personen, die kraft ihres öffentlich-rechtlichen Dienstverhältnisses zum Führen von Waffen berechtigt sind, innerhalb der Grenzen dieser Berechtigung.

Abschnitt III.

12. VO. des Reichspräsidenten zum Schutze des deutschen Volkes

vom 4. Februar 1933 (RGBl. I S. 35).

Auf Grund des Artikels 48 Abs. 2 der Reichsverfassung wird folgendes verordnet:

Abschnitt IV.

Strafbestimmungen.

§ 15. (1) Wer öffentlich zu einer Gewalttat gegen eine bestimmte Person oder allgemein zu Gewalttätigkeiten gegen Personen oder Sachen auffordert oder anreizt, wird, sofern nicht die Tat nach anderen Vorschriften mit einer höheren Strafe bedroht ist, mit Gefängnis nicht unter drei Monaten bestraft.

(2) Sind mildernde Umstände vorhanden, so ist auf Gefängnis nicht unter einem Monat zu erkennen.

§ 16. (1) Mit Gefängnis, neben dem auf Geldstrafe erkannt werden kann, wird bestraft,

1. wer ohne die nach § 1 erforderliche Anmeldung oder in absichtlicher Abweichung von den in der Anmeldung gemachten Angaben oder unter Zuwiderhandlung gegen ein Verbot oder eine Auflage eine Versammlung oder einen Aufzug veranstaltet oder leitet oder dabei als Redner auftritt;
2. wer für eine Versammlung, die entgegen der Vorschrift des § 1 nicht angemeldet oder die verboten ist, den Raum zur Verfügung stellt.

(2) Die Vorschriften des Abs. 1 sind nicht anzuwenden, wenn ein politischer Zweck mit der Tat nicht verbunden war und eine Störung oder Gefährdung der öffentlichen Sicherheit und Ordnung nicht eingetreten ist.

§ 17. Mit Geldstrafe bis zu einhundertfünfzig Reichsmark wird bestraft,

1. wer an einer Versammlung oder einem Aufzuge teilnimmt, die entgegen der Vorschrift des § 1 nicht angemeldet oder die verboten sind;
2. wer als Veranstalter oder Leiter einer Versammlung den Beauftragten der Polizeibehörde die Einräumung eines angemessenen Platzes verweigert (§ 3);
3. wer sich nach Erklärung der Auflösung einer Versammlung (§§ 2, 3 Abs. 4) nicht sofort entfernt.

§ 18. Wer eine auf Grund der §§ 9 oder 11 verbotene periodische Druckschrift herausgibt, verlegt, druckt oder verbreitet, wird mit Gefängnis nicht unter drei Monaten bestraft, neben dem auf Geldstrafe erkannt werden kann. Ebenso wird bestraft, wer im Inland eine periodische Druckschrift verbreitet, deren Verbreitung gemäß § 13 verboten ist.

§ 19. Mit Gefängnis bis zu sechs Monaten oder mit Geldstrafe wird bestraft, wer einem auf Grund des § 14 Abs. 1 Satz 1 erlassenen Verbot über Sammlungen vorsätzlich zuwiderhandelt.

§ 20. (1) Wer vorsätzlich oder fahrlässig Druckschriften politischen Inhalts herstellt, verbreitet oder zum Zwecke der Verbreitung vorrätig hält, auf denen zur Verheimlichung des Ursprungs die in den §§ 6 und 7 des Reichsgesetzes über die Presse vom 7. Mai 1874 (Reichsgesetzbl. S. 65) vorgeschriebenen Angaben über Drucker, Verleger, Verfasser, Herausgeber oder verantwortlichen Redakteur nicht enthalten oder unrichtig, unvollständig oder unleserlich sind, wird, soweit nicht die Tat nach anderen Vorschriften mit einer schwereren Strafe bedroht ist, mit Gefängnis bis zu einem Jahre bestraft, wenn durch die Schrift

1. das Verbrechen des Hochverrats [§§ 81 bis 86 des Strafgesetzbuchs] [1]) oder
2. ein Vergehen gegen die Vorschriften über verbotene Vereine (§ 5 der Verordnung des Reichspräsidenten zur Erhaltung des inneren Friedens vom 19. Dezember 1932, Reichsgesetzbl. I S. 548) oder über verbotene Druckschriften (§ 18 dieser Verordnung) oder
3. eine nach den §§ 110 bis 112 des Strafgesetzbuchs oder nach § 15 dieser Verordnung strafbare Aufforderung oder Anreizung begründet wird.

(2) Wer wegen einer vorsätzlichen Zuwiderhandlung nach Abs. 1 bestraft worden ist, wird, wenn er abermals der Vorschrift des Abs. 1 vorsätzlich zuwiderhandelt, mit Gefängnis nicht unter drei Monaten bestraft. § 245 des Strafgesetzbuchs findet entsprechende Anwendung.

(3) Auf Gegenstände, die zur Begehung eines nach diesen Vorschriften strafbaren Vergehens gebraucht oder bestimmt sind, findet § 86a [2]) des Strafgesetzbuchs entsprechende Anwendung.

§ 21. (1) Wer von dem Vorhandensein eines Vorrats von Druckschriften, deren Inhalt den Tatbestand einer der im § 20 Abs. 1 Nr. 1 bis 3 bezeichneten strafbaren Handlungen begründet, zu einem Zeitpunkt glaubhafte Kenntnis erhält, zu dem das Vorhandensein dieses Druckschriftenvorrats der Behörde noch nicht bekannt ist, ist verpflichtet, unverzüglich der Polizeibehörde Anzeige zu erstatten. Die in seinen Besitz oder Gewahrsam gelangten Stücke der Druckschrift hat er unverzüglich der Polizeibehörde abzuliefern.

---

[1]) Jetzt: §§ 80—87 (Art. IX des Ges. v. 24. 4. 1934 — RGBl. I S. 341 —).

[2]) Jetzt: Der neue § 86a.

(2) Wer es unterläßt, die Anzeige oder Ablieferung rechtzeitig zu bewirken, wird mit Gefängnis bis zu einem Jahre bestraft.

(3) Straffrei ist, wer eine Anzeige unterläßt, die er gegen Verwandte auf- und absteigender Linie, Ehegatten oder Geschwister erstatten müßte. Ein Geistlicher ist nicht verpflichtet, anzuzeigen, was ihm bei Ausübung der Seelsorge anvertraut worden ist.

§ 22. (1) Wer in dem dringenden Verdacht einer nach den [§§ 81 bis 86, 92 Nr. 1 des Strafgesetzbuchs oder den §§ 1 bis 4 des Gesetzes gegen den Verrat militärischer Geheimnisse][1]) strafbaren Handlung oder eines Verbrechens oder Vergehens steht, das mittels einer Waffe begangen ist oder dessen Strafbarkeit durch unbefugtes Führen einer Waffe oder unbefugtes Erscheinen mit einer Waffe begründet wird, kann im Interesse der öffentlichen Sicherheit in polizeiliche Haft genommen werden.

(2) Die polizeiliche Haft ist aufzuheben, wenn und solange gegen den Verhafteten die gerichtliche Untersuchungshaft verhängt ist, oder wenn drei Monate seit der Inhaftnahme vergangen sind.

(3) Gegen die Anordnung der polizeilichen Haft ist die Beschwerde im Dienstaufsichtswege zulässig.

(4) Bestreitet der Verhaftete die Begehung der ihm zur Last gelegten Tat, so hat auf seinen Antrag über die Frage, ob dringender Tatverdacht vorliegt, der Amtsrichter des Bezirks zu entscheiden, in dem die Haft vollstreckt wird. Verneint der Amtsrichter einen dringenden Tatverdacht, so ist die polizeiliche Haft aufzuheben. Das gleiche gilt, wenn eine einen dringenden Tatverdacht verneinende gerichtliche Entscheidung in dem Strafverfahren ergeht, das wegen der Tat eingeleitet worden ist. Bejaht der Amtsrichter den dringenden Tatverdacht, so kann der Verhaftete eine neue Entscheidung des Amtsrichters nur auf Grund neuer Tatsachen oder Beweismittel beantragen.

§ 23. (1) Räumlichkeiten,

1. von denen aus eine Mehrheit von Personen aus politischen Beweggründen oder zu politischen Zwecken gemeinsam oder zusammen mit anderen Gewalttätigkeiten gegen Personen oder Sachen begangen hat, oder von denen nach den Umständen zu besorgen ist, daß sie von einer Mehrheit von Per-

---

[1]) Jetzt: §§ 80—87, 89, 90, 90d (Art. IX des Ges. v. 24. 4. 1934 — RGBl. I S. 341 —).

sonen als Sammelstätten oder Stützpunkte für Gewalttätigkeiten dieser Arbeit benutzt werden, oder

2. in denen Schriften hergestellt oder zum Zwecke der Verbreitung vorrätig gehalten werden, deren Inhalt den Tatbestand einer der im § 20 Abs. 1 Nr. 1 bis 3 bezeichneten strafbaren Handlungen begründet oder

3. in denen einer Mehrheit von Personen Aufenthalt oder Unterkunft gewährt wird, die in diesen Räumen eine nach § 5 der Verordnung des Reichspräsidenten zur Erhaltung des inneren Friedens vom 19. Dezember 1932 (Reichsgesetzbl. I S. 548) verbotene Tätigkeit ausüben,

können polizeilich geschlossen werden, wenn dies für die Aufrechterhaltung der öffentlichen Sicherheit und Ordnung, insbesondere zur Beseitigung der Gefahr der Wiederholung solcher Taten erforderlich ist. Die in solchen Räumlichkeiten befindlichen Waffen können polizeilich beschlagnahmt und eingezogen werden.

(2) Das Verbot kann auf Räume erstreckt werden, die mit den im Abs. 1 bezeichneten Räumlichkeiten zusammenhängen.

(3) Handelt es sich um eine Gast- oder Schankwirtschaft, so kann die Erlaubnis zum Betriebe von der Ortspolizeibehörde bis zur Dauer von einem Jahr entzogen werden.

(4) Gegen eine polizeiliche Maßnahme nach Abs. 1 bis 3 ist nur Beschwerde im Dienstaufsichtswege zulässig. Der Reichsminister des Innern ist jederzeit berechtigt, die Aufhebung der Maßnahme anzuordnen.

(5) Wer eine nach Abs. 1 bis 3 polizeilich geschlossene Räumlichkeit vor Aufhebung der Schließung benutzt oder anderen zur Benutzung überläßt, wird mit Gefängnis nicht unter drei Monaten bestraft. Bei Gast- oder Schankwirten, die wegen Zuwiderhandlung gegen diese Vorschrift rechtskräftig verurteilt worden sind, kann die höhere Verwaltungsbehörde mit Wirkung für das Reichsgebiet aussprechen, daß sie für eine bestimmte Zeit oder für die Dauer nicht die Zuverlässigkeit im Sinne des § 2 Abs. 1 Nr. 1 des Gaststättengesetzes vom 28. April 1930 (Reichsgesetzbl. I S. 146) besitzen.

§ 24. (1) Zur Aburteilung der in dieser Verordnung mit Strafe bedrohten Handlungen ist das Verfahren nach § 212 der Strafprozeßordnung auch dann zulässig, wenn der Beschuldigte sich weder freiwillig stellt noch infolge einer vorläufigen Festnahme dem Gericht vorgeführt wird.

(2) Dasselbe gilt für alle übrigen zur Zuständigkeit der Amtsgerichte gehörenden strafbaren Handlungen, die an öffentlichen Orten, in Versammlungen oder durch Verbreitung oder Anschlag von Schriften, Abbildungen oder Darstellungen begangen worden sind.

13. VO. des Reichspräsidenten zum Schutz von Volk und Staat

vom 28. Februar 1933 (RGBl. I S. 83).

Auf Grund des Artikels 48 Abs. 2 der Reichsverfassung wird zur Abwehr kommunistischer staatsgefährdender Gewaltakte folgendes verordnet:

§ 1. Die Artikel 114, 115, 117, 118, 123, 124 und 153 der Verfassung des Deutschen Reichs werden bis auf weiteres außer Kraft gesetzt. Es sind daher Beschränkungen der persönlichen Freiheit, des Rechts der freien Meinungsäußerung, einschließlich der Pressefreiheit, des Vereins- und Versammlungsrechts, Eingriffe in das Brief-, Post-, Telegraphen- und Fernsprechgeheimnis, Anordnungen von Haussuchungen und von Beschlagnahmen sowie Beschränkungen des Eigentums auch außerhalb der sonst hierfür bestimmten gesetzlichen Grenzen zulässig.

§ 2. Werden in einem Lande die zur Wiederherstellung der öffentlichen Sicherheit und Ordnung nötigen Maßnahmen nicht getroffen, so kann die Reichsregierung insoweit die Befugnisse der obersten Landesbehörde vorübergehend wahrnehmen.

§ 3. Die Behörden der Länder und Gemeinden (Gemeindeverbände) haben den auf Grund des § 2 erlassenen Anordnungen der Reichsregierung im Rahmen ihrer Zuständigkeit Folge zu leisten.

§ 4. Wer den von den obersten Landesbehörden oder den ihnen nachgeordneten Behörden zur Durchführung dieser Verordnung erlassenen Anordnungen oder den von der Reichsregierung gemäß § 2 erlassenen Anordnungen zuwiderhandelt oder wer zu solcher Zuwiderhandlung auffordert oder anreizt, wird, soweit nicht die Tat nach anderen Vorschriften mit einer schwereren Strafe bedroht ist, mit Gefängnis nicht unter einem Monat oder mit Geldstrafe von 150 bis zu 15000 Reichsmark bestraft.

Wer durch Zuwiderhandlung nach Abs. 1 eine gemeine Gefahr für Menschenleben herbeiführt, wird mit Zuchthaus, bei mildernden Umständen mit Gefängnis nicht unter sechs Monaten und, wenn die Zuwiderhandlung den Tod eines Menschen verursacht, mit dem Tode, bei mildernden Umständen mit Zuchthaus nicht unter zwei Jahren bestraft. Daneben kann auf Vermögenseinziehung erkannt werden.

Wer zu einer gemeingefährlichen Zuwiderhandlung (Abs. 2) auffordert oder anreizt, wird mit Zuchthaus, bei mildernden Umständen mit Gefängnis nicht unter drei Monaten bestraft.

§ 5.[1]) Mit dem Tode sind die Verbrechen zu bestrafen, die das Strafgesetzbuch in den §§ . . . 229 (Giftbeibringung), 307 (Brandstiftung), 311 (Explosion), 312 (Überschwemmung), 315 Abs. 2 (Beschädigung von Eisenbahnanlagen), 324 (gemeingefährliche Vergiftung) mit lebenslangem Zuchthaus bedroht.

Mit dem Tode oder, soweit nicht bisher eine schwerere Strafe angedroht ist, mit lebenslangem Zuchthaus oder mit Zuchthaus bis zu 15 Jahren wird bestraft:

1. Wer es unternimmt, den Reichspräsidenten oder ein Mitglied oder einen Kommissar der Reichsregierung oder einer Landesregierung zu töten oder wer zu einer solchen Tötung auffordert, sich erbietet, ein solches Erbieten annimmt oder eine solche Tötung mit einem anderen verabredet;
2. wer in den Fällen des § 115 Abs. 2 des Strafgesetzbuchs (schwerer Aufruhr) oder des § 125 Abs. 2 des Strafgesetzbuchs (schwerer Landfriedensbruch) die Tat mit Waffen oder in bewußtem und gewolltem Zusammenwirken mit einem Bewaffneten begeht;
3. wer eine Freiheitsberaubung (§ 239) des Strafgesetzbuchs in der Absicht begeht, sich des der Freiheit Beraubten als Geisel im politischen Kampfe zu bedienen.

§ 6. Diese Verordnung tritt mit dem Tage der Verkündung in Kraft.

---

[1]) In der Fassung von Art. VI des Ges. v. 24. 4. 1934 (RGBl. I S. 341).

14. VO. des Reichspräsidenten zur Abwehr heimtückischer Angriffe gegen die Regierung der nationalen Erhebung

vom 21. März 1933 (RGBl. I S. 135).

Auf Grund des Artikels 48 Abs. 2 der Reichsverfassung wird folgendes verordnet:

§ 1. (1) Wer eine Uniform eines Verbandes, der hinter der Regierung der nationalen Erhebung steht, in Besitz hat, ohne dazu als Mitglied des Verbandes oder sonstwie befugt zu sein, wird mit Gefängnis bis zu zwei Jahren bestraft.

(2) Wer die Uniform oder ein die Mitgliedschaft kennzeichnendes Abzeichen eines Verbandes der im Abs. 1 bezeichneten Art, ohne Mitglied des Verbandes zu sein, trägt, wird mit Gefängnis nicht unter einem Monat bestraft.

§ 2. (1) Wer eine strafbare Handlung gegen Personen oder Sachen begeht oder androht und dabei, ohne Mitglied des Verbandes zu sein, die Uniform oder ein die Mitgliedschaft kennzeichnendes Abzeichen eines Verbandes der im § 1 Abs. 1 bezeichneten Art trägt oder mit sich führt, wird mit Zuchthaus, bei mildernden Umständen mit Gefängnis nicht unter sechs Monaten bestraft.

(2) Ist die Tat in der Absicht begangen, einen Aufruhr oder in der Bevölkerung Angst oder Schrecken zu erregen oder dem Deutschen Reich außenpolitische Schwierigkeiten zu bereiten, so ist die Strafe Zuchthaus nicht unter drei Jahren oder lebenslanges Zuchthaus. In besonders schweren Fällen kann auf Todesstrafe erkannt werden.

(3) Nach diesen Vorschriften kann ein Deutscher auch dann verfolgt werden, wenn er die Tat im Ausland begangen hat.

§ 3.[1]) (1) Wer vorsätzlich eine unwahre oder gröblich entstellte Behauptung tatsächlicher Art aufstellt oder verbreitet, die geeignet ist, das Wohl des Reiches oder eines Landes oder das Ansehen der Reichsregierung oder einer Landesregierung oder der hinter diesen Regierungen stehenden Parteien oder Verbände schwer zu schädigen, wird, soweit nicht in anderen Vorschriften eine schwerere Strafe angedroht ist, mit Gefängnis bis zu zwei

---

[1]) Vgl. dazu jetzt § 90f StGB.

Jahren und, wenn er die Behauptung öffentlich aufstellt oder verbreitet, mit Gefängnis nicht unter drei Monaten bestraft.

(2) Ist durch die Tat ein schwerer Schaden für das Reich oder ein Land entstanden, so kann auf Zuchthausstrafe erkannt werden.

(3) Wer die Tat grob fahrlässig begeht, wird mit Gefängnis bis zu drei Monaten oder mit Geldstrafe bestraft.

§ 4. Wer die Mitgliedschaft eines Verbandes erschlichen hat, gilt für die Anwendung dieser Verordnung als Nichtmitglied.

§ 5. Diese Verordnung tritt mit dem auf die Verkündung folgenden Tage in Kraft.

15. Gesetz zur Abwehr politischer Gewalttaten

vom 4. April 1933 (RGBl. I S. 162).

Die Reichsregierung hat das folgende Gesetz beschlossen, das hiermit verkündet wird:

§ 1. Mit dem Tode oder mit lebenslangem Zuchthaus oder mit Zuchthaus bis zu fünfzehn Jahren kann, soweit bisher mildere Strafen angedroht sind, bestraft werden:

1. wer ein Verbrechen gegen § 5 Abs. 1, 2 des Gesetzes gegen den verbrecherischen und gemeingefährlichen Gebrauch von Sprengstoffen vom 9. Juni 1884 (Reichsgesetzbl. S. 61) begeht;
2. wer ein öffentlichen Zwecken dienendes Bauwerk in Brand setzt oder sprengt (§§ 306 bis 308, 311 des Strafgesetzbuchs) oder wer eine Inbrandsetzung oder Sprengung in der Absicht begeht, in der Bevölkerung Angst oder Schrecken zu erregen;
3. wer ein Verbrechen gegen § 229 Abs. 2, §§ 312, 315 Abs. 2, § 324 des Strafgesetzbuchs (Giftbeibringung, Überschwemmung, Beschädigung von Eisenbahnanlagen, gemeingefährliche Vergiftung) begeht.

§ 2. Für die im § 1 bezeichneten Verbrechen sowie für Verbrechen gegen § 5 Abs. 3, §§ 6 bis 8 des Gesetzes gegen den verbrecherischen und gemeingefährlichen Gebrauch von Sprengstoffen sind die nach der Verordnung der Reichsregierung vom 21. März 1933 (Reichsgesetzbl. I S. 136) gebildeten Sondergerichte zuständig, soweit nicht die Zuständigkeit des Reichsgerichts[1]) oder der Oberlandesgerichte begründet ist.

[1]) Jetzt: Des Volksgerichtshofs (Art. III, IX des Ges. v. 24. 4. 1934 — RGBl. I S. 341 —).

16. Gesetz zum Schutze der nationalen Symbole vom 19. Mai 1933 (RGBl. I S. 285).

Die Reichsregierung hat das folgende Gesetz beschlossen, das hiermit verkündet wird:

§ 1. Es ist verboten, die Symbole der deutschen Geschichte, des deutschen Staates und der nationalen Erhebung in Deutschland öffentlich in einer Weise zu verwenden, die geeignet ist, das Empfinden von der Würde dieser Symbole zu verletzen.

§ 2. Die höhere Verwaltungsbehörde des Herstellungsortes entscheidet, ob ein Gegenstand der Vorschrift des § 1 zuwider in den Verkehr gebracht worden ist. In diesem Fall unterliegen Gegenstände dieser Art der entschädigungslosen Einziehung.

§ 3. Die Polizeibehörden können schon vor der Entscheidung der höheren Verwaltungsbehörde die Beschlagnahme des Gegenstandes vornehmen, wenn nach ihrem Ermessen ein Verstoß gegen das Verbot des § 1 vorliegt. Sie haben in solchen Fällen unverzüglich der für die Entscheidung zuständigen Verwaltungsbehörde Mitteilung zu machen.

§ 4. Gegen die Entscheidung der höheren Verwaltungsbehörde können Beteiligte binnen 2 Wochen Beschwerde bei der obersten Landesbehörde einlegen. Die Beschwerde hat keine aufschiebende Wirkung.

Der Reichsminister für Volksaufklärung und Propaganda sowie die der höheren Verwaltungsbehörde übergeordnete Landesregierung können durch einen von ihnen bestellten Vertreter des öffentlichen Interesses innerhalb der im Absatz 1 bestimmten Frist ebenfalls die Entscheidung der obersten Landesbehörde anrufen.

Bis zur Rechtskraft der Entscheidung gilt die von der höheren Verwaltungsbehörde verfügte Einziehung als Beschlagnahme.

§ 5. Für die Wirkungen einer Beschlagnahme wird Entschädigung auch dann nicht gewährt, wenn rechtskräftig entschieden wird, daß ein Verstoß gegen das Verbot des § 1 nicht vorliegt.

§ 6. Die entscheidenden Behörden sollen in Zweifelsfällen einen Sachverständigen hören, der künstlerisches Verständnis mit nationalem Verantwortungsbewußtsein vereinigt.

§ 7. Rechtskräftige Entscheidungen nach §§ 2, 4 haben Wirkung für das ganze Reichsgebiet.

§ 8. Zur Durchführung des § 1 in solchen Fällen, in denen die Zuwiderhandlung im Singen und Spielen bestimmter Lieder oder sonst in anderen Handlungen als dem Inverkehrbringen von Gegenständen besteht, können Polizeiverordnungen erlassen werden.

§ 9. Wer entgegen einer Entscheidung nach § 2 oder § 4 vorsätzlich oder fahrlässig Gegenstände in den Verkehr bringt, wird mit Geldstrafe bis zu einhundertfünfzig Reichsmark oder mit Haft bestraft.

Ebenso wird bestraft, wer den auf Grund des § 8 erlassenen Polizeiverordnungen vorsätzlich oder fahrlässig zuwiderhandelt.

§ 10. Bestehende Bestimmungen über Symbole oder Hoheitszeichen des Deutschen Reichs und der deutschen Länder bleiben unberührt.

§ 11. Die zur Durchführung dieses Gesetzes erforderlichen Rechts- und Verwaltungsvorschriften erläßt der Reichsminister für Volksaufklärung und Propaganda, und zwar, soweit es sich um Vorschriften über Symbole und Hoheitszeichen des Deutschen Reichs handelt, im Einvernehmen mit dem Reichsminister des Innern. Er kann Richtlinien für die Handhabung dieses Gesetzes erlassen. Welche Behörden als oberste Landesbehörde, höhere Verwaltungsbehörde und Polizeibehörde im Sinne dieses Gesetzes anzusehen sind, bestimmen die Landesregierungen.

17. Gesetz gegen die Neubildung von Parteien

vom 14. Juli 1933 (RGBl. I S. 479).

Die Reichsregierung hat das folgende Gesetz beschlossen, das hiermit verkündet wird:

§ 1. In Deutschland besteht als einzige politische Partei die Nationalsozialistische Deutsche Arbeiterpartei.

§ 2. Wer es unternimmt, den organisatorischen Zusammenhalt einer anderen politischen Partei aufrechtzuerhalten oder eine neue politische Partei zu bilden, wird, sofern nicht die Tat nach anderen Vorschriften mit einer höheren Strafe bedroht ist, mit Zuchthaus bis zu drei Jahren oder mit Gefängnis von sechs Monaten bis zu drei Jahren bestraft.

18. Schriftleitergesetz

vom 4. Oktober 1933 (RGBl. I S. 713).

Dritter Abschnitt.

Ausübung des Schriftleiterberufs.

§ 13. Schriftleiter haben die Aufgabe, die Gegenstände, die sie behandeln, wahrhaft darzustellen und nach ihrem besten Wissen zu beurteilen.

§ 14. Schriftleiter sind insonderheit verpflichtet, aus den Zeitungen alles fernzuhalten:

1. was eigennützige Zwecke mit gemeinnützigen in einer die Öffentlichkeit irreführenden Weise vermengt,
2. was geeignet ist, die Kraft des Deutschen Reiches nach außen oder im Innern, den Gemeinschaftswillen des deutschen Volkes, die deutsche Wehrhaftigkeit, Kultur oder Wirtschaft zu schwächen oder die religiösen Empfindungen anderer zu verletzen,
3. was gegen die Ehre und Würde eines Deutschen verstößt,
4. was die Ehre oder das Wohl eines andern widerrechtlich verletzt, seinem Rufe schadet, ihn lächerlich oder verächtlich macht,
5. was aus anderen Gründen sittenwidrig ist.

§ 18. Der Verleger einer Zeitung muß einen Hauptschriftleiter bestellen und ihn dem zuständigen Landesverband schriftlich benennen.

Fünfter Abschnitt.

Strafrechtlicher Schutz des Schriftleiterberufs.

§ 36. Wer sich als Schriftleiter betätigt, obwohl er nicht in die Berufslisten eingetragen oder obwohl ihm die Berufsausübung vorläufig untersagt ist, wird mit Gefängnis bis zu einem Jahre oder mit Geldstrafe bestraft.

§ 37. Ein Verleger, der eine nicht in die Berufslisten eingetragene Person oder einen Schriftleiter, dem die Berufsausübung vorläufig untersagt ist, mit den Arbeiten eines Schriftleiters im Hauptberuf betraut oder eine Zeitung unterhält, ohne gemäß § 18 einen Hauptschriftleiter benannt zu haben, wird mit Gefängnis bis zu drei Monaten oder mit Geldstrafe bestraft.

§ 38. Ein Schriftleiter, der für eine gegen § 13 oder § 14 verstoßende Handlung ein Entgelt oder einen anderen Vorteil fordert, sich versprechen läßt oder annimmt, wird mit Gefängnis oder mit Geldstrafe bestraft.

§ 39. Wer es unternimmt, einen Schriftleiter oder einen Verleger oder dessen Vertreter durch Anbieten, Versprechen oder Gewähren eines Vorteils zur Vornahme, Herbeiführung oder Duldung einer gegen § 13 oder § 14 verstoßenden Gestaltung des geistigen Inhalts einer Zeitung zu bestimmen, wird wegen Pressebestechung mit Gefängnis oder mit Geldstrafe bestraft.

§ 40. (1) Wer es unternimmt, einen Schriftleiter oder einen Verleger oder dessen Vertreter durch Androhung eines Nachteils zur Vornahme, Herbeiführung oder Duldung einer gegen § 13 oder § 14 verstoßenden Gestaltung des geistigen Inhalts einer Zeitung zu bestimmen, wird wegen Pressenötigung mit Gefängnis oder mit Geldstrafe bestraft.

(2) Wird die Pressenötigung unter Mißbrauch der durch das Angestelltenverhältnis des Schriftleiters bewirkten Abhängigkeit begangen, so ist die Strafe Gefängnis nicht unter drei Monaten.

§ 41. In den Fällen der §§ 38 bis 40 kann neben Gefängnis auf Verlust der bürgerlichen Ehrenrechte erkannt werden.

§ 42. Wer sich Schriftleiter nennt, obwohl er nicht in die Berufslisten eingetragen ist, wird mit Geldstrafe bis zu 150.— Reichsmark oder mit Haft bestraft.

§ 43. Einem Verleger, der nach § 37, nach § 39 oder nach § 40 rechtskräftig verurteilt ist, kann der Gewerbebetrieb durch die nach Landesrecht zuständige Verwaltungsbehörde untersagt werden.

§ 44. —.

§ 45. Die §§ 7, 8 des Reichsges. über die Presse v. 7. 5. 1874 (RGBl. S. 65) finden auf Zeitungen und politische Zeitschriften keine Anwendung.

Soweit das Reichsges. über die Presse im übrigen Bestimmungen über den verantwortlichen Redakteur trifft, gilt für Zeitungen und politische Zeitschriften der nach den § 20 Abs. 1, § 21 dieses Gesetzes verantwortliche Schriftleiter als verantwortlicher Redakteur.

19. Gesetz zur Gewährleistung des Rechtsfriedens vom 13. Oktober 1933 (RGBl. S. 723).

§ 1.[1]) (1) Mit dem Tode oder, soweit nicht bisher eine schwerere Strafe angedroht ist, mit lebenslangem Zuchthaus oder mit Zuchthaus bis zu fünfzehn Jahren wird bestraft:

1. wer es unternimmt, einen Richter oder einen Staatsanwalt oder einen mit Aufgaben der politischen, Kriminal-, Bahn-, Forst-, Zoll-, Schutz- oder Sicherheitspolizei oder des Vollzugs von Strafen oder Maßregeln der Sicherung und Besserung betrauten Beamten oder einen Angehörigen der Wehrmacht oder der Sturmabteilungen (einschließlich des Stahlhelms oder der Schutzstaffeln der N.S.D.A.P., einen Amtswalter der N.S.D.A.P. oder einen Angehörigen des Deutschen Luftsportverbandes aus politischen Beweggründen oder wegen ihrer amtlichen oder dienstlichen Tätigkeit zu töten, oder wer zu einer solchen Tötung auffordert, sich erbietet, ein solches Erbieten annimmt oder eine solche Tötung mit einem anderen verabredet;
2. wer es unternimmt, einen Schöffen oder Geschworenen wegen seiner Tätigkeit als Schöffe oder Geschworener oder einen Zeugen oder Sachverständigen wegen einer von ihm in Erfüllung seiner Zeugen- und Sachverständigenpflicht gemachten Bekundung zu töten, oder wer zu einer solchen Tötung auffordert, sich erbietet, ein solches Erbieten annimmt oder eine solche Tötung mit einem anderen verabredet;

(2) Die Vorschriften des § 86a des Strafgesetzbuchs über Einziehung und Unbrauchbarmachung finden entsprechende Anwendung.

§ 2. Mit Zuchthaus bis zu fünf Jahren wird bestraft, wer es unternimmt, in das Inland in der Absicht der Verbreitung zu staatsgefährdenden Zwecken eine Druckschrift einzuführen, durch die der äußere Tatbestand

1. eines nach dem Gesetz gegen die Neubildung von Parteien vom 14. Juli 1933 (Reichsgesetzbl. I S. 479) strafbaren Verbrechens oder

---

[1]) In der Fassung von Art. VI des Ges. v. 24. 4. 1934 (RGBl. I S. 341).

2. einer nach den §§ 110 bis 112 des Strafgesetzbuchs strafbaren Aufforderung oder Anreizung oder
3. einer nach § 3 der Verordnung des Reichspräsidenten zur Abwehr heimtückischer Angriffe gegen die Regierung der nationalen Erhebung vom 21. März 1933 (Reichsgesetzbl. I S. 135) strafbaren Lügenmeldung

begründet wird.

§ 3. Für die in den §§ 1 und 2 bezeichneten Straftaten sind die nach der Verordnung der Reichsregierung vom 21. März 1933 (Reichsgesetzbl. I S. 136) gebildeten Sondergerichte zuständig, soweit nicht die Zuständigkeit des Reichsgerichts[1]) oder der Oberlandesgerichte begründet ist.

20. Einführungsgesetz zur Militärstrafgerichtsordnung

vom 4. November 1933 (RGBl. I S. 921).

§ 9. Strafdrohung wegen Verletzung der Geheimhaltungspflicht.

(1) Wer die ihm nach § 208 der Militärstrafgerichtsordnung auferlegte Pflicht der Geheimhaltung durch unbefugte Mitteilung verletzt, wird mit Geldstrafe oder mit Haft oder mit Gefängnis bis zu sechs Monaten bestraft. Gegen Soldaten tritt Freiheitsstrafe (§ 16 des Militärstrafgesetzbuchs) bis zu sechs Monaten ein.

(2) Soweit im militärgerichtlichen Verfahren die Öffentlichkeit wegen Gefährdung der Staatssicherheit ausgeschlossen war (§ 205 Abs. 1 der Militärstrafgerichtsordnung), dürfen Berichte über die Verhandlung nicht durch die Presse veröffentlicht werden. Das gleiche gilt auch nach Beendigung des Verfahrens für die Veröffentlichung der Anklageschrift oder anderer amtlicher Schriftstücke des Verfahrens. Zuwiderhandlungen unterliegen der in Abs. 1 bestimmten Strafe.

21. Tierschutzgesetz

vom 24. November 1933 (RGBl. I S. 987).

Die Reichsregierung hat das folgende Gesetz beschlossen, das hiermit verkündet wird:

[1]) Jetzt: Des Volksgerichtshofs (vgl. Art. III, IX des Ges. v. 24. 4. 1934 — RGBl. I S. 341 —).

Abschnitt I.
Tierquälerei.

§ 1. (1) Verboten ist, ein Tier unnötig zu quälen oder roh zu mißhandeln.

(2) Ein Tier quält, wer ihm länger dauernde oder sich wiederholende erhebliche Schmerzen oder Leiden verursacht; unnötig ist das Quälen, soweit es keinem vernünftigen, berechtigten Zwecke dient. Ein Tier mißhandelt, wer ihm erhebliche Schmerzen verursacht; eine Mißhandlung ist roh, wenn sie einer gefühllosen Gesinnung entspringt.

Abschnitt II.
Vorschriften zum Schutze der Tiere.

§ 2. Verboten ist,

1. ein Tier in Haltung, Pflege oder Unterbringung oder bei der Beförderung derart zu vernachlässigen, daß es dadurch erhebliche Schmerzen oder erheblichen Schaden erleidet;
2. ein Tier unnötig zu Arbeitsleistungen zu verwenden, die offensichtlich seine Kräfte übersteigen, oder die ihm erhebliche Schmerzen bereiten, oder denen es infolge seines Zustandes nicht gewachsen ist;
3. ein Tier zu Abrichtungen, Filmaufnahmen, Schaustellungen oder ähnlichen Veranstaltungen zu verwenden, soweit sie mit erheblichen Schmerzen oder erheblichen Gesundheitsschädigungen für das Tier verbunden sind;
4. ein gebrechliches, krankes, abgetriebenes oder altes Haustier, für das das Weiterleben eine Qual bedeutet, zu einem anderen Zwecke als zur alsbaldigen schmerzlosen Tötung zu veräußern oder zu erwerben;
5. ein eigenes Haustier auszusetzen, um sich des Tieres zu entledigen;
6. Hunde auf Schärfe an lebenden Katzen, Füchsen oder an anderen Tieren abzurichten oder zu prüfen;
7. einem über zwei Wochen alten Hund die Ohren oder den Schwanz zu kürzen. Das Kürzen ist zulässig, wenn es unter Betäubung vorgenommen wird;
8. einem Pferd die Schweifrübe zu kürzen (kupieren). Das Kürzen ist zulässig, wenn es zur Behebung einer Untugend oder einer Erkrankung der Schweifrübe durch einen Tierarzt unter Betäubung vorgenommen wird;

9. an einem Tier in unsachgemäßer Weise oder ohne Betäubung einen schmerzhaften Eingriff vorzunehmen. Die Kastration ist als schmerzhafter Eingriff anzusehen bei Pferden, bei über drei Monate alten Rindern und Schweinen und bei geschlechtsreifen Schaf- und Ziegenböcken. Einer Betäubung bedarf es nicht, sofern der mit dem Eingriff verbundene Schmerz nur geringfügig ist oder bei gleichen oder ähnlichen Eingriffen am Menschen eine Betäubung in der Regel unterbleibt oder die Betäubung im einzelnen Falle nach tierärztlichem Ermessen nicht durchführbar erscheint;
10. ein in einer Farm gehaltenes Pelztier anders als unter Betäubung oder sonst schmerzlos zu töten;
11. Geflügel durch Stopfen (Nudeln) zur Futteraufnahme zu zwingen;
12. lebenden Fröschen die Schenkel auszureißen oder abzutrennen.

Abschnitt III.

Versuche an lebenden Tieren.

§ 5. Verboten ist, Eingriffe oder Behandlungen, die mit erheblichen Schmerzen oder Schädigungen verbunden sind, an lebenden Tieren zu Versuchszwecken vorzunehmen, soweit nicht die Vorschriften der §§ 6 bis 8 etwas anderes bestimmen.

§ 7. Bei Ausführung der Tierversuche (§ 5) sind folgende Vorschriften zu beachten:

1. Die Versuche dürfen nur unter voller Verantwortung des wissenschaftlichen Leiters oder des von ihm besonders ermächtigten Stellvertreters ausgeführt werden.
2. Die Versuche dürfen nur von wissenschaftlich hierzu vorgebildeten Personen oder unter deren Leitung und nur unter Vermeidung jeder für den Zweck entbehrlichen Schmerzerregung vorgenommen werden.
3. Versuche zu Forschungszwecken sind nur dann zu unternehmen, wenn sie einen bestimmten, bisher von der Wissenschaft noch nicht bestätigten Erfolg erwarten lassen oder soweit sie zur Klärung bisher ungelöster Fragen dienen.
4. Die Versuche sind, sofern nicht nach dem Urteil des wissenschaftlichen Leiters der Zweck des Versuches dies unbedingt ausschließt oder der mit dem Eingriff verbundene Schmerz

geringfügiger ist als die mit einer Betäubung verbundene Beeinträchtigung des Wohlbefindens des Versuchstieres, nur unter Betäubung vorzunehmen.

An demselben unbetäubten Tier darf nicht mehr als ein schwerer operativer oder schmerzhafter unblutiger Versuch ausgeführt werden.

Tiere, die nach Beendigung schwerer, insbesondere mit operativen Eingriffen verbundener Versuche unter erheblichen Schmerzen zu leiden haben, sind, sofern dies nach dem Urteil des wissenschaftlichen Leiters mit dem Zweck des Versuches vereinbar ist, alsbald schmerzlos zu töten.

5. Versuche an Pferden, Hunden, Katzen oder Affen dürfen nur dann ausgeführt werden, wenn durch Versuche an anderen Tieren der beabsichtigte Zweck nicht erreicht werden kann.
6. Es dürfen nicht mehr Tiere verwendet werden, als zur Klärung der betreffenden Frage notwendig ist.
7. Tierversuche zu Lehrzwecken sind nur dann gestattet, wenn andere Lehrmittel, z. B. Bild, Modell, Präparat, Film, nicht ausreichen.
8. Über die Art der verwendeten Tiere, den Zweck, die Durchführung und das Ergebnis der Versuche sind Aufzeichnungen zu machen.

§ 8. Den Vorschriften der §§ 5 bis 7 unterliegen nicht Tierversuche für Belange der Rechtspflege sowie Impfungen und Blutentnahmen an lebenden Tieren zum Zwecke der Erkennung von Krankheiten der Menschen oder Tiere oder zur Gewinnung oder Prüfung (Wertbestimmung) von Seren oder Impfstoffen nach bereits erprobten oder staatlich anerkannten Verfahren. Doch sind auch diese Tiere alsbald schmerzlos zu töten, wenn sie unter erheblichen Schmerzen zu leiden haben und die Tötung mit dem Zwecke des Versuchs vereinbar ist.

Abschnitt IV.

Strafbestimmungen.

§ 9. (1) Wer ein Tier unnötig quält oder roh mißhandelt, wird mit Gefängnis bis zu zwei Jahren und mit Geldstrafe oder mit einer dieser Strafen bestraft.

(2) Wer, abgesehen von den Fällen des Abs. 1, ohne die erforderliche Erlaubnis einen Versuch an lebenden Tieren (§ 5)

vornimmt, wird mit Gefängnis bis zu sechs Monaten und mit Geldstrafe oder mit einer dieser Strafen bestraft.

(3) Mit Geldstrafe bis zu einhundertfünfzig Reichsmark oder mit Haft wird, soweit die Tat nicht schon unter die Strafdrohung der Abs. 1, 2 fällt, bestraft, wer vorsätzlich oder fahrlässig

1. einem der Verbote der §§ 2 bis 4 zuwiderhandelt;
2. einer Vorschrift des § 7 zuwiderhandelt;
3. einer vom Reichsminister des Innern oder von einer Landesregierung nach § 14 erlassenen Vorschrift zum Schutze der Tiere zuwiderhandelt;
4. es unterläßt, Kinder oder andere Personen, die seiner Aufsicht unterstehen und zu seiner Hausgemeinschaft gehören, von einer Zuwiderhandlung gegen die Vorschriften dieses Gesetzes abzuhalten.

§ 10. (1) Neben der wegen einer vorsätzlichen Zuwiderhandlung auf Grund von § 9 erkannten Strafe kann auf Einziehung oder auf Tötung des Tieres erkannt werden, wenn es dem Verurteilten gehört. Statt der Einziehung kann angeordnet werden, daß das Tier auf Kosten des Verurteilten bis zur Dauer von drei Monaten anderweit untergebracht und verpflegt wird.

(2) Kann keine bestimmte Person verfolgt oder verurteilt werden, so kann auf Einziehung oder Tötung des Tieres selbständig erkannt werden, wenn im übrigen die Voraussetzungen hierfür vorliegen.

22. Gesetz gegen gefährliche Gewohnheitsverbrecher und über Maßregeln der Sicherung und Besserung

vom 24. November 1933 (RGBl. I S. 995).

Art. 5. Übergangsvorschriften.

1. Ist die abzuurteilende Tat vor dem 1. Januar 1934 begangen, und wäre die Strafschärfung für gefährliche Gewohnheitsverbrecher zulässig, wenn die Vorschrift des § 20a des Strafgesetzbuchs schon bei Begehung der Tat gegolten hätte, so ordnet das Gericht neben der Strafe die Sicherungsverwahrung an, wenn die öffentliche Sicherheit es erfordert.

2. Verbüßt jemand, der schon zweimal rechtskräftig verurteilt worden ist, nach dem 1. Januar 1934 auf Grund eines weiteren, vor diesem Zeitpunkt ergangenen Urteils eine Freiheitsstrafe und ergibt die Gesamtwürdigung seiner Taten, daß er ein gefähr-

licher Gewohnheitsverbrecher ist, so kann das Gericht die Sicherungsverwahrung des Verurteilten nachträglich anordnen, wenn die öffentliche Sicherheit es erfordert. Die Anordnung setzt voraus, daß die drei Verurteilungen wegen eines Verbrechens oder vorsätzlichen Vergehens ergangen sind und in jeder von ihnen auf Todesstrafe, Zuchthaus oder Gefängnis von mindestens sechs Monaten erkannt worden ist. § 20a Abs. 3, 4 des Strafgesetzbuchs gilt entsprechend.

3. Verbüßt jemand nach dem 1. Januar 1934 auf Grund eines vor diesem Zeitpunkt ergangenen Urteils eine Freiheitsstrafe und wäre die Anordnung seiner Entmannung zulässig gewesen, wenn die Vorschrift des § 42 k des Strafgesetzbuchs schon bei der Aburteilung gegolten hätte, so kann das Gericht die Entmannung des Verurteilten nachträglich anordnen, wenn die öffentliche Sicherheit es erfordert.

4. Auf Überweisung an die Landespolizeibehörde darf nach dem Inkrafttreten dieses Gesetzes nicht mehr erkannt werden. Ist vor dem Inkrafttreten dieses Gesetzes auf Überweisung an die Landespolizeibehörde erkannt worden, so gelten auch nach dem Inkraftreten für die Wirkungen der Überweisung die bisherigen Vorschriften.

23. Gesetz über Reichsverweisungen

vom 23. März 1934 (RGBl. I S. 213).

Die Reichsregierung hat das folgende Gesetz beschlossen, das hiermit verkündet wird:

§ 1. (1) Die Verweisung eines Ausländers aus dem Reichsgebiet (Reichsverweisung) enthält das Gebot des Verlassens und das Verbot des Wiederbetretens des Reichsgebiets.

(2) Eine Verweisung aus dem Gebiet eines Landes findet nicht mehr statt.

§ 2. Ein Ausländer kann aus dem Reichsgebiet verwiesen werden,

1. wenn gegen ihn im Inland wegen eines Verbrechens oder wegen eines Vergehens oder im Ausland wegen einer Tat, die nach deutschem Recht als Verbrechen oder Vergehen gilt, rechtskräftig auf Strafe erkannt worden ist;
2. wenn gegen ihn im Inland oder im Ausland durch rechtskräftige Verfügung einer Behörde eine mit Freiheits-

entziehung verbundene Maßregel der Sicherung und Besserung oder seine Unterbringung in eine Fürsorgeerziehungsanstalt oder seine Entmannung angeordnet ist;
3. wenn er sich staatsfeindlich gegen das Reich betätigt oder betätigt hat, oder wenn sonst sein Verbleiben im Inland geeignet sein würde, die innere oder äußere Sicherheit des Reichs zu gefährden;
4. wenn sein Verhalten geeignet ist, die Beziehungen des Reichs zum Ausland zu gefährden;
5. wenn er gegen Vorschriften des Steuerrechts (einschließlich des Zollrechts), des Monopolrechts oder des Devisenrechts oder gegen Einfuhr- oder Ausfuhrverbote wiederholt oder schwer verstoßen hat, insbesondere wenn er die Pflicht zur Zahlung von Steuern (Zöllen) oder zur Anbietung von Devisen wiederholt oder schwer vernachlässigt hat;
6. wenn er gegen die Bestimmungen des § 1 der Verordnung über die Bestrafung von Zuwiderhandlungen gegen die Paßvorschriften vom 6. April 1923 (Reichsgesetzbl. I S. 249) verstoßen hat;
7. wenn er sich nach den ausländerpolizeilichen Bestimmungen unbefugt im Inland aufhält;
8. wenn er gegen die Meldepolizeivorschriften wiederholt oder schwer verstoßen hat;
9. wenn sein Verhalten die öffentliche Gesundheit oder Sittlichkeit gefährdet;
10. wenn er von der zuständigen Behörde wegen Inanspruchnahme der öffentlichen Fürsorge aufgefordert wird, in den außerdeutschen Staat abzureisen, dessen Übernahmeverpflichtung ohne weiteres feststeht oder in einem förmlichen Verfahren anerkannt worden ist, und er dieser Aufforderung nicht nachkommt;
11. wenn er im Inland gewerbs- oder gewohnheitsmäßig bettelt oder als Landstreicher umherzieht.

§ 3. (1) Von der Reichsverweisung soll in der Regel abgesehen werden,
1. wenn der Ausländer das fünfzehnte Lebensjahr noch nicht vollendet hat,
2. wenn der Ausländer sich fünf Jahre seit der Beendigung der Strafvollstreckung wegen eines Vergehens (§ 2 Nr. 1) oder, falls die Strafe nicht vollstreckt worden ist, seit der

Verurteilung im Inland ununterbrochen aufhält und während dieser Zeit wegen eines Verbrechens oder Vergehens nicht wieder verurteilt worden ist,

3. wenn der letzte der Verstöße gegen die im § 2 Nr. 6 und 8 erwähnten Vorschriften zwei Jahre zurückliegt und sich der Ausländer seitdem unbeanstandet im Inland aufgehalten hat.

(2) Die Vorschriften des Abs. 1 finden keine Anwendung, wenn die Aufrechterhaltung der öffentlichen Sicherheit die Reichsverweisung erfordert.

§ 4. Die Reichsverweisung wird von der Landespolizeibehörde angeordnet, in deren Bezirk sich der Ausländer aufhält oder sich die Notwendigkeit zu polizeilichem Eingreifen gegen ihn ergibt.

§ 5. (1) Wer aus dem Reichsgebiet oder vor dem Inkrafttreten dieses Gesetzes auf Grund landesrechtlicher Vorschriften aus dem Gebiet eines deutschen Landes verwiesen ist, wird, wenn er ohne Erlaubnis zurückkehrt, mit Gefängnis bis zu einem Jahre und mit Geldstrafe oder mit einer dieser Strafen bestraft.

(2) Die gleiche Strafe trifft einen Ausländer, gegen den auf Grund landesrechtlicher Vorschriften ein Aufenthaltsverbot für das Gebiet eines Landes verhängt worden ist, und der ohne Erlaubnis das Land betritt.

§ 6. Ausländer im Sinne dieses Gesetzes ist jeder, der die Reichsangehörigkeit nicht besitzt.

24. Gesetz zur Änderung von Vorschriften des Strafrechts und des Strafverfahrens

vom 24. April 1934 (RGBl. I S. 341).

Art. XIII. Verbüßt jemand nach dem Inkrafttreten dieses Gesetzes[1] auf Grund eines vor diesem Zeitpunkt ergangenen Urteils eine Freiheitsstrafe und wäre die Anordnung der Sicherungsverwahrung zulässig gewesen, wenn die Vorschrift des § 93 des Strafgesetzbuchs in der Fassung des Artikels I dieses Gesetzes schon bei der Aburteilung gegolten hätte, so kann das Gericht auf Antrag der Staatsanwaltschaft die Sicherungsverwahrung nachträglich anordnen, wenn die öffentliche Sicherheit es erfordert. Zuständig für die Entscheidung ist das Gericht, das auf die Strafe erkannt hat; an die Stelle des Reichsgerichts tritt der Volksgerichtshof.

---

[1]) D. i. der 2. 5. 1934.

Die Staatsanwaltschaft kann die nachträgliche Anordnung der Sicherungsverwahrung beantragen, solange die Strafe nicht verbüßt, bedingt ausgesetzt, verjährt oder erlassen ist.

Auf das Verfahren findet § 429b Abs. 1, 2 der Strafprozeßordnung entsprechende Anwendung.

Art. XIV. § 16 Abs. 3 des Strafgesetzbuchs in der Fassung des Artikels II Ziffer 2 findet auch auf Personen Anwendung, die vor dem Inkrafttreten dieses Gesetzes verurteilt worden sind.

25. Ergänzungsgesetz zum Gesetz über Titel, Orden und Ehrenzeichen

vom 15. Mai 1934 (RGBl. I, S. 379).

Das Gesetz über Titel, Orden und Ehrenzeichen v. 7. 4. 1933 (RGBl. I, S. 180) wird wie folgt ergänzt:

§ 5. (1) Außer den nach Maßgabe dieses Gesetzes und seiner Ausführungsbestimmungen verliehenen Orden und Ehrenzeichen dürfen nur die nachstehend aufgeführten staatlichen oder staatlich anerkannten Orden und Ehrenzeichen getragen werden:

(folgt Aufzählung).

(2) Zugelassen sind ferner die vom Reichskanzler bestimmten Ehrenzeichen der nationalsozialistischen Bewegung sowie die von der Reichsregierung genehmigten Sportehrenzeichen.

§ 6. Mit Gefängnis bis zu einem Jahr und mit Geldstrafe oder mit einer dieser Strafen wird bestraft,

a) wer unbefugt inländische oder ausländische Amts- oder Dienstbezeichnungen, Titel oder Würden führt. Dies gilt auch für das unbefugte Führen von Amts- oder Dienstbezeichnungen, Titeln oder Würden der Religionsgesellschaften des öffentlichen Rechts;

b) wer unbefugt inländische oder ausländische Orden oder Ehrenzeichen trägt oder wer Abzeichen, die nach ihrer äußeren Form oder Tragweise den in § 5 genannten Orden und Ehrenzeichen ähneln, trägt, herstellt, anbietet, feilhält, verkauft oder sonst in den Verkehr bringt.

Sachregister.

Die Zahlen bezeichnen die §§ des Strafgesetzbuches.

B.

E.

F.

H.

K.

P.

S.

V.

Z.

FSC
www.fsc.org
MIX
Papier | Fördert gute Waldnutzung
FSC® C083411

Kolibri 360 GmbH
Ferdinand-Jühlke-Straße 7
99095 Erfurt, Deutschland
produktsicherheit@kolibri360.de